从问题走向探究

——与小学语文教师共研十问

倪晓琴 著

ZHEJIANG UNIVERSITY PRESS
浙江大学出版社

图书在版编目（CIP）数据

从问题走向探究：与小学语文教师共研十问 / 倪晓琴著 . — 杭州：浙江大学出版社，2021.9（2021.12 重印）
ISBN 978-7-308-21532-9

Ⅰ . ①从 … Ⅱ . ①倪 … Ⅲ . ①小学语文课－教学研究
Ⅳ . ① G623.202

中国版本图书馆 CIP 数据核字（2021）第 122987 号

从问题走向探究——与小学语文教师共研十问

CONGWENTI ZOUXIANG TANJIU —— YU XIAOXUEYUWEN JIAOSHI GONGYAN SHIWEN

倪晓琴 著

责任编辑	平　静
责任校对	汪淑芳
装帧设计	乐读文化
出版发行	浙江大学出版社

（杭州市天目山路 148 号　邮政编码 310007）
（网址：http://www.zjupress.com）

排　　版	杭州乐读文化创意有限公司
印　　刷	杭州高腾印务有限公司
开　　本	710mm×1000mm　　　1/16
印　　张	18.75
字　　数	378 千
版 印 次	2021 年 9 月第 1 版　2021 年 12 月第 3 次印刷
书　　号	ISBN 978-7-308-21532-9
定　　价	78.00 元

序

　　湖州市教学明星、市教学能手、浙江省春蚕奖获得者倪晓琴致力于小学语文教学与研究30年，不仅有非常丰富的语文课堂教学经验，而且有较为深入的语文教学研究功力。她曾发表论文数十篇，出版多种图书，并多次赴全国各地进行专场报告，其中在千岛湖、德清各举办过一次浙派名师个人教学专场展示。其课堂教学和学术影响逐渐扩大至省外。她于2020年完成的30多万字的专著《从问题走向探究——与小学语文教师共研十问》，即将问世，真是可喜可贺！纵览全书，值得学习和借鉴的地方有很多，其中三个思维方式特别值得我们关注：

　　从问题中来。本书以问答方式，对小学语文教学的10个专题性问题进行了深入的研讨。这10个专题性研讨都来源于小学语文教学具体的、现实的问题。从大小看，有宏观的问题，有中观的问题，也有微观的问题；从内容看，有小学语文教学学科团队问题、微课程建设问题、阅读测评问题，还有文本解读和教学策略等方面的问题。这些问题都是小学语文教学当下迫切需要解决的实际问题。问题成为研究的向导，对问题的研究是一种真实研究，因而使得这本书具有现实意义。

　　例如，她的论文《比较：让体悟表达与思维培养共舞》就是针对教学中平均用力、泛泛而谈的弊端而提出的一种重要的教学策略。又如，她的语文教研组建设、名师工作室建设、学本课堂建设等，都是实实在在为了解决语文教学过程中的具体问题而展开的。这是一种问题意识的体现，其导向作用不可限量，因而弥足珍贵。

　　到实践中去。倪晓琴现任浙江省德清县逸夫小学校长、书记，在校师生近1200名，不可谓事务不繁忙，但她一直兼任班级的语文课。我为此数次点赞。我记得，她曾获得浙江省杭嘉湖地区青年语文教师赛课一等奖、湖州市青年语文教师赛课一等奖。我也曾多次观摩过她的课堂风采。这些都说明她立足于课堂，立足于当下，立足于实践，也使得她的研究根植并服务于实践。这是一种务实的思想。本书中对微课程、学本课堂、语文园地、古诗教学等的探讨，都是来自课程和教学的第一线，非常接地气、非常有针对性，也非常具有操作性。例如，针对古诗词教学板块设计这一难点，她对《渔歌子》设计了如下更为有效的学程：

一、学习词的格式

二、学习词的画面

三、学习词的意象

四、学习词的书法

以上学程，具有学理依据：它是有学习主体的，以学生的学习为主线；它是有学习主题的，重点学习词的格式、画面、意象和书法；它是有学习过程的，有效展开各个学习环节。

在探索中行。倪晓琴是浙江省教科研工作先进个人，是浙江省首批课程改革先进个人，曾获浙江省教改之星金奖，她还是湖州市倪晓琴小学语文名师工作室主持人。我是她的工作室的指导老师，曾十多次参与她的工作室活动，或观摩或讨论或讲演，我深有体会：她的科研意识和团队精神很强，研究面比较宽广，研究也较深入。从本书中可以看到她的一系列研究思路，诸如：课堂研究、课例研究、团队研究，是一种典型的行动研究和案例研究。本书阐述的关于小学语文教学实践和探索中的一些感悟和思考，有些有深度，有些有广度，还有些有一定的高度。她对微课程、学本课堂、文本解读、教学策略、语言表达教学探究的一些精华成果，可用以指导小学语文青年教师的专业成长。她对古诗文的探索很用心，也很有特色。

我欣赏，她对《渔歌子》一课的研磨过程，如此大胆，如此细腻，又如此深入。我欣喜，她对《让动词走进来》《珍珠鸟》《开国大典》等课程内容的教学设计，可以说是一个个很了不起的教学研究成果。把她的这些设计方案作为小学语文教学的经典课例，并不为过。难能可贵的是：一直以来，她在小学语文教学探索的大道上行走，并越走越坚定，越走越广阔，越走越深远。

今天是10月10日，一个美好的日子。我在记忆中搜索着对倪晓琴的印象，首先跳出三个"实"：教风朴实，教法扎实，教研落实。这在本书中也得到了很好的体现。大家读了这本书，一定受益匪浅。有意义的是，她把小学语文教学理念、实践和研究合为一体，不断推进小学语文教学向前发展。更令人欣喜的是，她在本书中的众多观点和做法与我的教学主张不谋而合。在各个方面，她都是我众多弟子中做得甚为出色的一位。很荣幸，我对她的学术影响是明显的，这可能是一种师承效应吧！

是为序。

浙江外国语学院教育学院培训中心主任、教授

浙江省名师名校长工作站小学语文主持导师、首席导师　汪潮

CONTENTS ｜目录

问： 古诗是小学语文教材中的经典内容。古诗教学，同行各有创意，各显神通。关于古诗教学，您有怎样的价值追求呢？

答： 古诗教学的价值追求，也是我经常思考的问题。简单地说，便是"言意兼得"。得言又得意，是语文教学工具性与人文性的完美统一，也是语文教学的价值追求。在大语文观的视域下，古诗教学还要从"课"走向"课程"。

1-1 教学论文

实现言意兼得 优化古诗教学

多年来,古诗教学一直是语文教学的热点。纵观古诗教学的常态课与公开课,我们不难看到两种倾向:一种是倾向于求实,将读懂诗意作为古诗教学的重要目标,逐字讲解,逐句翻译,甚至要求学生将古诗全文的解释背下来,大抵常态课此种倾向为多;一种是倾向于感悟,认为古诗教学不是解释,不是传授,而是一种心灵的润泽,是一次情感的体验,其美妙在于可解与不可解之间,课堂上不应对字句意思进行讲解,应当让学生多去感悟,在感悟中陶冶道德情操,丰富思想内涵,大抵公开课此种倾向为多。然此两种倾向皆指向于诗歌之"意",而颇多忽略了诗歌之"言"。

何谓古诗的"言"与"意"呢? "言"主要是指古诗的言语表达方式,以及通过言语形式表现出的节奏、韵律等。从理解的角度看,它是教学的起点;从习得的角度看,它是教学的归宿。"意"指的是古诗创造的意境、意象和传达的意思、情感,它是古诗魅力之所在,是教学中要引导学生感受、领悟的重点。

上海师范大学吴忠豪教授提出,站在课程观的角度看,语文教学最终是为"表达"服务的;语文教学既要"得意",更要"得言";要努力实现"意言兼得"的语文教学新境界。古诗作为语文课本中阅读材料的重要组成部分,也理应承担落实《语文课程标准》(以下简称《课标》)中"初步领悟文章基本的表达方法"要求的任务。叶圣陶先生指出:"凡是学习语言文字如不着眼于形式方面,只在内容上去寻求结果是劳力多而收获少。"语文学习应当一边学理解一边学表达,学习古诗也应该"言""意"兼得。

那么,如何来实现"言""意"兼得的古诗教学呢? 笔者就小学高年级古诗教学,谈谈自己的思考与实践。

一、抓住两个关键前提

1. 言意兼得是语文教学的价值追求。"'意内言外'和'意在言先'的说法绝对不能成立。"(朱光潜《谈文学》)思想不是在语词中表达出来,而是在语词中实现出来,语文学习的过程就是言意兼得的过程。语文课程中的古诗教学亦如此。而语文课本中作为阅读材料重要组成部分的古诗,不仅是一种特有的语言方式,更是一种特有的语言现象、特有的语言文化，是理解和学习特有语言形式、特有语言文化的宝贵资源。所以，语文教师应当重视小学古诗的言意兼得，在进行教学设计时应充分考虑、精心安排，从而使学生在得到民族文化熏陶的同时，以言语能力为核心的语文能力也得到切实的养成和提高。

2. 在教学的展开中把握言意的动态关系。只释言，不悟意，则流于肤浅；只悟意，不释言，则失于空洞。随着古诗课堂上教学过程的展开，先是依言会意，感受古诗内容，从诗句文字中获得具体的感性印象；继而据意识言，领悟古诗的语言表达，不满足于精神层面上浅浅掠过，而是引导学生通过品评、比较、诵读等手段，从炼字炼句的角度品味作者运用某种句式、修辞或独特的表达方式所取得的表达效果；最后，还应通过以言表意的训练，发展学生的言语能力。

二、紧扣三种基本策略

1. 适度把握对古诗意思的疏通，在自主学习中得法知意。《课标》对第三学段阅读诗歌的学习目标作了明确要求："阅读诗歌，大体把握诗意，想象诗歌描述的情境，体会作品的情感。"这里说的"大体把握诗意"，究竟如何去把握？如，《闻官军收河南河北》一诗短短 56 字，古今异义，如"河南河北""涕泪""却""妻子""白日""青春"等有 8 处之多。教学中要根据学情做不同处理：有的，学生结合已有知识能明白；有的，教师介绍时代背景时出示地图可简介，学生不须了解太细；有的，可提供注释，供学生自主阅读理解，教学中就难点做强调即可。古诗教学，教师不必逐字讲解、逐句翻译，应放手让学生凭借自主学习能力借助注释基本疏通诗意，在个别关键处才加以提示讲解。

2. 把握找准言意融合的切入点，在言意融合处悟言得意。古诗穿越历史走到今天，与学生的时空距离太遥远了，大多数情况下，学生凭自己的阅历和心智还不足以走进古诗的语境和意境，难以自主地悟言得意。教师的直接讲解也只能使学生一知半解，最多也就"知其然"而已。因而，教师必须找准古诗名句中言意融合的切入点，不可僵化地将"解诗意"与"说诗情"当作两张皮、两个环节来处理，而应合二为一，融为一体。如《闻官军收河南河北》一诗教学，教师紧扣一个"喜"字，以及"满""漫""放""纵""即""穿""便""向"等充分体现言意融合的关键词，精心设计学习活动，循序渐进地引导学生在言意融合处悟言得意，使学生走进诗人的情感世界，真正感受诗句是如何承载着诗人发自肺腑的真情实意。

3. 创设学生自主感悟的途径时空，在情理交融处透言入意。古诗对于学生不仅是语言学习的典范，也是文化的浸润、哲理的熏陶。而古诗名句中的这类独特感受与哲思，如果教师直白地讲解出来，就淡然无味了，学生也不会真正感受到其情理交融的妙处。在了解诗意的基础上,引导学生在反复诵读中思辨、自主感悟,虽然学生不能很深刻地领悟其深邃意蕴,但一定会有所发现和体会。何况,随着年龄的增长、阅历的丰富,人们从古诗名句中的所悟所得会逐渐丰富、深刻,没有必要也不可能在小学课堂上追求"达诂"。这样的自主发现和体会或许不够深刻,但却是他们思辨后的"自得",是真正的透过诗词之"言"悟得了诗词之"意",更能有效地内化于学生的话语系统和精神生命之中,所以是弥足珍贵的。

三、运用五种具体方法

1. 悉背景,知人论世。对小学生来说,学一首诗,不仅仅是理解诗歌字面的意思,更应该透过一首诗来认识一位诗人,了解他的内心与情怀,涌生出继续阅读、积累的热情与愿望。古诗教学要通过合适的方式,激发学生了解诗人、了解诗歌历史背景的主动意愿,从而习得"知人论世"的读诗方法,学以致用,有效迁移。如,教学《题临安邸》《秋夜将晓出篱门迎凉有感》两诗,教师可以引领学生从诗文对比入手,引导其发现诗歌背后必定有一段历史背景需要去了解,引出南宋"耻辱之史",在请学生充分交流的基础上,教师再出示较为详尽的史料,让学生较为清楚地了解历史背景,为读懂诗意做好铺垫。

2. 抓诗眼,学言得意。诗眼是走进诗歌的通道。围绕诗眼精心设计教学内容,使之成为深入理解诗意、深刻体悟诗情的有效手段,成为学习、锤炼和运用语言的重要门径。如《清平乐·村居》,一个"醉"字道出了乡村人家温馨和美的生活,也道出了诗人心中的美好向往。教学中,可以紧扣"醉"字,解读翁媪因何而醉,诗人因何而醉,引领学生解读诗意,悟得言语奥秘——诗歌从环境以及人物之语言、动作、神情等方面的描写,来诉"醉"之由,"醉"之美。所谓"提领而顿,百毛皆顺",由"茅檐白发"而"醉",由"吴音媚好"而"醉",由"小儿亡赖"而"醉",一贯到底,似流水潺潺,清新美妙之感直沁心灵。

3. 品字词,入言知意。古诗词受篇幅所限,惜墨如金,用语简练,如果抓住这些牵一发而动全身的关键字词,巧妙引导,学生在明意的同时亦能体验到用语炼字的特别、遣词造句的奥妙。学习《渔歌子》一词,可以组织思考:从哪些地方能找到作者"不须归"的理由呢?在学生充分的交流、有感情的朗读中,"青山如黛""白鹭翻飞""桃花缤纷""流水淙淙""鳜鱼嬉水""斜风细雨"等一幅幅画面,经想象,经品味,经朗读,变得近在眼前。此时再拓展诗人的人生追求,学生便真正感悟到遣词造句的奥妙,领悟到诗句丰富的内涵。

4. 巧拓展,一统情境。古诗学习,情境创设必不可缺。而内容或情感一统的情境创设,有利于用多种学习方式探究诗句——高效激趣;有利于多层次、多向度把握诗文——理解深刻;有利于内化学生内心的情感——厚积薄发;更有利于全面地进行诗文建构——整体感知。创设合适的情境引导学生学习古诗,品味古诗,剖析其语言,探析其趣味,能更有效地激发学生的学习兴趣,吸取古诗营养,探索古诗真谛。如《闻官军收河南河北》一诗,拓展引入的诗歌《春望》《茅屋为秋风所破歌》均为杜甫于安史之乱年间所作,表达其忧国忧民的情怀,与《闻》诗的欣喜之情相呼应。这样的悲喜对比,这样的情感呼应,更有利于引起学生与作者情感的共鸣。

5. 论写法,意中得言。从古诗学习中"得言",似乎比从现代文中"得言"更难一些。古人的行文与用语,毕竟离我们很远很远,那水乳交融般的音律美、语词美,是独特的,是"后无来者"的。那么如何引领学生亲近古诗,从古代诗人的炼字习诗中找到表达的方式与真谛,是我们所要努力寻觅的。

仔细读《闻官军收河南河北》一诗,会觅得整体表达与细节描写俱佳的方法。整体层面,用了"直抒胸臆"的抒情方法;细节层面,用了神态、心理、动作等描写来表达"喜欲狂"之心情。这些表达方法,在教学中我们可以引领学生发现、品读,感悟其妙,还可以学以致用。

杜甫用直截了当的方式表达"喜欲狂"的心情,与以前学习的古诗中常见的借景抒情、托物言志等抒情方式不同,这种抒情方式叫"直抒胸臆"。杜甫如何"直抒胸臆"呢? 学生可以借助注释,和同桌一起读诗歌,用自己的话写一写:"听到官军收复河南河北,我不禁___,我不禁___。我要___,我要___。"然后再反复诵读,体会作者如何用诗句"直抒胸臆",通过诵读感受爽朗明快的节奏中音韵的流动、情感的涌动,体会诗人发自肺腑的有如山间流泉自然奔泻的情感。甚至还可以在学完全诗之后,以"致官军收河南河北""致家乡亲友"为题,让学生试着以"直抒胸臆"的方式写几句话或几句诗。

所以,教师研读文本时要把握诗歌在写法上的突出特点,无论是围绕诗眼学言得意,还是品评字词领悟内涵,都是渗透写法的学习。教师还可以通过不同写法的诗歌对比,设计适当的表达练习,在积累与运用中强化学生对诗歌写法的认识。

宋代禅宗大师提出参禅的三重境界:参禅之初,看山是山,看水是水;禅有悟时,看山不是山,看水不是水;禅中彻悟,看山仍是山,看水仍是水。佛家讲究入世与出世,于尘世间理会佛理之真谛。笔者认为,在古诗教学中,我们也要"入诗"与"出诗"。我们既要投入文本,细细品读,悟得秘妙;我们也要跳出文本,审视设计,反思方法。如此,才能真正悟得诗歌教学的真谛,逐步达到"看诗仍是诗"的本真境界。

1-2 教学设计

统编义务教育教科书《语文》三年级上册第 17 课

望洞庭

（共 1 课时）

一、教材分析

"壮美山河"是三年级上册第六单元的人文主题。本单元第 17 课《古诗三首》，学生相继赏读雄伟奇崛之楚江天门、晴好雨奇之杭州西湖，在第三首《望洞庭》将欣赏到和谐静美之洞庭山水。至此，"壮美山河"初掠一隅。

《望洞庭》是唐穆宗长庆四年（824 年）秋，刘禹锡赴任和州刺史、经洞庭湖时所作。刘禹锡，唐代文学家，字梦得。他仕途不顺，贬逐南荒，二十年间去来洞庭，据文献可考的约有六次，只有转任和州这一次是在秋天。诗人以"望"为视角，勾画出秋夜月光下宁静、祥和的洞庭山水图，表现了诗人对大自然的热爱，也映射出处于贬逐之途的诗人旷达平和的"诗豪"气度。

"和"字，可谓诗眼。首句描写澄澈空明的湖水与清辉柔照的素月交相辉映，"和"字表现出天水一色、空灵宁静、和谐融洽之境界；第二句描绘湖上无风，迷迷蒙蒙的湖面宛如未经磨拭的铜镜。湖月之"和"跃然纸上。第三至四句则表现山水之"和"。在皓月银辉之下，洞庭山愈显青翠，洞庭水愈显清澈，山水和谐，浑然一体，远远望去，如同精巧剔透的白银盘里盛放着一枚小巧玲珑的青螺，惹人爱怜。

《望洞庭》的比拟，贴切、精到，为历代诗评家称道。一为"镜未磨"，将一湖洞庭水比拟为未经磨拭的铜镜，表现其朦胧之美；二为"白银盘里一青螺"，洞庭湖为"白银盘"，君山为"青螺"，诗人笔下的洞庭山水变成了一件精美的工艺珍品，其大小之和趣、色彩之和谐，给人以莫大的艺术享受。

基于前两首古诗的学习，三年级学生已积累结合注释、想象景色等学习方法。本课教学，要继续引领学生运用这些方法学习课文，巩固认知。本课学习最大的难点，在于因学生对洞庭湖及君山地理面貌的生疏而造成理解的障碍。教学中要充分激活学生的游览体验与阅读积累，引导学生通过结合注释、收集关于洞庭湖的地理图文信息等方式，了解洞庭湖特点，想象诗句描写的景色，理解古诗大意，加深对祖国壮美山河的感悟。

二、教学目标

1. 认识"庭""未""磨""盘"4个生字,读准多音字"磨",会写"镜""未""磨""遥""银""盘"6个字。

2. 通过结合注释、收集信息、有感情朗读等方法,理解诗歌大意,能用自己的话说说诗句的意思。背诵课文。

3. 紧扣诗眼,理解比拟,想象诗中描绘的景色,体会秋夜洞庭"和"之美。

4. 结合同类主题古诗,进行拓展性对比阅读,进一步感受洞庭山水和谐之美,加深对祖国壮美山河的感悟与热爱。

三、教学准备

学生:收集洞庭湖及君山的资料,梳理与诗歌大意相符的图文信息。

教师:制作微课《读对"和"字》《"诗豪"刘禹锡》及教学课件;整理"洞庭"主题诗歌阅读材料。

四、教学过程

(一)初读洞庭,辨析"和"意

1. 揭题,了解洞庭。

(1)读题。回顾《望天门山》课题读法,引导学生以恰当的停顿,读好课题《望洞庭》的节奏。学习生字"庭",读准后鼻音,积累"庭"字用法(家庭、法庭、庭院深深、门庭若市……)

(2)交流。这里的"洞庭"指的是什么? 请学生结合课文注释以及课前收集的材料来说说自己了解的"洞庭"。

根据学生交流,教师酌情补充:洞庭湖,位于湖南省境内。古称云梦、九江和重湖。洞庭湖之名,始于春秋战国时期,因湖中洞庭山(即今君山)而得名。据水利部门测算,洞庭湖面积约有2700平方公里,为我国第二大淡水湖,古代曾号称"八百里洞庭"。湖区名胜繁多,以岳阳楼为代表的历史古迹是重要的旅游文化资源。唐代诗人孟浩然在《望洞庭湖赠张丞相》中留下的千古名句"气蒸云梦泽,波撼岳阳城",正是展现了八百里洞庭烟波浩渺之胜景。

2. 初读,读通全诗。

(1)读准字音。学生自由朗读课文,之后组织反馈交流:哪几处字音较为难读、易错,是需要再次提醒大家的?

预设一:刘禹锡,"禹"为第三声。随机简介作者为唐代诗人、文学家。

预设二:镜、青,均为后鼻音;银、盘,为前鼻音。

预设三:磨,多音字,"镜未磨"中念第二声。随机介绍古代铜镜的制作方法与样子(课件出示图片)。请学生说说"磨"字两种读音的不同用法:作动词时念第二声,作名词时念第四声(课件出示石磨、磨盘、磨坊等图片)。

预设四:"湖光秋月两相和"的"和"念第二声,还是第四声?

播放微课《读对"和"字》:日常生活中,"和"字常用来表达事物之间的关系,但读音不同。比如,"歌声与风声相应和",念"hè";"姐弟俩一唱一和,配合默契",念"hè";"秋风和秋叶,皆为秋意创作者",念"hé"……那么,"湖光秋月两相和"的"和"该怎么念? 我们请教一下字典。字典里说,"和"字表示事物"和谐、谐调"的时候念"hé";表示"声音相应"的时候,比如"唱和""附和"念"hè"。而"湖光""秋月"是无声的,诗句描写的是湖光与秋月交相辉映的和谐之美,所以此处应念"hé"。根据字的意思来判断字的读音,是我们必学必会的方法噢!

(2)读好节奏。指名朗读诗歌,请学生评议其停顿与节奏。

小结《望天门山》《饮湖上初晴后雨》《望洞庭》等七言绝句的节奏规律(4/3,或 2/2/3)。全班齐读课文。

(二)赏读洞庭,体会"和"境

1."望"见两幅图景。

(1)回顾。《望洞庭》哪个字代表了诗人的视角? (望)题目首字是"望"的古诗,我们还学过哪几首? (《望天门山》《望庐山瀑布》)这三首诗在内容上有什么共同点吗? (写景诗)

(2)读思。望,即远远地看。通过"望",李白望见了雄伟奇崛的天门山,望见了飞流直下的庐山瀑布,那么诗人刘禹锡在《望洞庭》里望见了哪两幅图景呢? 请自由朗读课文,建议从一二句和三四句分别发现一幅图景。

组织学生交流:一幅在一二句,湖光秋月图;一幅在三四句,洞庭山水图。(板书:湖光秋月 洞庭山水)

2.品读"和"之画境。

(1)回顾方法。同学们已学了不少写景的古诗,要学懂这类古诗有哪些好的方法吗? (板书:结合注释 想象景色)

(2)学习活动。我们就运用这些好方法来学习《望洞庭》。(课件出示)

——————————————————————————————————————

学习活动

通读:自由朗读课文,通过结合注释、同桌讨论等方式,读懂古诗大意,用自己的话说说诗句的意思。

选读:选择自己喜欢的一幅图景,"湖光秋月"或"洞庭山水",想象诗句描写的景色,试着用自己的话把想象到的景色向同桌描述出来。

诵读:有感情地朗读,读出内心的喜欢与赞美。

——————————————————————————————————————

(3)交流提升。

预设一:说说诗句的意思,把握诗歌之意。

指名交流一二句大意。结合第一环节的学习,重点反馈对关键词语"两相和""镜未磨"的理解。一二句大意:湖水与秋月交相辉映,非常和谐;湖上没有风,湖面犹如未经磨拭的铜镜,一派朦胧。

指名交流三四句大意。结合课文注释,借助课前收集的关于洞庭湖及君山的图文资料,重点理解"白银盘""青螺"这两处比拟的精巧、生动。三四句大意:远远望去,洞庭山水一片翠色,如同白银盘里盛放着一枚青螺。

预设二:说说想象到的景色,感悟诗境之"和"。

指名交流"湖光秋月"。指导学生用上"读了……我仿佛看到了……"这样的句式说一说;教师随机点拨学生用上"澄澈""皎洁""清柔""清辉""照耀""交相辉映"等词语形容湖水、秋月;用上"迷迷蒙蒙""朦朦胧胧""微波不兴"等词语形容湖面。交流之后,教师再次点拨:如果用诗句中的一个字来形容你想象到的图景,会是哪个字?为什么?("和"字,表现了湖光与秋月交相辉映,天水一色,和谐之美,跃然纸上。板书:和)

指名交流"洞庭山水"。指导学生用上"读了……我仿佛看到了……"这样的句式说一说;随机点拨学生用上"在皎洁秋月映照下""清澈""青翠""精巧剔透""小巧玲珑""惹人爱怜"等词语描述景色。交流之后,教师再次点拨:如果也用一个字来形容你想象到的图景,会是哪个字?为什么?(讨论辨析"翠"与"和"哪个更合适。"翠"字只表现色彩,而"和"字不仅能表现色彩和谐,更能表现整体画面的融洽之美、洞庭山水和谐之美。板书圈出"和")

预设三:朗读展示会,感受诗韵之美。

鼓励学生以多种形式展示朗读或背诵:个人诵读,同桌对读,领读组读,均可。重点指导读出诗歌韵味以及自己内心的喜欢与赞美。

(三)深读洞庭,感悟"和"情

1.微课:诗豪故事。

《望洞庭》中的图景让我们喜欢、赞美,这也正是诗人的感受。古诗之所以成为经典,是因为可以让相隔千年的我们与诗人产生共鸣,刘禹锡正如"秋月",我们如"湖光","湖光秋月两相和"。关于这首诗的创作,有一个小故事,相信大家看了故事后对当时的刘禹锡会有更深的了解。

播放微课《"诗豪"刘禹锡》:刘禹锡,字梦得,唐代著名文学家,与柳宗元合称"刘柳"。刘禹锡仕途不顺,因革新失败遭宦官迫害,被朝廷贬逐南荒。当他被贬任通判时,当地知县再三刁难,最后只给他安排了仅容得下一桌一椅一床的"斗室"为住处。刘禹锡乐观豁达,笑对逆境,写下了著名的《陋室铭》,夸赞陋室,抒写自己志行高洁,安贫乐道、不与世俗同流合污的意趣。唐穆宗长庆四年(824年)秋,刘禹锡贬任和州刺史,经洞庭湖时写下《望洞庭》。诗中看不到正处贬谪之途的诗人丝毫的忧伤怨怒,只见洞庭山水的宁静和谐,只见诗人对美好山河的一腔热爱。刘禹锡的平和、豁达、高洁,与他的诗作一起闻名于世,后人赞誉他为"诗豪"。

2. 讨论:诗人情怀。

(1)说一说。从这个故事中,同学们对诗人有新的了解吗?(板书:了解诗人)

(2)读一读。"诗豪"的故事让我们看到了刘禹锡内心的豁达与平和。(板书:"诗豪")古人说,境由心生。正是这样的刘禹锡,才成就了这样的《望洞庭》,既有湖光秋月之"和",洞庭山水之"和",更有诗人豁达情怀之"和",和和美美,美不胜收!让我们再一次有感情地诵读《望洞庭》。

(四)拓读洞庭,积淀"和"美

1. 拓展阅读。

(1)自由朗读。关于洞庭山水,历代文人墨客留下不少诗作,我们来读一首唐代诗人雍陶的作品《题君山》。请自由朗读,试着读懂诗句大意。

题 君 山
[唐]雍陶

烟波不动影沉沉,碧色全无翠色深。

疑是水仙梳洗处,一螺青黛镜中心。

(2)主题讨论。这首诗与《望洞庭》有哪些异同之处?四人小组进行讨论,在诗中标注出来,之后组织交流。

诗作	异	同
《望洞庭》	描写了"秋月"	七言绝句;都描写湖与君山; 色彩"翠"同;比拟"螺""镜"同; 都展现洞庭山水和谐宁静之美
《题君山》	用了联想"水仙梳洗处"	

2. 积累誊抄。

（1）朗读。有感情地朗读两首古诗；学有余力者可背诵《题君山》。

（2）誊抄。指导"镜""未""磨""遥""银""盘"6个字的书写，重点指导写好"金字旁"的"镜""银"，以及半包围结构的"磨""遥"。誊抄全诗。

五、板书设计

"诗豪"刘禹锡

望洞庭

湖光秋月　　洞庭山水

和

学习写景诗的方法

结合注释

想象景色

了解诗人

统编义务教育教科书《语文》五年级下册第9课

闻官军收河南河北

（共1课时）

一、教材分析

五年级下册第四单元以"责任"为人文主题，开篇编排了《从军行》《秋夜将晓出篱门迎凉有感》《闻官军收河南河北》三首古诗。其中有戍边报国的豪情壮志，有企盼早日收复失地的强烈愿望，还有忽闻平叛捷报的狂喜之情，均为古代仁人志士强烈的责任感与使命感的体现。

《闻官军收河南河北》的作者是唐代诗人杜甫，这是一首七言律诗。诗人写这首诗的时候，朝廷军队已经收复洛阳等地，长达数年的安史之乱即将结束，几经漂泊身在蜀地的杜甫听闻此讯，不禁欣喜若狂，写下此诗。诗的大意是：身在蜀地时，忽闻蓟北被收复的消息，不禁泪洒衣衫，回头看到妻儿也一扫愁容，随手卷起书本，内心欣喜若狂。在白天便高歌痛饮，想着正好趁春天启程返乡，可以从巴峡穿过巫峡，再顺流而下到襄阳，去往洛阳方向。

后代诗论家极为推崇此诗,赞其为杜甫"生平第一快诗"。诗中杜甫直抒胸臆,"喜欲狂"浸透字里行间,"喜"成为本诗的诗眼。诗歌从诗人"涕泪满衣裳""漫卷诗书""放歌""纵酒"之举止,从"青春作伴好还乡""即从巴峡穿巫峡,便下襄阳向洛阳"之心理,具体描写了诗人"喜欲狂"的表现,使得忽闻喜讯、内心狂喜的诗人形象跃然纸上。

五年级学生已掌握一些学习古诗的基本方法,如借助注释、想象画面、联系上下文等,可学以致用,了解大意。但深刻理解本诗含义及诗人心情有一定的难度。教学时引领学生了解时代背景"安史之乱",了解杜甫在此期间的漂泊经历,再结合相关诗作了解"诗圣"杜甫热忱坚定的家国情怀,以深刻理解诗歌含义与杜甫深沉的责任感和家国情怀。也可结合诗人主题较为轻松愉快的其他诗歌,进行对比阅读,感受"第一快诗"的真正魅力。

二、教学目标

1. 认识"蓟""涕""襄"3个生字,读准多音字"裳",会写"涕""巫"2个字。

2. 了解时代背景,借助注释,联系上下文,理解诗歌大意。能说说诗句"白日放歌须纵酒,青春作伴好还乡"的意思。

3. 有感情地朗读、背诵,感受诗人的喜悦之情以及深沉的爱国情怀。

4. 通过对比拓展阅读,进一步感受杜甫诗歌的风格、情感与魅力。

三、课前准备

学生:了解杜甫生平,温习诵读已学的杜甫诗歌。

教师:制作微课与课件,收集整理拓展阅读诗歌。

四、教学过程

(一)读懂诗题,了解历史背景

1. 回顾经典。

以对对子的形式,引导学生背诵前几册学过的杜甫诗作名句——

> 窗含西岭千秋雪,门泊东吴万里船。
>
> 泥融飞燕子,沙暖睡鸳鸯。
>
> 桃花一簇开无主,可爱深红爱浅红?

这些诗句是哪位诗人所作? 请用一两句话介绍自己了解的杜甫。

2. 揭示课题。

这节课我们来学习杜甫的一首七言律诗——《闻官军收河南河北》。(组织读课题,注意停顿)请学生说说题目的大致意思。(闻,听说。官军,唐朝的军队。收,收复。河南河北,指黄河的南北两岸。教师板画黄河流域图。)

3. 微课解疑。

题目中的"河南河北"本是大唐王朝的领土。再读读课题,你有什么疑问?(既然这原本就是唐朝的疆土,为何又是唐朝官军收复,其间究竟发生了什么?)是的,究竟发生了什么? 学习这首诗,我们必须了解一段历史——安史之乱。

播放微课:安史之乱(公元755年至763年)是以安禄山、史思明为首的叛军反叛唐王朝的一次内乱。安史叛军极为残暴,每到一处,烧杀抢掠,无所不为。在叛军的暴行下,黄河中下游的许多城镇村庄变成了一片废墟,人们妻离子散,家破人亡,流离失所。战乱中,杜甫一家穷困潦倒,最后只好背井离乡,到千里之外的四川避难……公元763年,唐王朝的军队先后收复了"河南河北",延续八年之久的安史之乱终于被彻底平息……消息传来,诗人杜甫欣喜若狂,写下了这首七律名作《闻官军收河南河北》。

(二)初读诗歌,通晓诗歌大意

1. 组织自读。

请同学们自己读读这首诗,注意读准字音,尤其要读准诗中的几处地名;再想一想,这首诗主要写了什么?

2. 朗读指正。

指名朗读诗歌,随机正音并解析重点字词。

(1)读准多音字。裳,课文中念"cháng"。教师酌情讲解:指的是下身穿的衣服,类似现在的裙子,男女都可以穿。古人一般上"衣"下"裳",有时"衣"和"裳"也可以泛指衣服。而现代汉语中的"衣裳"指的就是衣服,念轻声"shang",和古代汉语有别。古今词义有所不同。

(2)古今词义不同。"涕(tì)泪",古诗指眼泪,成语有"破涕为笑";现代汉语也指"鼻涕"。"妻子"的"子"念"zǐ",特指孩子;现代汉语中"妻子","子"念轻声,只是词缀不表义。"青春",不同于现代汉语的"青春年华",此处指的是"春天"。

(3)了解几个地名。(教师板画长江流域图,结合讲解几处地名所在点位)

蓟(jì)北,今河北东北部一带,是叛军的老巢。"蓟"也叫大蓟,是一种菊科草本植物,茎有刺,叶子羽状,花紫红色,瘦果椭圆形,全草入药。河北是其最大产地,地名也因此而得。

剑,课文注释"指作者所在的蜀地",唐朝的剑门关,在今四川,当时杜甫流落在四川;巴峡,长江三峡之一,在嘉陵江上游;巫峡,长江三峡之一,在今四川湖北交界处。

襄(xiāng)阳,在今湖北省;洛阳,在今河南省。认读"襄"字,拓展积累带有"襄"

的汉字(嚷,壤,瓤,攘)。

3.读好全诗。

结合七言律诗的停顿与节奏规律,读一读这首诗。

指名说一说,这首诗主要写了什么?(杜甫听到官军收复河南河北时,心情万分喜悦、激动。)

(三)扣读诗眼,感悟"喜"之情味

1.发现诗眼。

同学们有没有发现,诗中哪个词直接道出了杜甫当时的心情?("喜欲狂"。教师板书:喜)"喜欲狂"的意思是——(欣喜若狂,形容万分喜悦与激动)。

2.品读诗眼。

(1)从诗的哪些描写中,我们能具体感受到诗人这种"喜欲狂"的心情呢?

————————————————————————————————

学习活动

独学:读读全诗,借助注释理解诗意,圈出能体现"喜欲狂"心情的字词。想一想诗人是从什么方面描写的,做好旁注。

互学:与同桌说说你的理解,分享你的旁注。

————————————————————————————————

(2)之后组织交流,并指导有感情朗读相关诗句。

预设一:一"初"一"满"。"初闻涕泪满衣裳",初闻消息之时,喜悦的泪水便已夺眶而出,湿透衣衫。一个"初"一个"满",道出了悲喜交加,喜极而泣! 诗人从神态的角度展现心情。

预设二:一"漫"一"卷"。"漫卷诗书",胡乱地将书籍诗稿一卷,再也无心伏案读书了。一个"漫"一个"卷",其随意、胡乱,这对曾言"读书破万卷"、酷爱读书的杜甫而言,实属反常。反常之行,更是体现此刻之"喜欲狂"。此句诗人着重刻画动作。

预设三:一"放"一"纵"。"白日放歌须纵酒",当时杜甫已经52岁,一个白发苍苍的老人,既要尽情歌唱,还要开怀畅饮;此时唱歌,不再是低吟浅唱,而是引吭高歌;此时饮酒,也不是借酒消愁,而是借酒助兴,开怀畅饮。用歌,用酒,庆祝胜利,欣喜若狂。诗人从"放歌""纵酒"的动作表现来刻画。

预设四:"从、穿、下、向"。"即从巴峡穿巫峡,便下襄阳向洛阳",在杜甫的遐想中,他已经很快地乘船从巴峡出发,穿越巫峡,马上便到了襄阳,旋即又奔向洛阳。作者此时,从剑外到洛阳,途经四川、湖北、河南三省,相隔千里之遥,既要行水路,又要走陆路,到达洛阳其实需要20多天,归途漫漫,如今却感觉如同近在咫尺。此两句,诗人从心理活动来表现。

教师追问:这两句诗的哪几个词,让我们有一种故乡"近在咫尺"之感觉?(即从、穿、便下、向)这让人想起李白的诗句:"两岸猿声啼不住,轻舟已过万重山。"真有"千里洛阳一日还"的轻松与喜悦啊!(教师随机板画路线)

教师小结:杜甫分别是从神态、动作、心理等多个层面的描写,来表达"喜欲狂"的心情。这样的表达,显得立体又丰满。把一位涕泪满裳、诗书漫卷、放歌纵酒、畅想还乡的诗人,展现在我们面前。真的是愁何在,喜欲狂!让我们有感情地朗读全诗。

3. 情境悟"喜"。

那么,杜甫只是为自己,为自己一家,不必再背井离乡、颠沛流离,可以"青春作伴好还乡"而"喜欲狂"吗?此时他还会想到什么呢?

(1)微课学习。公元755年,安史之乱让原本繁华安定的国家岌岌可危,也把杜甫卷入战乱之中。他穷困潦倒,命运坎坷。这八年里,杜甫先后到过长安、灵武,再回到长安,之后又辗转至洛阳、秦州、剑南道(今四川成都),这些地方留下诗人颠沛流离的足迹。(教师随机在板书上画出杜甫八年行径的地点与路线)但是,在长达八年的逃难生活中,他在为何而哀,为何而愁,又为何而恨呢? 我们看——

来到四川,杜甫求助亲友,好不容易才建了一所茅屋,却被狂风所破,无处安身,他却不叹自己的悲惨遭遇,一心想着天下的贫民居无定所,写下了《茅屋为秋风所破歌》。(随微课出示,教师组织学生朗诵——"安得广厦千万间,大庇天下寒士俱欢颜!风雨不动安如山。呜呼! 何时眼前突兀见此屋,吾庐独破受冻死亦足!")

春日到来,万物复苏,美景无限,他却无心欣赏,心中全是国破之恨。《春望》一诗,情怀尽显。(随微课出示,教师组织学生朗诵——"国破山河在,城春草木深。感时花溅泪,恨别鸟惊心。烽火连三月,家书抵万金。白头搔更短,浑欲不胜簪。")这八年里的杜甫,头,为国破而白;泪,为国破而洒;心,为国破而碎啊!

(2)表达感悟。同学们,逃难生活是何等的艰辛,而这一路走来,杜甫的哀愁怨恨,他的所思所想,他所有的情感都放在了哪里?(国家和人民的身上)他心中的那些期盼,今日得以实现。我们试着帮杜甫来写出他的肺腑之言吧!

写一写

闻官军收复蓟北之讯,杜甫涕泪直下,欣然道:＿＿＿＿＿＿＿＿＿＿＿＿

组织交流。教师可出示下水文与学生分享。

战乱平,安魔息,乐哉快哉!

大唐一统,百姓安居,吾等之幸事啊!

4. 诵读积累。

（1）感情朗读。杜甫心中当然有小家，但更有国家与百姓。他为国家、为人民从此安定而喜。"喜欲狂"，这是何等深沉的情感！来，让我们读出这份深沉与豁达，这份真挚与热烈！

（2）背诵积累。根据板书练习背诵。

（四）对比阅读，感悟杜诗

1. 对比阅读。

在这一课里，我们已学习三首古诗。这三首诗，在主题内容、表达手法等方面，有哪些异同之处呢？请以四人小组为单位，完成梳理。

诗歌作者与题目	异	同
王昌龄《从军行》		
陆游《秋夜将晓出篱门迎凉有感》		
杜甫《闻官军收河南河北》		

之后组织交流。要点如下。

异：《从军行》，七言绝句，写景＋抒情，表达边关将士的豪情壮志；《秋夜将晓出篱门迎凉有感》，七言绝句，写景＋抒情，表达企盼早日收复失地的强烈愿望；《闻官军收河南河北》，七言律诗，叙事＋抒情，表达忽闻平叛捷报的狂喜之情。

同：三首诗均体现了古代仁人志士对国家强烈的责任感与使命感。

2. 了解诗圣。

杜甫是我国古代最伟大的诗人之一，被称为"诗圣"，为后世留下了 1400 多首诗歌。他的诗作被称为"诗史"。他为什么拥有如此高的赞誉？希望大家能继续诵读杜甫的诗作，感受他的诗风，感悟他的情感，感受诗圣的魅力！

五、板书设计

1-3 课例研修

以词的方式学词　参悟文体本真味

——《渔歌子》一课教学研修案例

缘起一课

2015年新春刚过,汪潮教授发来短信,给我布置了一项任务:承担浙派名师小语二期千岛湖培训"学员个人教学专场"的展示。我按专场活动的要求定下内容:四年级下册中不同文体、不同类型的两堂阅读课。《渔歌子》就是其中之一。

渔歌三吟

[一吟德清]

三月下旬,初步拟定教学设计。设计最初也充分解读《渔歌子》,考虑了诗词文体特点,主要预设了如下学习目标:1.朗读并背诵课文,读出词的节奏与韵味;2.通过想象、描述等方法,充分理解词的意思;3.通过联系、仿写等方法,了解借景抒怀的表达方法,体会诗人寄情山水的平和情怀。同时,遵循"教学流程要简约"之理念,预设了三个大环节,具体流程如下:

一、词中有画

1.朗读课文,读正确通顺。借助图片理解"箬笠、蓑衣"等词语。

2.想象画面:借助语句交流,读到"＿＿＿"这一句,我仿佛看到了＿＿＿＿＿＿＿。

3.比较阅读:青(灰)箬笠,绿(棕)蓑衣,斜风细雨不须归。读出画面美。

二、词中有情

1.借助"不须归",初解词人心情。

2.通过知人论世,深探词人情感。

3.演绎兄弟对,明晰"借景抒情"。

三、词中有得

1.拓展阅读,张志和《渔歌子》另四首。

2. 依据范例,尝试借景抒情写词句。

3. 回顾板书,小结成诗:志和一首渔歌子,色彩明丽画面美。恋山水,不须归,借景抒情令人醉。

4. 机动作业,抄写词作。

3月28日,汪潮教授亲赴德清指导。在我试教之后,汪教授与我一起细致而深入地解读了《渔歌子》一词的文体特点,梳理出"以词的方式学词"的设计理念,对整堂课进行了大手笔的删减与修正,确定了四个教学环节:一、学习词的格式;二、学习词的画面;三、学习词的意象;四、学习词的书法。

在汪教授的指导下,我有醍醐灌顶之感:在文体意识的落实中,必须根据不同的文本以及学段阅读目标进行,分清古诗词与现代文不同的教学重点,要以有助于提升学生的语文素养为导向。于是,我重新进行设计与试教,为千岛湖之行做好准备。

[二吟淳安]

4月11日上午,淳安实验小学报告厅内座无虚席,我将《渔歌子》一课呈现给师、同学、淳安同行以及同行的逸夫小学亲友团。新的教学设计中,"学习目标"定位如下:1. 通过数字格式,读出词的节奏与韵味;2. 通过批注与想象,体会词中画面的整体感;3. 通过对应与比较,体会词的意象,了解借景抒情的表达方法,体会诗人情怀。实施流程如下:

一、学习词的格式

1. 读准词的语词读音。

2. 梳理词的数字格式。

3. 读出词的节奏。

二、学习词的画面

1. 单个景物。(1)圈画景物;(2)想象说话。

2. 整体画面。(1)同桌对学:试着把词中的几个景物连起来说一说;(2)组织交流;(3)读出画面美。

三、学习词的意象

1. 了解作者的创作背景。

2. 同桌对学:哪几个词语在表达作者的情怀呢?

3. 组织交流,小结写法:借景抒情。

4. 演绎兄弟对,配乐齐诵。

四、学习词的书法

1. 出示书法作品。生字书写指导。

2. 学生临帖书写。

课后的学员评课环节,由陆霞老师主评。陆老师以"巧"字展开,肯定教学风格、个人气质与词作的巧妙匹配,课的设计由词的文体特点出发,整体精巧;同时,也指出此课"成于巧亦伤于巧",她认为:课中板书设计限制了课堂的灵动,作者作词背景的引入是否符合学段特点也有待商榷。

下午汪潮教授做专题报告《教学内容的确定》。他在报告中指出《渔歌子》一课在教学内容的删减上还要下功夫,应根据学生发展的需要,删减教师板画、板书成诗等环节,节省更多的时间,让学生按教师已准备的《渔歌子》书法作品进行临摹抄写。

这一次,我对教学内容的取舍等方面有了更深的认识:教学内容的确定,必须以学生语文素养发展为目标,删减纯粹展示教师个人素质的环节,把更多的课堂时间让给学生。让学生得到学习、训练与发展,才是语文课的核心价值所在。

[三吟浦江]

幸运的是,我获得了重新调整、再次实践的机会——4月下旬,汪教授通知我带上《渔歌子》一课参加浙江省教育厅组织的"百人千场"名师浦江送教活动。

5月14日,在浦江县前吴福和希望小学,我执教了《渔歌子》一课。整堂课教学设计基本不变,但我删去了两个小环节:一是基于学生交流画面时教师的即兴板画;二是基于课堂教学形成的板书总结成诗。于是,课的实施不再匆忙,学生从读好词的节奏到想象词的画面,从读懂词的意象到练习词的书法,每一步都走得扎实又从容。之后,衢州市教育局教研室施燕红老师评课,充分肯定了这堂课的设计与实施,尤其对文体意识的落实、学词方法的指导等方面赞赏有加。

真味四说

《渔歌子》一课三吟,这一场课堂教学研修之旅,让我懂得了许多:关于诗词的教学,关于文体意识的渗透,关于教学内容的取舍与确定,关于教师展示与学生素养之间的关系……所有的认识,从我《真味四说》一文中可见一斑。

[一说作者]

张志和,婺州金华(今浙江金华)人。《渔歌子》,写的是湖州的山水田园风光。一个来自湖州的老师,在张志和的故乡,和孩子们一起学习他的词作,真的是一种美好之极的机缘。学着《渔歌子》的样子,我想说——渔歌美,少年慧,画意诗情不思归。

当时,张志和绝意仕途,长期过着隐逸生活,徜徉于太湖一带的山水之间,自称"烟波钓徒"。他真的是才子,通晓文艺,凡歌词、书画、击鼓、吹笛,无不精工,用现在的话说,是一个标准的"文艺青年",且是"极品"。他善于汲取各方面的营养化为己用,《渔歌子》也称《渔父》,是借鉴民间的渔歌而成,故称《渔歌子》。

[二说词作]

一种韵律。词，鼎盛于宋朝，犹如似锦繁花，令人目不暇接。而在唐代，呈现了词最初的样子，简洁、质朴、清新、灵动。词被称为"长短句"，有独特的数字格式，每句字数不同，呈现出不同的节奏。四年级的孩子，首次碰到词作《渔歌子》，如何读出词的节奏和韵律，需要悟得一种方法，那就是词的"数字格式"。掌握了数字格式，孩子就能举一反三，读出词的节奏了。

一幅画面。《渔歌子》最明显的特点是有画面感。青山白鹭，流水鳜鱼，桃花夹岸，风雨蓑笠一钓翁。苏东坡赞誉王维诗作，称"诗中有画，画中有诗"。这一句用在张志和的《渔歌子》，也"真真是极好的"。

如果我们尽情想象，单个的景物，都可以成为一幅画：西塞山，连绵起伏，青翠葱茏；桃花，如云似霞，夹岸荡漾，落英缤纷……如果再想象，景物与景物之间，相依相存，色彩明丽，相映成趣，相得益彰：青翠葱茏的西塞山前，雪白的鹭鸟正自由翩飞，"漠漠水田飞白鹭"是一种亲近的美，"一行白鹭上青天"是一种昂扬的美，"桃花流水"或"桃花流水鳜鱼肥"，更是美妙得无以言表。那种动静的交错、色彩的映衬、光影的融合，给人以更广阔、更灵动的想象空间……

再从整体来看，远远近近的山、水、花、鸟、鱼，再加小舟蓑笠，就是一幅绝尘脱俗、清丽雅致的江南水墨画。

一种情怀。读这首词，我们似乎无法回避词人的情怀，绝意仕途的"烟波钓徒"的情怀，爱自由，爱自然，爱山水，爱田园。这位青年才俊，在体验仕途、颠沛官场之后，决意隐居江湖，不再复出。此时的他，看到的是人生的本真状态，山是淡泊、从容的山，水是澄澈、明净的水；他看到翩飞的白鹭、肥美的鳜鱼、艳美的桃花，是自由的生长，自由的意象，自由的召唤。

张志和没有顾影自怜，不叹怀才不遇，不去抨击官场，更不谩骂朝廷。你们做你们的官，我做我的烟波钓徒，都不错。兄长努力地劝他"且须还呀且须还"，他执意地真心地说"不须归呀不须归"。他只要做他本来的样子，赏景，写诗，作画，弹琴，垂钓。他不像柳宗元那样，"独钓寒江雪"，不再想钓来政治上的又一个明媚的春天；他只想融入自然的春天。"青箬笠，绿蓑衣"，也许是词人自己，也许是另有他人，也许是心中所念，都没有关系，他的心，似乎已着"青箬笠绿蓑衣"，融入了春天里，融入了山水之间。正如他在另四首《渔歌子》中写道：

能纵棹，惯乘流，长江白浪不曾忧。

江上雪，浦边风，笑著荷衣不叹穷。

枫叶落，荻花干，醉宿渔舟不觉寒。

钓车子，橛头船，乐在风波不用仙。

正是在这样淡泊、超然的情怀之中,他的词作对山水田园的描写与赞颂,也是如此明净、清丽、恬淡、高远,干干净净,纯纯粹粹,不含任何的影射与其他。

[三说学情]

四年级的孩子已接触过古诗的学习。初识词作,便可以进行"比较",发现词作的特殊之处,发现词作的数字格式,并借助数字格式读出词的节奏。

诗与词,不分家。孩子们积累的学习古诗的经验,同样可以迁移到词的学习。比如,借助注释理解意思,想象画面解读诗歌。学习《渔歌子》,便可如此迁移方法,通过想象画面、整合画面,达到语文学习中"理解""想象""表达"三合一的完美整合。

关于词人的创作背景是否引入?孩子是否会理解?这是一个令人纠结的难点。四年级下册第六单元的主题是"田园风光",《古诗词三首》的前两首《乡村四月》《四时田园杂兴》描写了忙碌和谐的田园生活,《渔歌子》表现的是一种闲适恬淡。如果引领孩子仅仅来欣赏词中的景致,也是一种单纯的美好的选择。

但当我翻开上海辞书出版社的《唐宋词鉴赏辞典》之后,发现张志和"烟波钓徒"的生平以及他归隐山水的洒脱、澄澈、向往自由的情怀,正是这首词背后蕴藏着的情感基础,当看尽繁花、洗净铅华之后,作者眼中的山水便是另一片的明朗与纯粹。也许,孩子只能略知一二,但可以隐隐地告诉孩子,读古诗词,不仅要读懂字面的意思,更可以走近作者的生平,了解他的身世与人生,了解他的心与情,慢慢读出古诗词的厚度,丰厚诗词人生的感悟与体会。

[四说设计]

整体设计原则:尊重文体,以词的方式学词。一是通过数字格式,读出词的节奏与韵味;二是通过批注与想象,体会词中画面的整体感;三是通过对应与比较,体会词的意象,了解借景抒情的表达方法,体会诗人的平和情怀。流程如下:

序 号	环节设置	步 骤 推 进
一	学习词的格式	读准词的语词读音 梳理词的数字格式 读出节奏,明晰方法
二	学习词的画面	独学想象,单个景物的画面感 同桌对学,想象交流整体画面 感情朗读,读出词作画面之美
三	学习词的意象	借助材料知人论世谈感受 发现表达情怀的语词寄托 演绎兄弟对,悟"借景抒情"之法
四	学习词的书法	欣赏书法作品,学生临帖书写

1-4 课题研究

"古诗文诵读"校本课程开发的实践与研究

一、课题的提出

中华古诗文源远流长,博大精深,从《诗经》到《楚辞》,从"建安七子"到陶渊明,从唐诗、宋词到元曲,高潮迭起,名家辈出,精彩纷呈,璀璨夺目。中华古诗文,其知识之广泛,包容之博厚,辞章之精华,内涵之丰富,是任何一个民族都难以望其项背的。它不仅是汉语言文字的典范和精华,更蕴含着中华民族的精神和品格。

广为传诵的经典古诗文,不论是古与今,其在语文教学中的重要作用都是不可轻视的。生命发展早期的古诗文教育渗透,特别是小学教育过程中古诗文的阅读、诵读、背诵等训练,对于提高小学生的汉语言水平、思维能力、理解能力、识记能力、文化素质和人文素养,培养其对祖国语言及文化的热爱等,都很有裨益。

《语文课程标准》要求小学生背诵古今优秀诗文 160 篇(段),附录中列有《优秀古诗词背诵推荐篇目》。可见让学生识记背诵一定量的古诗文,已是时代对学校教育的要求。学龄儿童 6 ~ 12 岁的时候,是记忆力最强的时期,接受文学的熏陶,感受文学的魅力,最简洁最可行的方法就是对优秀古诗文进行诵记与研读。而教科书上所呈现的古诗文是有限的,仅靠这些内容远远不能达到现代语文教育的要求。

逸夫小学属于城镇小学,学生家长知识素养较好,对学生古诗文的学习积累十分重视;同时老师与家长也发现,城镇的孩子受到的影响很多,浮躁不静是普遍的心理问题。学习诗文,有利于形成"宁静致远"的学习品质,有利于养成"腹有诗书气自华"的气质,有利于提高学生的语文素养,有利于培养现代人应该具有的人文素养。因此以"古诗文诵读"为主题的语文校本课程的开发与实施,符合学校教育的需要,符合学生发展的需要。

依据《基础教育课程改革纲要》关于校本课程的理论、《语文课程标准》关于古诗文教学的理论以及中国历代教育家对诗文学习的论述,本课题组遵循发展性、开放性、实效性等研究原则,运用调查研究、行动研究、经验总结等研究方法,进行以"古诗文诵读"为主题的校本课程的开发与研究。

二、对课题核心概念的诠释

1. 古诗文。在本课题中,是指中华历代诗歌、辞赋、文言文等作品中,语言隽永优美、内容较为浅显、适合小学生阅读与积累的优秀的经典作品。其中,"诗"主要以古诗中的五言诗、七言诗为主,并选入一些词作;"文",选择《论语》《三字经》《弟子规》部分文句,以及一些浅显的文言文。

2. 校本课程。在本课题中,校本课程依据语文课程特点,对现行语文教材中古诗文教学内容进行拓展与扩充,包括"古诗文诵读"校本课程计划、校本课程教材、校本课程实施策略、校本课程评价体系等内容。

三、课题研究的内容与措施

(一)依据课标理念,规范制定校本课程计划

校本课程是一个新生事物,对一所学校来说,更是需要科学规划、全盘考虑,才可以使校本课程得到有效的实施。无论是国家课程、地方课程,还是校本课程,课程实施计划的制定是必不可少的,它在课程实施中起着至关重要的作用。因此,课题组依据《基础教育课程改革纲要》《语文课程标准》等文件,制定了较为规范的《"古诗文诵读"校本课程实施计划》。

1. 确立课程总目标,明晰实施宗旨。语文校本课程的目标,是提高学生的人文素养,认识中华文化的丰厚博大,吸取人类优秀的文化营养,了解语文与生活、与社会、与世界的关系,培养当代人应该具备的重要素质:学习的自主性、探索性、实践性和创造性,以及合作学习的能力。根据此目标,确定"古诗文诵读"校本课程开发与实施的核心目标:引领学生感受中华优秀古诗文的魅力,吸取优秀古诗文的文化营养,培养热爱阅读、热爱语文、热爱祖国文化的情感;通过诵读,积累好词佳句,能背诵经典片段、篇章,并能学以致用;感悟优秀诗文里蕴涵的人格魅力,做"真、善、美"的人。

2. 设定年段目标,明确教学内容。根据不同学段的学生的特点,对总目标进行分解,制定学段目标,明确教学内容。

第一学段(1—2年级):阅读背诵《三字经》《弟子规》以及课标推荐诵读古诗中较为浅显易记的古诗,激发学生学习传统文化的热情,初步感受诗文中的情趣与道理,初步培养热爱祖国文化的情感。能独立诵读古诗文30篇。

第二学段(3—4年级):阅读背诵课标推荐诵读古诗中较为深刻的古诗,以及《论语》中较为浅显的语段,感悟古诗文的含义、情趣与道理,初步养成自觉学习积累的习惯,积累好词佳句,初步具有在日常的口语表达、习作中学以致用的意识。能独立诵读古诗文50篇。

第三学段(5—6年级):阅读背诵课标推荐诵读古诗中较为深刻的古诗,以及《论语》《诗经》《增广贤文》中适合小学生积累的语段、浅显的文言文等,感悟诗文的含义、情趣与道理,养成自觉学习积累的习惯,积累好词佳句,能在日常的口语表达、习作中学以致用。能独立诵读古诗文70篇。

(二)编纂校本教材,梳理并确定课程教学内容

小学语文校本课程开发,就是由学校自主编写供学生学习语文的文本。形成规范完整的校本教材,是实施校本课程最基本的保障。在编写过程中,课题组不仅仅追求教材形成的结果,更注重它的过程。编写的过程,是教师再次学习积累古诗文的契机,更是研究古诗文、研究学生的契机,这是一个教师自我修养、自我提升的过程,应鼓励并建议教师学生根据自己的阅读兴趣与视野,选择并提供优秀古诗文。

在研究中,课题组边实践边积累,根据古诗文体裁的不同进行分册编纂,目前已编写了《青青园中葵——经典古诗词诵读》《学而时习之——论语经典百句赏析》《初识之乎者也——浅易文言文阅读》等教材,为课题的深入研究提供了基础保障。以下是三册校本教材的简介。

《青青园中葵——经典古诗词诵读》

根据小学生学习的特点,将适合小学生诵读的古诗词根据内容情感的不同进行组稿,分成八个主题单元,分别是:四时之韵、儿童情趣、田园风光、大好河山、思乡情怀、朋友情谊、边塞征旅、物语人生。每个单元精选诗词15首左右,根据诗词内容由易到难、由浅入深进行编排,以便各学段老师、学生根据学习心理特点进行选择。全册教材共收录诗词130篇,每篇诗文按“经典例文—字词解释—名句赏析—品诗一得—阅读链接”几个版块编写,为学生的阅读解惑释疑,引领他们赏析品读。

《学而时习之——论语经典百句赏析》

《论语》是中华古诗文的瑰宝。该教材选取了易为小学生学习、理解、积累的100句,分成“学习、孝悌、修身、处世、君子、交友、为人”等单元,对较难理解的字词句均做了注释。同时,根据每个单元的主题,做了阅读链接,补充了《三字经》《弟子规》《增广贤文》以及《孟子》等著作中与该主题相关的经典句段,为学生的诵读与积累提供了一定的弹性空间。

《初识之乎者也——浅易文言文阅读》

新课程的语文教材中已开始引入文言文,但只有3篇左右,远远满足不了中高段学生的需求。该教材根据学生特点选择关于古代少年生活、寓言故事等浅显易懂的文言文,如《扇枕温衾》《小儿击瓮》《徐孺子》等。另外也根据现行教材中的成语故事、寓言故事、神话故事,提供其原文(文言文),如《揠苗助长》《南辕北辙》《盘古开天》等。每篇文后,均有词句注释,为学生的阅读化解疑难。

（三）全面展开课程实施，形成课程实施体系

1. 营造诗文氛围，优化课程实施的环境。在学生的成长过程中，环境因素的影响不可忽视，社会环境、家庭环境以及学校环境等，对其成长发展起着潜移默化的作用。如何引领学生走进古诗文的美好境界，引领他们领略祖国经典文化的魅力，进入诗的圣地、美的殿堂？富有诗文气息的校园环境，对学生来说，是一种默默的牵引，默默的浸染；无处不在的诗文气息，会慢慢渗透到学生的语言、举止中去，渗透到心灵中去。无论校园大环境，还是班级小环境，学校坚持走"古诗文"特色之路，营造浓浓的古诗文氛围。

开设"古诗文之苑"。在校园花坛周围，设置"古诗文之苑"，介绍中华古诗文的历史，介绍优秀诗人，推荐诵读篇目，张贴经典诗词原文等。在课间活动玩耍休憩时，学生都能看到"古诗文之苑"，潜移默化地积累在心。

设置"古诗铜牌"。校园的草坪花坛里，安插铜牌，上面题写描摹春光、花卉的名诗佳句，如杜甫的"可爱深红爱浅红"就与紫红山茶、粉红杜鹃相映衬；柳树正在贺知章的《咏柳》旁萌发绿意，"碧玉妆成一树高，万条垂下绿丝绦"。此等氛围，让人不爱也难！

提炼"古诗文班训"。在书香班级的创建中，学校提出在古诗文中提炼班训与班名的要求。在老师的指导下，各班认真学习古诗文，从中寻觅爱读的古诗文句，挑选富有积极向上的精神内涵的诗句作为班训，再提炼关键词作为班名。如，"小荷"班，以"小荷才露尖尖角，早有蜻蜓立上头"为班训，鼓励大家积极学习，崭露才能，不断进步。如，"冰清"班，以"直如朱丝绳，清如玉壶冰"，鼓励大家做率真、纯洁、真诚的人。

古诗文融入了校园的每个角落，教师办公室的公告栏里也有古诗文，"问渠那得清如许，为有源头活水来""纸上得来终觉浅，绝知此事要躬行""师者，所以传道授业解惑者也""非淡泊无以明志，非宁静无以致远"等名言佳句，也时时感染着教师，引领着教师积累古诗文、传播古诗文。

2. 加强师资培训，强化课程执行力。校本课程的实施，需要师资力量的保障，只有充分考虑、精心预设，才有可能使校本课程的实施得到全面充分的开展，才有可能收到实效。在研究实践中，主要以语文教师为师资配备，但因为一直以来受"以教科书为本"的观念和应试教育的影响，部分教师对校本课程的重视不够，这给校本课程的实施带来了理念上的障碍。观念是行动的先导，没有先进的教育教学理念支撑，校本课程根本无法实施。

为提高研究水平，有效开展研究，学校多次聘请杭州师范学院王瑾教授亲临指导，组织全体语文教师集中学习理论知识，包括新课程的理念及校本课程的知识，使教师明确其在学生发展中的作用与价值。同时也组织教师学习校本教材，培养其对校本教材的关注与热爱。良好的理论学习，为研究实践打下了坚实的基础。

3. 落实教学时间，创造课程实施时空。为避免出现校本课程实施流于形式的现象，在校本课程的教学时间上学校做了具体的规定，每周一节的"地方与校本课"为各班古诗文诵读时间。同时，为营造全校诵读古诗文的良好氛围，特定每周三午读十五分钟为古诗文诵读时间，由语文组老师通过学校广播电视系统进行传授，各班老师跨进教学联系班和学生一起诵读古诗文。每逢周三中午，整齐优雅的诗文朗读声从教室里传出，回荡在校园里，成了一道别样美丽的风景线。

4. 加强课型研究，优化校本课程教学。在校本课程的实践中，课题组极其重视课程教学的研究，通过理论学习、教学研讨等形式加强课型的研究与塑造，逐步形成了一些基本课型，如诵读型、感悟型、拓展型等，以适合不同内容主题的文本以及不同学段的学生，突出校本课程的教学特色。

朗朗诵读型。内容浅显、语言优美的诗文，适合学生朗读和背诵，尤其是低年级学生，由于其理解感悟能力有限，有时甚至因为表达能力的限制而无法表达内心的感受。针对这种情形，降低教学要求，以初步的感悟为基础，注重在指导学生对相关诗文的朗读背诵方面下功夫。教师们坚信"熟读唐诗三百首，不会作诗也会吟"的古训和"书读百遍，其义自见"的语文学习观。因此"诵读型"成为校本课程教学的基本课型，这也是古诗教学自古以来被认同的基本模式。

细细感悟型。感悟是《语文课程标准》倡导的学习方式。在含义深刻、语言优美的诗文学习中，教师抛却烦琐的分析和过于细化的练习，重在引导学生利用自己的智慧去感受文本、感悟内涵，并将自己的感悟用自己喜欢的方式表达出来，如朗诵、书写、绘画等，形成"百家争鸣、百花齐放"的学习氛围。这种方式更适合中高段的学生。

延伸拓展型。有些文本是对一个话题的引导，如关于时节、关于边塞、关于田园等。教师在教学中不局限于文本，而是引导学生借助文本的启发，搜集相关主题的古诗文阅读材料，丰富自己的认知与感受，交流自己的收获与乐趣。这样的方式有利于学生学习兴趣的激发与培养，在广阔的语文世界里，他们会有更多的发现和积累，会爱上语文。这也是语文校本课程开发实施的理想性的目标。

这三种课型是无法分割的，不主张面面俱到，在实施中力求突现重点、讲求实效，在具体操作中教师拥有更多的自主权，能充分发挥创造性。

5. 强化教学研讨，深化校本课程实施。为有效开展研究，提高研究水平，学校多次邀请省内专家莅临指导。2007 年 9 月，浙江省教育厅教研室滕春友老师来校做题为"关于古诗文教学的建议"的讲座，为课题研究拓宽视野。2008 年 4 月，学校邀请德清县教育局教研室赵水囡老师来校讲学，她亲自执教《清平乐·村居》一课，为教师们指明古诗文教学的方向。学校还努力创造条件，积极参与省市县相关研究活动。

这些活动促进了学校古诗文校本课程研究的深化,也坚定了教师们开展校本课程研究的信心。

6.开展特色活动,彰显校本课程亮点。校本课程实施有效性的体现,既需要加强日常教学的深入研究,也需要在活动上体现创意并加以拓展与延伸,将校本课程的实施渗透到学生的生活、家庭中,让诵读古诗文成为学生的学习习惯,成为自觉的阅读意识,这样才能真正提升学生的文化素养。

(1)"亲近古诗文"活动,让校本课程融入学生生活。通过"古诗文文化知多少"的问卷调查,就学生的阅读时间、阅读范围、阅读内容等方面进行分析,发现学生对经典文化的接触和吸收相对薄弱。以"亲近古诗文"为载体,增加学生在传统经典文化方面的积累和精神积淀就成为课题研究的突破口之一。根据各年级学生的特点开列目录,使学习有的放矢,自觉运作,开展"五个一"活动:①每天背诵一首古诗;②每周誊抄一篇古诗文;③每月同年级举行一次古诗文竞赛活动;④每月开展一次"我教爸爸妈妈学诗文"活动;⑤每学期开展一次"古诗文诵读之星"考级活动,学生凭考级证便能获得学校"特长生"荣誉。丰富多彩的活动,调动了学生主动学习的积极性,增加了学生古诗文的积累和精神积淀,培养了学生对中国传统文化的热爱之情。

(2)"与经典同行"古诗文文化节,让校本课程成为学校文化。为深化校本课程研究,宣传学校古诗文教学特色,推广研究成果,学校举办了"与经典同行"古诗文文化节活动,获得县委县政府、县教育局以及学生家长代表的高度评价。文化节开幕式极富特色,全校师生共同演绎了精彩的古诗文节目。开幕式共分"经论雅韵""童趣风光""爱在我心"三个篇章。整个开幕式,师生互动,生生互动,高潮迭起,充分体现学校浓厚的文化氛围和底蕴,充分展示师生良好的文化素养。另外,在文化节里还开展了一系列活动,如古诗文知识竞赛、教爸爸妈妈学诗文、"我最喜欢的一句论语"演讲会等,丰富校园生活,凸现课程特色,活跃学习氛围,丰厚学校文化底蕴。

(四)完善教学评价,形成课程评价体系

形成规范、有效、操作性强并富有激励性的评价体系,是实施校本课程的有力保障。课题组重点研究教的评价、学的评价。

教的评价。在教师教学评价上,坚持以"科学性、创造性、全面性"为原则,从教学设计、课堂教学、创造性的教学、学生参与学习的积极性、学生的进步等诸多方面对教师的教学实践做出评价,并以"加分"的方式纳入教师学年工作考评,对成效优异者给予精神与物质的褒奖。

学的评价。在学生学习评价上,坚持以"过程性、参与性、发展性"为原则,从学生日常参与学习的积极程度、在诗文学习的积累与进步(主要是口试、笔试及相关方面获奖)等方面来评定成绩。同时,开展"古诗文诵读之星"的考级活动,设定各个年级诵读积累的基本篇目,每学期由语文教研组拟定考级方案,学生通过自愿报名、定期测试进行诵读考级。通过者将获得荣誉证书,该成绩记入"学生成长记录册"与"学生学期素质发展报告单",也作为学期评优的一个依据。

四、课题研究的成果

(一)理论成效

1.初步形成"古诗文诵读"校本课程实施体系。

```
            "古诗文诵读"校本课程实施体系
                      ⇩
                制定课程实施纲要
        ⇩               ⇩               ⇩
    实施铺垫          实施深化          实施评价
  ⇩   ⇩   ⇩      ⇩   ⇩   ⇩         ⇩      ⇩
  环   师   落    课   教   特        教      学
  境   资   实    型   学   色        的      的
  营   培   时    研   研   活        评      评
  造   养   间    究   讨   动        价      价
```

2. 编纂出版校本课程教材。《青青园中葵——经典古诗词诵读》《学而时习之——论语经典百句赏析》《初识之乎者也——浅易文言文阅读》。

(二)实践成效

1. 促进学校学习、文化氛围的形成。校本课程的实施,有助于提高人文素养,无论是学生还是教师,在整个校园书声琅琅的氛围里,从物质到精神感受到中华文化的无穷魅力。在学校物质环境上,也因"古诗文诵读"有了较大改观。学校古诗文课程特色日益彰显,得到学生及家长的好评,赢得良好的社会声誉。

2. 促进教师观念的转变和业务素质的提升。校本课程的实施,使广大教师对新课程理念有了更新更实的理解,树立了课程观与大教学观。在引领学生学习的同时,教师也深感压力:孩子们都能流利地背诵几十首古诗,作为教师怎好落后呢?压力与动力并存,尤其是语文教师,在文学作品的自学上有了更强的自觉性,语文素养也在学习实践中逐渐提高。为顺利地实施校本课程,教师们根据学生实际采取多种有效的教学策略,调动学生的参与热情,也促进了自身业务水平的提升。

3. 促进学生学习兴趣的激发与语文素养的提升。"兴趣是最好的老师。"校本课程的开展,比课堂教学更容易激发学生学习语文的兴趣:生动活泼的内容,契合学生好学的心理;立竿见影的直接评价,使学生获得成就感;宽松的学习氛围,使学生在愉快教学中产生兴趣,许多平时对语文不怎么感兴趣的学生也逐渐迷上了古诗文。在学习中,学生感受到文化的魅力,丰富了语言积累,阅读、写作能力得到锻炼,语文素养得到较为全面的提升。

五、存在的问题及今后努力的方向

1. 需要继续重视校本课程实效性的研究。既要保障国家课程的教学质量,又要促进校本课程有序、有效地实施。采用合理的积极的评价方式,充分调动老师、学生的积极性,使校本课程的实施取得明显的实效,并得到长足的发展与提升。

2. 古诗文诵读,在国家教材和校本教材的教学方式上应该是有所不同的,前者以精读为主,后者以略读为主。如何把这两种教学方式有效地迁移,相互渗透,相互促进,还有待进一步研究。

3. 古诗文校本课程的学习,应考虑后 20% 学生的接受能力。在保证这些学生学好课本的基础上,如何因材施教,给他们的语文学习通过校本课程进行适当、适量的拓展,需要做进一步的探索与实践。

实践证明,校本课程开发是发展学生潜能、促进教师发展、实现教育理想的重要途径。校本课程开发与实施并不神秘,它与我们的日常教学工作紧密相连。逸夫小学在"古诗文诵读"校本课程的开发与实施方面有了一些经验,但还显得稚嫩,还需要做更深入的探索与实践,充分发挥教师们开发校本课程的勇气和智慧,引领学生以经典为友,为发展奠基。我们有理由相信,"古诗文诵读"课程在学生们心中播下的真、善、美的种子,一定会开出绚烂的花朵!

问：一直很怕上口语交际课和习作课，觉得其目标难以把握，课堂难以把控，指导尺度与自主表达之间很难达到合适与和谐……这些教学难点，您以怎样的理念与策略来实现突破呢？

答：与你同感，觉得口语交际是块"硬骨头"。面对问题，我们真正思考与实践起来，这块骨头还是很有味道的。口语交际与习作，属于语言表达课的范畴，有相似的难点便有相近的突围攻略，关键是要立足课标与教材，寻找策略与方法，思考规律与途径，切实提高语言表达课的效率，锻炼学生的语言表达能力。

2-1 教学论文

小学口语交际教学规范的建设

语言是人类最主要的交际工具，口语交际能力是现代公民的必备能力。《语文课程标准》在口语交际的总目标中指出："具有日常口语交际的基本能力，学会倾听、表达与交流，初步学会运用口头语言文明地进行人际沟通和社会交往。"

如何有效地实施口语交际教学，很多教师有一种束手无策之感，教学时草草了事，或索性放弃；在具体的操作层面上，传统的教学常规在这里似乎无用武之地。这就需要我们根据现状，建设必需的新型教学规范，规范教学过程各个环节的教学行为，引导并帮助每位教师有效实施课程，完成学科教学任务，全面提高学生的学科素养，促进自身专业发展。

小学是发展语言的"朝阳"时期，是口语交际能力培养的最佳起始点。准确把握口语交际教学的特性，形成具有一定可操作性的教学规范，扎实有效地培养学生口语交际能力，为今后学习打下坚实的基础，显得尤为重要。笔者就口语交际教学规范的建设谈几点思考。

一、口语交际教学现状分析

（一）目标定位落入传统窠臼，教学实施重心偏离

一些教师对口语交际教学地位与目标的认识存在一定的片面性，有的认为与原先的听说训练相差无几，有的认为口语交际应附属于识字、阅读、写话等教学。在教学实施上无法落实新理念，教学目标定位偏离，仍按听说训练的方式进行教学，出现如下一些状况：

一是重个人陈述，轻情境交际。在教学中，一些教师往往只注重学生个人的口语表达能力的培养，忽视生活交际情景的创设，忽视交际积极性的调动，忽视交际礼仪、肢体语言，更忽视倾听者的应答训练，使原本贴近生活、轻松活泼的口语交际课变成了沉闷乏味的说话训练课。

二是重书面写话，轻口语表达。为了应试，有的教师把口语交际的内容直接改成了写话的话题，前半堂课简单说说，后半堂课就要求学生将要表达的内容写下来，以写代说，将口语课上成了"写话课"。

（二）教学评价缺乏激励，形式陈旧单一

一是缺乏激励策略。一些教师在口语交际教学中总以"挑刺"为主，常引导学生发现"他哪个词说错了""她哪句话有语病"等等，这样就造成了学生说错话时要受批评、被挑刺，甚至遭人笑话的恐惧心理，没有得到肯定、鼓舞和激励，交际的积极性从此便消失殆尽。

二是教师评价为主。口语交际教学中，很多时候还是以教师评价为主，学生话音刚落，教师便急忙组织学生挑错，或迫不及待地"给他掌声"了；学生也学会了"察言观色"，揣摩老师的心思，以老师的评价为标准，甚至还形成了思维定式，总以为平时学习上的优等生说的都有道理。这样便导致学生的主体地位荡然无存，学生评价能力的发展更无从谈起。

可见，口语交际教学现状不容乐观。有的学生不愿交际，不敢交际；语言贫乏，不规范；不善于倾听，不善于评价。口语交际课堂成了教师、学习优等生的"几言堂"，其他学生均处于"事不关己，悄悄休息"的"静止"状态。

二、依据常规，落实口语交际教学工作规范

（一）教学计划清晰有序

首先认真学习《语文课程标准》对各学段口语交际目标的定位。其次须熟悉学年教材内容的安排，整理交际能力训练的序列。再根据学期目标合理安排教学任务，明确目标与重难点，制定基本教学策略。

（二）备课准备细致深入

明确每个单元的口语交际教学目标；深入研究学生交际水平和对此次交际话题的初步认识；精心设计口语交际教案；选择和设计恰当的教学情景与流程；恰当安排教学容量与密度。

（三）课堂教学扎实有效

带着明确具体可行的教学目标进入交际教学，兼顾"两头"，面向全体，选用恰当的教学方法；有效地组织教学，创设切实有趣的交际情境，调动学生的学习积极性，开展互动交际活动，切实激发每位学生的交际欲望，培养其交际能力，提升交际水平。

（四）作业布置联系生活

口语交际的作业应结合学生生活实际，引导学生把课堂上有趣的或有争议的话题带到自己的家庭进行交流；也可结合话题内容，组织学生参加社会实践活动，在活动中锻炼，在实践中提高。

（五）教学评价多元有效

组织开展教师与学生之间的评价、学生与学生之间的评价、家长与孩子之间的评

价等。学生是学习的主体，学生不仅可以评价学生的交际，还可以评价教师、家长。教师要创设宽松、民主、愉悦的课堂氛围，把微笑、激励、信任带进课堂，使学生在平等、和谐的气氛中，打破评价的束缚，展现自我，促进发展。

三、把握基础，融入特色，形成口语交际课堂教学规范

（一）把握基本教学流程，扎实进行口语交际训练

1. 联系单元主题，自然导入新课。

语文教材一般以"内涵主题"进行组材，阅读课文是向学生展现作家笔下的人、事、景、物、情，让学生来感受品读，从中品味生活甘苦、感悟人生哲理，是属于"阅他型"文本。而口语交际的话题与内容，是阅读课文中内涵与主题向学生生活的延伸，需要学生来"阅己"，用自己的生活感受与阅历，诠释对这个话题的看法、建议、思考等。因此在口语交际教学时，可以对单元文本的主题做一个简要回顾，再自然而然地切入今天的话题，使学生不感觉突兀、生疏，自然地接受话题，轻松愉悦地进入交际状态。

例如，二年级口语交际《伸出我们的双手》一课，一位教师作了这样的导入。

师：大家还记得本组课文有哪些吗？哪一篇给你留下了深刻的印象？

生甲：《雷锋叔叔，你在哪里》给我的印象很深。学习时，我知道了许许多多关于雷锋的故事，他经常做好事，无私地帮助别人，他真好！

生乙：读了《泉水》，我知道了泉水对谁都很友好，他爱说——来吧，来吧！照吧，照吧！喝吧，喝吧！这么热情大方，我很喜欢他。

生丙：学了《我不是最弱小的》，我知道我虽然小，但也要学会关心比自己更弱小的人，关心需要帮助的人。

生丁：我最喜欢《语文园地》中"赠人玫瑰，手有余香"这一句，我还在生活里用上了呢！

师：在哪儿用上的？给大家说说吧。

生丁：那天下课，二（2）班王宁向我借水彩笔，我借给了他。他说"谢谢"，我说："赠人玫瑰，手有余香嘛！画好了，让我欣赏一下哦！"

师：大家说得真好！这么多课文让我们懂得了关爱与帮助。在我们的生活中，哪些人需要我们的帮助？我们又该如何帮助他们呢？今天，我们就来聊聊这个话题。

这样的导入，使阅读与口语交际在主题内涵及语言运用上，有了一个自然的衔接与过渡，学生把课文里学到的事例变成了自己的"生活阅历"，把课文里学到的语言积累内化为自己的语言，这就为接下来的口语交际活动起到了很好的"热身"作用。

2. 创设交际情境,激发交际兴趣。

教无定法,口语交际教学同样如此。正如吕叔湘先生所说,灵活多样的方法中有一个总钥匙,即一个"活"字。笔者认为,要教"活"口语交际课,这个"活"的金钥匙就是要有一种交际的情境或氛围。创设交际情境,最好能体现生活化、趣味性、实用性等特点,让学生感觉这个情境就是在生活中的。如此,交际的兴趣自然会被激发起来了。

例如,一年级口语交际《我们的画》一课,一位教师就结合学校实际创设了交际情境。

师:我们学校的网站开通了,其中有一个栏目叫"我们的画",是专门展出小朋友自己的画作的。大家想看一看吗?

生:想!

(老师打开网页,带领学生一起欣赏栏目里的画作)

师:欣赏完了,你们有什么感受和想法呢?

生甲:小朋友的画真好看!

生乙:我真想在那儿展出自己的画。

师:是啊,老师也非常希望在网页上看到我们班小朋友的画。今天,小朋友们都带来了自己的画,我们就选出最受大家欢迎的一些画,推荐给网站负责老师,请他帮我们把这些画展示出来,好吗?

生:好!

师:那我们先在四人小组里介绍自己的画,并请同学评评你的画,还可以改改自己的画。然后每个小组推选2幅,参加全班的评选。

小学生一般都很有表现欲,很希望得到别人的赞赏,能在校网上展出自己的画作是无比光荣的事。如上的交际情境设计,贴近学生生活,切合学校实际,有利于激发学生主动交际的参与意识,也能确保情境的真实性,让学生真正体会到成功的喜悦。

口语交际情境的创设,还要体现趣味性,富有童趣。一位教师在教学一年级《春天在哪里》一课时,创设了童话故事般的交际情境。

(课前,组织所有学生制作自己喜欢的小动物的头饰)

师(戴上燕子头饰):小动物们好! 我是燕子姐姐。请问,你是——

生:我是小老虎!

师:你好! 可爱的小老虎。

生:你好! 燕子姐姐。

……

师:今天,燕子姐姐就带着大家去大自然里寻找春天,好吗?

（多媒体课件播放春天的录像和图片，学生观看欣赏）

师：小动物们，在刚才的游玩中，你发现春天了吗？春天什么样儿？能告诉燕子姐姐吗？

（于是，就有了"小动物"们和"燕子姐姐"的对话。对话中，"燕子姐姐"机智地引导"小动物"们把话说完整、说清楚，以及使用交际礼貌用语、展现得体大方的体态等）

师：谢谢大家告诉我这么多春天的消息！这么好的消息，你还想告诉哪一位动物朋友呢？赶紧找到你的朋友，告诉他春天的消息。别忘了也听听他关于春天的消息哦！

（于是，"小动物"们之间就有了对话交流）

小学生一般都喜欢童话，喜欢小动物，尤其低年级学生更是喜欢把自己"变"成童话里的角色。在这个情境中，学生自始至终把自己当成了可爱的小动物，与"燕子姐姐"、动物朋友一起"春游"，传递春的消息，分享观察和交流的喜悦。充满童趣的交际情境，形成了一个自然、和谐、温馨、愉悦的"交际场"。在这样的"场"中，交际的可能性无处不在，无时不在。

3. 提供交际案例，发展交际能力。

口语交际需要话题或情境的支撑。案例学习就是提供一个话题，或是构建一个交际情境，既可以描述正确的做法让学生仿效，也可以呈现一些问题让学生发现，并探索、讨论正确的方法与途径。

例如，一年级《该怎么做》教学时，教师提供了这样一个交际案例：

小松不小心把家里的花瓶打碎了。爸爸发现后就责备他，还要打他。此时，小松怎么做才是最恰当的呢？请你选一选，与同学评一评：①小松大声争辩道："我不是故意的，你不该打我，花瓶本来就没有放好。"②小松轻声说："爸爸，我不是故意的。我画画时不小心碰到了花瓶，它掉到地上就碎了。对不起！"

再如，一位教师教学《学会向别人解释》一课时就提供了如下案例：

小红吃早点时，服务员不小心把汤泼到了她的身上，小红无奈之下只好回家换衣服。等她到达学校时已经上课了，老师当众批评了小红。你赞同下面哪一种做法，为什么？①小红哭了起来，一句话也不说就回到了自己的座位上；②小红马上大声争辩道："我不是故意的，你不该责备我，要不你去问我妈妈！"③小红马上轻声说："老师，吃早点时服务员弄脏了我的衣服，我回家换衣服才迟到了。"请与小组内同学讨论交流，说清理由。

以上两个设计，有异曲同工之妙：通过案例比较，学生可以领悟到，在解释事情原因时不但要说清理由，还要讲文明，态度要和蔼，语气要合适等。

这样的案例设计，为学生提供了一定的语言交际的凭借，让学生有话可说，有意见交流;也隐含了一些交际技巧,可以让学生从几个方面来看待问题、分析问题,设身处地考虑当时事件发生的可能性,教会学生全面地看问题。另外,也可以让学生参与可能性案例的设计,如果学生的建议富有建设性并得到同伴的支持,他更能感受到交际的愉悦和成就感。

4. 营造互动氛围,鼓励自由表达。

口语交际是人与人之间交换思想、看法、意见,交流经验、成果,或者买卖东西、寻求帮助、交涉事情等待人处事的活动,必须要有交际对象,构成交际关系,形成双向或多向互动的交际方式才能进行。要引导学生进行合作与交流,在交际中相互学习,在听说中相互补充、评价、启发与促进。因此,互动交流氛围的营造十分重要。

那么该如何实施呢? 教学双方在教学中都要有双重的角色意识,注意角色的随时交换,师生之间除构成教与学的双边关系外,师生之间、生生之间要像日常社会生活中的口语交际那样互为对象,构成交际关系,并模拟生活实际双向互动地进行训练,让每一个学生都动起来。

例如,一位教师在教学《猜谜游戏》时,通过以下三步营造互动氛围。

第一步,师生互动。老师说,我先出谜语,请同学们猜。谁猜出谜底,老师就把美丽的卡片送给谁。(学生开始猜谜语)老师又说,这儿还有几则谜语,不过,这次不但要猜出谜底,还要说说是怎么猜出来的。(学生开始交流)

第二步,生生互动。老师引导,刚才大家猜的是老师收集的谜语,谁想把你收集的谜语给大家说说? (学生上台,可以指名让谁猜,问问他是怎么猜出来的。学生之间交际起来了)之后,老师再引导:刚才这两位同学一问一答,态度大方又有礼貌,合作得多好呀! 接下来,请四人小组在一起猜谜语,小组长要组织大家有秩序地进行,并且选出大家认为好的谜语。

第三步,全场互动。此课正值学校对家长公开教学活动,老师引导:大家收集来的谜语真有意思! 今天来听我们上课的爸爸妈妈们,能不能猜出来呢? 小朋友想不想让他们也猜一猜? 好,可以请自己的家长猜,也可以请别的家长猜,要请他们说说理由,还可以请他们出谜语给你猜。开始吧!(之后,全班学生与听课家长猜谜互动,其乐融融)

这三步教学实施以"猜谜语"为话题,充分利用课堂资源,营造师生互动、生生互动,以及家长与孩子互动的氛围,层次分明,引导得当,亲切融洽,充分调动学生参与交际的积极性,有效地训练学生的交际能力。

互动氛围的营造,需要教师对教学内容、教学情境以及学生的交际能力做充分的考虑,既要立足主题内涵,又要考虑全员参与,以充分调动每一个学生参与口语交际的积极性。

5.巧妙布置作业,注意拓展延伸。

口语交际能力的培养,课堂教学是主渠道,但还是不够的。常言道:"得法于课内,得益于课外。"生活的空间有多大,语文学习的外延就有多大。口语交际训练既要立足课堂和教材,更应向家庭生活、社会生活延伸。

一位教师在《身边的科学》结课时,这样引导——

师:通过今天的交流,老师发现,我们身边的科学知识还真不少呢!如果老师请你选择其中的一两点知识带回家,告诉自己的爸爸妈妈,你会对他们说什么?

生甲:我要告诉爸爸妈妈,睡午觉别把手机放在枕头边。

生乙:我要纠正奶奶的一个错误,她总要把酸奶热一热再给我吃,其实这样做酸奶的营养都跑光了。

师:好,相信大家会说得很好!老师也很想知道,家长听到你的介绍后,会有怎样的反应。明天来告诉我和同学们,好吗?

如上,在一堂口语交际课结束之时,教师可以结合话题实际,鼓励学生把课堂交流中自己感兴趣的内容带到自己的家庭,和父母一起讨论交流,倾听成人的看法,表达自己的观点;或者,也可以将课堂上的感悟、感触,在课外用恰当的方式与自己的父母好友分享,在生活中巩固与发展口语交际能力。

(二)把握特点,加强整合,有效开展口语交际

1.多元评价,重视激励。

宽容是一种美,赏识是一种爱。对于学生的评价,要懂得宽容和赏识,既要善于发现不足,及时予以点拨纠正,更要引导大家发现交流者的进步与闪光点,一个优美的词语,一次诗句的恰当引用,一种委婉的说法,等等,均要给予发掘和鼓励。常用充满感情色彩的肯定性语言来评价学生,激励学生,如:"我很欣赏……""我很喜欢……""你的声音真响亮!""你会用这个词,真不简单啊!""你一下子能说这么多,太了不起了!"当我们用欣赏的眼光看孩子,并且真诚地赞扬孩子时,将会给他们增添无穷的力量。

对于观点有异的学生,要精心保护,激发他们积极思考、敢想敢说的创新精神。要注重学生的讨论式评价。课堂上让学生充分发表意见,有意营造讨论氛围,让其在讨论中碰撞出创新思想的火花。对于学生的评价,教师不要求全责备,而要把握关键,激发他们的参与兴趣。

2.积极渗透,加强训练。

口语交际能力的提高,不是一朝一夕就能达成的,更不可能在一堂课上立竿见影。在一学期教学计划中,口语交际课的比重很小,这就需要教师树立一种"日常培养口语交际能力"的意识,将口语交际能力的培养渗透在语文教学的各个环节中。

例如,在教学阅读课文《荷叶圆圆》一课时,一位教师将阅读积累和口语交际巧妙地整合起来。

师:一个夏日的午后,下了一场雨。雨过天晴的时候,我们故事的小主人公聚在一起聊天呢! 你听——(播放录音:荷叶是我的摇篮。我躺在这绿绿的大摇篮里,眨着眼睛看看蓝天白云,真舒服呀!)

师:这是谁在说话呢?

生:小水珠。

师:你是怎么知道的?

生:我从课文里知道的。

(老师引导大家看课文并发现,录音里是将课文里的语言稍稍做了改动)

师:你猜,其他的小主人公会怎么说呢? 请小组内四位同学分别选择一个角色,像录音里一样聊聊天吧! (四人小组进行合作学习,之后组织交流)

生甲(小水珠):荷叶是我的摇篮。我躺在这绿绿的大摇篮里,眨着眼睛看看蓝天白云,累了就闭上眼睛休息,真舒服呀!

生乙(蜻蜓):你的摇篮真舒服! 我把荷叶当作我的停机坪。你们看,我稳稳地站着,张开透明的翅膀,多像一架小飞机啊! 我飞累了,就慢悠悠地停在这里休息了!

生丙(青蛙):啊,你们在这里休息,要不要听我唱歌啊? 荷叶是我的歌台,是我放声高歌的好地方哦!

生丁(小鱼):我也喜欢荷叶! 刚才突然来了一场雨,我有这把雨伞就不怕喽!

在阅读教学中渗透,积极组织学生交流自己的认识,评价同学的见解,欣赏他人的朗读;在习作教学中渗透,鼓励学生评价同学的习作,指出修改的意见;在综合性学习中渗透,引领学生组织合作小组,合理分工,提出自己的活动创意,分享研究成果。只要教师树立这样的训练意识、渗透意识,在语文教学中,口语交际会无处不在,学生的能力会在日常学习中得到有效的培养和提高。

3. 规范语言,注重引导。

口语交际课的重要任务之一是规范学生的口头语言,提高学生的口头语言表达能力。因此,在口语交际中,学生必须使用普通话,做到发音准确;把话说通顺,说清楚,正确地表达自己的意思,做到无语病。同时,也要注意对学生的口语进行规范。

例如,教学《水果王国》一课,当学生说不出来时,教师进行了引导示范。

师:我是大柚子,我穿着黄绿色的外衣。

生:我是菠萝,我穿着泡泡纱裙子。

师:我是大柚子,我像娃娃的笑脸。

生：我是火龙果，我像可爱的小猪。

生：我是火龙果，我像绽开的花朵。

生：我是火龙果，我像燃烧的火焰。

口语表达是即兴的，受方言和平时说话较随意等多种因素的影响，学生在措辞上、语法上、逻辑上可能会出现一些问题。教师要耳聪心明，及时发现，委婉指出，用示范、启发、补充、暗示等方法给予指导，从而引导学生运用正确规范的语言表情达意，形成良好的语感，提高交际能力。

4.关注学生，全员发展。

在口语交际教学中，教师还要关注学生的学习行为，如学生对口语交际的学习状态——参与状态、交往状态、思维状态、情感状态、注意状态等；是否把握好参与的时机与效率，建立和谐的人际交往，等等。只有在学生积极参与的情况下，教师所渗透的教学理念、预定的教学目标、预设的教学流程才有可能顺利实施并达成。教学中应该以学生的发展为中心，关注学生的学习行为，促进全员口语交际能力的提高。

以上，笔者主要从教师教学行为的角度阐述了对小学口语交际教学规范建设的一些思考，不甚成熟。口语交际教学规范的建设，需要教师立足教学实践、立足校本教研，做深入的研究与探索，逐步形成并规范教学行为，在规范中创新，在创新中提升，真正提高口语交际教学效益，提高学生的口语交际水平。

【备注】

此文获浙江省教育厅教研室组织的 2014 年教学论文评比二等奖；参加浙江省教育厅教研室组织的 2015 年小学语文低段教学研讨活动作主题发言。

例谈语言表达课的教学难点及对策

新教材实施以来,富有人文性、开放性的小学语文教材,如一缕清风吹入课堂,我们都为之欣喜。尤其是口语交际、习作等语言表达课教材,以开阔的视角、开放的主题、丰富的内容与我们见面。在教学实践中,除了新教材带来的欣喜,笔者也真切遇到一些难题:面对开放多元的内容如何把握与取舍? 口语交际与习作课需要教师做怎样程度的指导? 习惯了以往内容纯粹、主题单一的听说训练和写作课的教师,如身陷于繁茂而茫茫的草原上一般,有迷失方向之感。根据教学研究与实践,笔者认为应该立足教材,寻找有效的教学对策来化解语言表达课的一些难点。

难点一:用什么解开首次接触的疑惑

(一)难点解读

教材里出现了一些新颖的表达内容与习作体裁,例如四年级上册的写读后感"从《乌塔》想到的",五年级上册的"写采访记录",五年级下册的"写研究报告""写发言稿",六年级上册的"写诗""写建议书""写演讲稿",六年级下册的为作文集写"编者的话",等等。这些内容贴近生活,符合学生学习及提高习作能力的需要。但这些内容对教师和学生来说,都很"新"——在以往的教学实践中,教师很少接触这类内容与体裁,缺乏教学经验的积累;对学生来说,极少在课本中阅读到这类内容,生疏得很。所以,首次接触这类内容,教师与学生都有"难以开口、难以落笔"的畏难情绪。这些话题该如何表达呢?

(二)案例呈现

六年级上册"写建议书"一课,属于"凭空降临"。为何这么说? 因为六上语文教材中尚未出现"建议书"。学生从未接触过这类应用文的写法,教师该如何指导呢? 一位教师做了如下处理:

在初步了解"建议"的基础上,教师出示范文《给校长的建议》。接着组织学生进行"三读":一读,了解建议书的格式;再读,了解建议主题;三读,了解建议书的条理(包括罗列问题、解决方法等)。"三读"之后,学生对建议书有了直观、具体的感受。此时,教师再指导学生整理校园生活中发现的某个问题,根据问题提出合理化建议,然后动笔写建议书,学生显得轻松自如,游刃有余。

其中,是什么起了关键性的作用? ——范文。

(三)对策分析

1.范文引路,拨开云雾。习作课,适度引入范文,是必要而有益的,它能拨开云雾,指点迷津。尤其是学生首次接触一些较为生疏且教材中又缺少范例的内容与题材，教师就需要从别处寻找合适的范文，引入课堂，让学生对新面孔有一次直观形象的感知，对新写法有一个具体深刻的了解。当然，合适的范文也能给予学生模仿学习的范本。面对一些较难把握的内容与体裁，我们不妨给学生搭几级平缓的台阶，引领他们慢慢地攀登与进步。范文的作用不仅限于此，它也适用于大家所熟悉的习作课，比如写事、写人、写景、写物等等。教材中的文本较多是名家作品，文笔隽永，挥洒自如，更适合学生阅读欣赏与语言积累，而真正让学生学习借鉴到自己的习作中，可能还有一定的距离与难度。此时，教师找来贴近学生实际的离学生"不远"的范文，更利于学生的学习与借鉴。因此，习作教学中适时、适度地引入范文，是很有裨益的。

2. 资源巧用，相得益彰。有趣的是，上个案例中教师所用的范文《给校长的建议》，就在六年级下册第六组"难忘小学生活"的课文中。这也给了笔者一些启发：要充分熟悉教材，大胆整合并利用教材资源，为学生的表达搭桥铺路。不仅是如上案例可以巧用资源，教材中还有很多内容，我们也可以充分挖掘文本资源，给学生以切实有力的指导。如，五年级下册要写研究报告，就可先学习课本中的《奇怪的东南风》；六年级上册要写诗，可以先阅读课本中的《致老鼠》，再模仿写写《致_____》；六年级下册要为作文集写"编者的话"，可以先阅读每组课文的单元导语，等等。不仅如此，像如何写好开头，如何写好结尾，如何写好人物对话，如何写好环境描写，等等，我们都可以从课本中找到优秀的范例，引导学生学习与借鉴。教材资源的巧妙利用，需要教师深入了解教材，全面把握教材，更需要教师有一双善于发现的眼睛，挖掘出教材资源的"另类功效"，发挥出教材资源应有的价值，让学生阅读积累、习作表达等能力的培养，在教材资源的引领下，呈现出相得益彰的美好局面。

难点二：表达什么才是最适合的

（一）难点解读

在口语交际和习作教材中，开放多元的内容比比皆是，如六年级上册的《民风民俗》，三年级下册的《未来的____》等。这些内容给予学生广阔的选择空间，但凡事都有两面性，空间越大，呈现的内容越多，学生越容易泛泛而谈，教师的指导和引领也无从着手，语言表达能力的训练效果就会大打折扣。一节课结束时，资料呈现琳琅满目，但学生在语言组织、内容安排、感受抒发等方面的锻炼与提升，是微乎其微的。教师也在两难境地里徘徊：内容太杂，见效甚微；框得太死，则千篇一律。这的确是一个难点。

（二）案例呈现

三年级上册"口语交际"有《生活中的传统文化》一课。生活中的传统文化极为丰富,比如节日风俗文化、服装文化、戏剧文化、饮食文化、工艺文化、建筑文化……可谓琳琅满目,异彩纷呈。面对这么多内容,一位教师结合学生生活实际以及节日应景的特点,做了大胆的剪裁与处理。

　　课始谈话环节,组织学生简要说说自己了解的传统文化。接着从节日的饮食说起,提出主题:生活中的饮食文化。然后切入中秋节的传统食品——月饼,组织学生具体交流月饼的外形、花色、口味、寓意以及月饼的传说等。在引导中,教师也适时给予表达句式的支撑,如"有的月饼上面印着＿＿的字,它包含了人们这样的祝愿:＿＿＿＿"。在教师的引领下,学生把关于月饼的内容有条理、较具体地表达清楚了。最后,教师引导学生进行拓展交流:用刚才的方法,介绍你喜爱的一种传统食品,如粽子、饺子、馄饨、茶糕、烧饼、油条等。这时候表达方法得到正迁移,学生能有条理、较具体地进行介绍与交流。这节课,指导与拓展,引领与开放,相得益彰。

　　反过来看,如果这节口语交际课只是让学生从电脑里搜集一些材料来介绍交流,万象包罗,泛泛而谈,那么习作课也可能只是把搜集来的材料进行整理和誊抄而已,学生语言表达能力的锻炼与提升,几乎是微乎其微的。

(三)对策分析

　　1. 寻觅合适的切入口,以"小"见长。切入口的确定,可以考虑以下几个方面:尊重地方特色,适合学生特点,尊重学生的生活感知与积累。舍得放弃一定的内容与范围,不要面面俱到。教学中"贪大",容易失去更多。用一两节课带领学生攻下一个城池,远远要比攻下多个城池要轻松有效得多。努力做到一课一得,循序渐进,稳步提高。坚信举一反三的道理,此项内容学生懂得了如何表达,那么这一类的题材,学生也会有一定的正迁移能力,只要有感受与体验,也能清晰、流畅地表达出来。

　　2. 打开适度的空间,"活"字为先。确定训练点之后,要留有一定的"后路","小"要适度,要留一定的空间让"小"变"大"。如,饮食文化,如果只确定"月饼",那么势必造成内容单一、表达死板的局面。可以由"月饼"引路,活学活用,引出饮食中其他"明星",如粽子、饺子、馄饨、茶糕、烧饼、油条等等,让诸多饮食文化中的"明星"在学生的表达中活色生香,在香气缭绕中增强对祖国饮食文化的关注与热爱,乃至引申到对其他传统文化的调查、体验与研究之中。

难点三:怎么表达才是最有效的

(一)难点解读

　　怎么表达才有效? 这个疑惑,在低中段口语交际课和习作课中可能更容易产生。学生年龄尚小,语言积累少,表达能力弱,怎么表达才有助于学生表达能力的培养与提升,这需要我们思考。在教学实践中,笔者发现,有的教师注重了交际情境的创设,注重了交际评议的展开,却忽略了口语交际课的实质与核心——表达内容的质量。说什么,怎么说,如何引导学生"说清楚",成了难点。

（二）案例呈现

1. 一年级下册口语交际《未来的桥》一课,一位教师在表达内容上做了这样的指导。课前学生自由绘画"未来的桥";上课后,教师自己用两种方式介绍了自己设计的桥:一种,当然是毫无条理、杂乱无章的;另一种,则是有条理地介绍了桥的名字、样子、作用等。然后组织学生讨论:你喜欢哪一种方式? 为什么? 接着引导学生用第二种方式,从几个方面有条理地介绍自己设计的桥。在交流过程中,结合实际逐步概括、充实说的内容,如,桥的新型材质、设计前的想法、设计后的愿望等等,帮助学生逐步充实交流的内容。

2. 无独有偶,三年级下册习作课《未来的____》一课,要求学生结合生活实际,设计未来的生活用品等。学生交流中不乏奇思妙想,但"表达清楚"却成了问题。一位教师做了如下指导。先出示范文《智能垃圾桶》,组织学生阅读,整理出短文写的几方面的内容,如:名字、样子、功能、举例等。接着,组织学生思考:你想从几方面来介绍? 交流后,教师整理板书,罗列出学生想到的几个方面。然后由学生根据自己内容的特点,选择几个方面来写。从课上呈现的学生习作中可以看出,习作中既有奇思妙想,又有清楚有序的表达。

（三）对策分析

1. 抓住重点,关注表达实质。无论是口语交际课,还是习作课,无论我们用怎样的教学手段,创设怎样的表达情境,锻炼和提高学生表达能力的重点是——表达的内容。关注了表达的内容,才真正抓住了表达的实质。忽略了表达内容,再好的教学手段,再美的表达情境,也只是摆设,内容没跟进,形式只是一件漂亮的外衣,仅此而已。形式,是为内容服务的。因此,无论是哪种表达课,我们要抓住重点——让学生说好自己的话,写实自己的话,话中有内容,有实质,才是关键。

2. 疏通条理,提升表达质量。低中段学生语言积累、表达能力都有限,要把话说清楚、写明白,需要一个"拐杖"来支撑,需要教师给予明晰而有力的指导与引领。其中,笔者认为"条理"是一根很重要的"拐杖"。表达的条理,就是从几个方面有顺序地介绍或描绘,如,确定顺序:从外到里,从上到下,还是从次到主;教给一定的句式,如,"先……再……接着……然后……最后……"等;如,确定表达内容的板块:事物的名字—外形—作用,实际的观察—联想,等等。有了"条理"的支撑,内容之间就有了一根线,语言的珍珠就会被串成一个整体,语段及文章的整体感就能得到呈现。"条理"的意识与表达习惯,多加培养,必将会逐渐渗透到学生的语言表达中去,语言表达的质量就会有一定的提升。

　　新课程背景下的语文教材,为我们打开了一扇新视窗,有明媚阳光,也有很多问题等着我们去解答。"纸上得来终觉浅,绝知此事要躬行。"思考与实践,能让我们与智慧更近些,与真知更近些,与学生更近些。

【备注】
　　此文发表于《教育与教学研究》2011 年第 5 期。

基于教材文本的读写结合策略

　　《语文课程标准》指出,阅读教学是"让学生在主动积极的思维情感活动中,加深理解和体验,有所感悟和思考,受到情感熏陶,获得思想启迪,享受审美乐趣"的过程。在这个学习过程中,学生点滴的感受、内心的思考、深深的启迪以及个性化的理解,可以通过声情并茂的朗读来表达,也可以化作自己的语言通过口语交流或书面练笔来表述。现行教材中的课文无论在思想情感上,还是在语言形式上,都是学生学习感悟语言、积累运用语言的良好范例。

　　那么,在阅读教学中如何凭借教材文本,读写结合,进行习作训练呢? 笔者认为至少可以从两个方面来考虑:一方面,充分利用文本中的语言环境,引领学生在课文的思想内容与语言形式之间走一个来回,即通过词句之间、段落之间的联系去理解内容,又在理解内容的基础上去体味、揣摩写作方法;另一方面,要充分利用文本中的语言、情感等因素,激发学生学习语言、运用语言的兴趣和欲望,并及时进行习作训练,逐步使学生养成良好的语言习惯并掌握一定的写作方法。下面,就教学实践具体谈一谈基于教材文本的读写结合策略。

一、想象补充,适度拓展文本

　　在教材文本中,我们会发现有一些语言虽然简练扼要,却给了读者极大的想象与品味的空间,若在此处深入研读,展开想象,会感悟到文本的内涵、人物的心声和作品的主旨。这就是很好的读写训练点。教师要善于挖掘,引领学生展开想象,用自己的语言对文本进行适度的拓展与补充,使学生在训练中积累语言,运用语言,真正感悟文本的人文内涵。

　　例如,四年级《触摸春天》一文有两处描写失明少女安静在触摸到蝴蝶后神情的变化:"蝴蝶在她的手指间扑腾,安静的脸上充满了惊讶","许久,她张开手指,蝴蝶扑扇着翅膀飞走了,安静仰起头来张望"。这是两个值得品味的细节! 如何落实读写结合? 一位教师的教学实施如下——

师:一个失明的少女,慢慢徜徉在花的海洋里,突然她触到了一只蝴蝶! 一只平凡的蝴蝶为何让她如此"惊讶"? 她在惊讶什么? 请展开想象,也可结合作者的议论,揣摩安静的内心世界。(出示:安静惊讶极了,她想:＿＿＿＿＿＿)

生1:这是什么? 难道是一朵会飞的花吗? 还是一个可爱的小精灵?

生2:它是蝴蝶吗? 肯定是! 它的翅膀会有怎样美丽的颜色呢?

生3:蝴蝶! 肯定是妈妈在故事中讲到的美丽的蝴蝶! 啊,我终于见到你了!

……

师:蝴蝶扑扇着翅膀飞走了,安静仰起头来张望。她默默地说:＿＿＿＿＿＿。

生4:可爱的小精灵,飞吧! 去享受更美的春光吧!

生5:谢谢你,可爱的蝴蝶! 是你让我知道了,春天是会飞的。

生6:蝴蝶,我没弄疼你吧? 真是抱歉,因为我见到你太激动了!

在两次写话训练中,学生通过想象补充,运用文本和自己的语言,揣摩安静纯洁美好的内心世界,读懂失明少女热爱春天、热爱生活的美好境界,也激发培养学生积极乐观的生活态度和价值观。

想象补充的读写结合训练,必须与文本的主旨相契合,要有利于文本的解读,有利于学生语言的发展,要切合文本学习的节奏与情境,要有利于推动进一步深化理解,而要杜绝那种天马行空、不着边际的想象与补充,以真正做到读与写的相互服务,相互补充,相互提升。

二、感悟抒情,自由对话文本

在文本的阅读过程中,读者肯定会产生许多自己的理解与感悟,学生也是如此。在学生阅读有所感有所悟时,我们一定要抓住这样的契机,适时引导学生抒发自己的感悟,让学生淋漓尽致地与文本中的人、物进行交流对话。

在日常课堂中,有的教师经常用"＿＿,我要对你说"的方式,组织学生进行写话练习。写话的结果往往千篇一律,不是尽情的夸赞,就是表明自己的决心,语言程式化现象严重,字里行间缺乏真挚的感受和鲜活的语言。因此,感悟抒情式的读写结合,需要教师紧扣文本特色,适时开展训练,真正发挥其有效性。

例如《去年的树》一课,当读到小鸟对着灯火,唱着去年的歌,实践自己的承诺之时,有谁不会被这样真挚的情意所感动? 此时引导学生写一写:"小鸟啊,我想对你说:＿＿","去年的树啊,我要告诉你:＿＿",应是语言训练水到渠成的最佳时机。以下是两位学生的写话。

生1:小鸟啊,你尽情地唱吧!你婉转的歌声,真挚的情意,灯火听得见,树儿听得见,人们听得见,我们都听得见。

生2:去年的树啊,我要告诉你,你的朋友来了,唱着与去年一样动听的歌儿,你拥有了一份难得的真情,虽然生命短暂,但无比富有!

这样的语言,不是空洞的口号,更不是无病呻吟,而是情感的真实流露,表达了学生对文本的真切感悟。这样的写话方式,为学生与文本及文本人物的有效对话创设了自由的、真切的情境,有利于学生阅读情感的升华、习作能力的提高。因此,教师应该读透文本,挖掘适合学生表达的、利于能力提高的读写结合点,让学生尽情地与文本对话,自由地表达阅读情感。

三、联系生活,真切体验文本

文质兼美的文章,会给读者许多启示,会引发读者对生活的回味与反思。这样的文章就非常适合我们联系生活实际,进行读写结合训练。

例如《乡下人家》一文,用朴实而生动的语言,描写了一幅幅乡村风景画面。熟悉乡村生活的孩子,都会有一些美好的记忆。一位教师设计了这样的写话训练:若是在夏天的傍晚出去散步,常常会瞧见(或听见)＿＿＿＿。这个训练,调动了学生对乡村生活的美好记忆,学生纷纷写下自己阅历中关于乡村生活最美的一幕。以下是学生写话实例两则。

生1:若是在夏天的傍晚出去散步,常常会瞧见一群小孩子在河中游泳、戏水,被激起的水花在夕阳的映照下显得格外绚丽。

生2:若是在夏天的傍晚出去散步,常常会听见大人在呼唤孩子回家的声音,或温柔亲切,或厉声呵斥,此起彼伏,直到夕阳西下时才渐渐安静下来。

在阅读教学中的写话训练,若能与生活实际密切相连,便有利于调动学生的生活积累,激发他们描写生活、赞美生活的表达欲望,于自然轻松的训练氛围中锻炼了生活素材整理和语言表达的能力。

再如,《我最好的老师》一课,怀特森先生独特的教学方法,让"我们"觉得科学课成了一种"冒险"。文中列举了"我们"的一种做法:"有时,为了驳倒他的一个貌似正确的'论点',我们常常会在课后花好几个小时甚至好几天时间去思考和论证。"教学中,为了引导学生更真切地感受怀特森先生的用心良苦以及在这种独特方法引领下"我们"的进步,一位教师依据文本设计了这样的写话训练:有时,为了＿＿＿＿,我们常常＿＿＿＿。同时,提示学生可以联系自己学习"科学"这门课的实际经验与体会,进行写话。写话的收效是令人喜悦的。

生1:有时,为了验证怀特森先生的观点是否正确,我们常常跑到学校图书馆,查阅大量的资料,找寻更多的理论依据。

生2:有时,为了研究这个试验的可行性,我们常常提早准备实验器材,提早开始实验,在实验中不断发现,不断改进。

可见,学生结合自己的生活实际,充实了课文人物的研究经历,更深入、更真切地感受到怀特森先生的良苦用心,由衷地感悟到他是"我最好的老师"。这样的读写结合训练,既立足文本,又联系生活,既整理了生活感受,又加深了文本理解,学生与文本人物合二为一,真切感悟文本主旨,学得投入,悟得真切。

四、总结概括,提升文本感悟

学完课文的总结环节,也是读写结合的好时机。我们可以抛开"我读懂了……""我明白了……"等一成不变的表达方式,可以根据文本特点创新总结的方式,引领学生积极整合文本语言,将文本语言内化为自己的语言,对课文阅读的理解感悟进行总结,有利于学生提高对语言的积累、整合、运用的能力。

例如四年级《生命生命》结课时,一位教师这样引导:读了全文,你是否可以把自己的阅读感受写成一首诗歌呢? 随即学生进行了写话创作。以下是师生共同交流、评议并修改后的一则小诗。

生命是什么?
生命,是在掌心里挣扎求生的小小飞蛾;
生命,是在砖缝间快乐舒展的嫩绿瓜苗;
生命,是在胸膛里怦然有声的美妙心跳。

这样的总结,源于文本,更来自学生的心灵,胜过千万句口号式的、程式化的总结语,有助于学生语言能力的锻炼与提升。

再如,《父亲的菜园》一文刻画了一位朴实、勤劳的父亲形象。结课之时,一位教师设计写话训练:在外地求学的我,已经很长时间没回家了,在一个夏日的清晨,我在校园里晨读。周围,树木葱茏,绿意盎然,父亲在自家菜园劳作的身影又浮现在脑海里。于是,我提笔给父亲写道:_____。

有学生这样写道:

亲爱的爸爸,您好! 近来您身体好吗? 此时此刻,我又想起了您的菜园,那一片翠绿,是我心中最美的绿色。因为这片绿中,有您的汗水与心血,有您的努力与奋斗;这片绿,也教会了我们如何去面对困难,把握人生! 谢谢您,亲爱的爸爸!

《父亲的菜园》赞美了父亲的勤劳与淳朴,但这种赞美是隐含于字里行间的。这次读写结合训练,是对课文理解程度的检验,让学生以儿女的口吻,以书信的方式,直接与父亲对话,表达孩子心中对父亲的赞美之情。

好的文章,总有一个明确的主旨,或赞美歌颂,或揭露鞭挞。我们所设计的读写结合训练,应遵循课文的主旨,让学生用上从课文里学到的语言或是自己内化的语言表达感受,升华认识。若随意改变课文的主旨,那课文的阅读似乎就失去了价值。在训练时,教师要给予必要的引导,让学生明了应如何顺应课文的主旨,进行语言表达。

五、细节仿写,延伸运用文本

细节是文章的血肉,文章没有了细节就如同干枯的骨架,索然无味。纵观学生习作,最大的问题便是写不具体,没有动人的细节。原因在哪? 学生不是没有内容可写,而是不知道怎么去观察,不知道用什么语句去写,用什么方法去写,按什么顺序去写,等等,也就是缺少了丰富的语言形式的学习和积累,再加上缺少一双敏锐的眼光,怎么可能写出具体生动的文章呢?

教材中有一些课文,细节描写极为生动传神,是学生学习并仿写的范例。阅读教学中,教师应该引导学生细细品味文本的写作方式,使学生从中有所发现,有所感悟,并在自己的习作中加以运用。

例如《全神贯注》第二段描写了法国大雕塑家罗丹全神贯注地修改自己的作品的一幕,具体生动,很有感染力,“只见罗丹一会儿上前,一会儿后退,嘴里叽里咕噜的,好像跟谁在说悄悄话;忽然眼前闪着异样的光,似乎在跟谁激烈地争吵。他把地板踩得吱吱响,手不停地挥动……”在教学时,可以先引导学生通过朗读、想象、圈画、感悟等方式,体悟作者用“抓住人物的动作、神态并由此展开联想”的方法,将人物的形象刻画得生动传神。教师再引导学生联系生活进行细节仿写训练,写写身边熟悉的某个人做某一件事的动作、神态等,可以表现他的专心致志,也可以描写他的心不在焉。

一位学生这样写道:

爸爸正在电脑前学习 EXCEL 的使用呢! 只见他一会儿低头唰唰地翻书,似乎急切地想从书上找寻答案;一会儿又迅速地敲打着键盘,像个熟练的打字员;一会儿靠在椅子上看着天花板,皱着眉头一脸的无奈,大概是遇到难题了;一会儿又抓起手机和谁打电话,嘴里连连说着“哦,哦,原来是这样”,开心得像个小孩子似的……

细节仿写,充分利用并发挥文本资源的优势,让学生学习借鉴最直接、最贴近的素材,给学生提供了模仿学习的训练平台,这样训练对学生习作能力的提高肯定是大有裨益的。

习作训练始终是语文教学中不可或缺的重要一环。在阅读教学中,有机进行读写结合训练,是提高学生阅读水平和习作能力的有效策略。因此,我们教师要树立读写结合的意识,充分发挥教材文本的范例作用,深入解读文本,找准读写结合的落脚点,让习作训练在阅读教学中拥有一个坚实的支点,使之融于文本学习,不成为游离于文本之外的空中楼阁,促使学生学习、积累、运用文本中生动规范的语言,为提高学生的习作能力打下坚实的基础。

【备注】

此文发表于中华人民共和国教育部主管、人民教育出版社主办的《中小学教材教学》2016 年第 5 期。

单元整体视角下的渗透式习作教学策略

王尚文教授认为,语文教学的聚焦点应该是"言语形式"。语文教学如果守住了"言语形式"这一门槛,教的是常识性文章,不会上成科学课;教的是思想性很强的文章,也不会成为品德课。语文,只有顺着"言语形式"这条路,才真正通往学生语文素养的养成。

习作,是学生阅读、吸收文本言语形式的试金石,更是内化、运用言语形式的练兵台。习作教学,不是凭空而来,应建立在已有教材的言语形式的基础上,引领学生从中阅读并发现、感知并领悟,以及吸收并运用,储备足够的言语形式的积累,促成其厚积薄发、拓展提升。

在教学实际中,如果教师能依据学生的年龄特点,依据课标目标给予的空间,依据教材设置的文本范例以及提出的习作要求,去解读、研究、探寻,一定会越来越清晰地把握习作目标。在这样的认知基础上,若以单元整体为视角实施渗透式习作教学策略,对于培养学生内化运用言语形式的能力很有意义。

所谓单元整体视角,就是把单元编排中的教学资源视作一个整体,在单元教学过程中强化阅读、习作、口语交际以及其他练习之间的联系,探寻并明晰教材言语形式上内在的方法与规律,使得阅读、习作、口语交际等内容之间相互汲取,相互服务,共同促进学生对言语形式的内化与运用。

例如三年级下册第一单元教材,大致是这样安排的:导语提出整体目标"阅读本组课文,去感受大自然的美好,并留心观察家乡的景物,记下自己的感受与发现",安排《燕子》《古诗两首(〈咏柳〉〈春日〉)》《荷花》《珍珠泉》等课文,口语交际和习作内容都是介绍家乡景物,习作的要求是观察仔细,按一定顺序将景物特点写清楚。可见,这个单元阅读与表达的整体目标是一致的:从阅读课文中感受大自然的美好,感悟描写景物特点的方法,然后到口语交际练兵,到习作练中落实语言表达终极目标。在此单元整体视角下,教师该如何实施渗透式习作教学策略呢?笔者以这个单元为例,分四步阐述教学策略的实施步骤。

第一步:阅读教材,梳理习作的目标与要求

1. 阅读单元导语,把握表达要求:留心观察家乡景物,记下发现和感受。

2. 联系口语交际,找到内在关联:描写一处优美景物;写清景物在什么地方,有什么特点,表达热爱家乡的感情。

3. 细读习作提示,明晰具体要求:"写一写家乡的景物,写的时候注意学习其他同

学的长处,并展开丰富的想象。"联系上文,可得出习作要求:观察仔细,写出景物的特点;按一定的顺序,把景物的特点写清楚;表达热爱家乡的感情。

综合以上解读,本单元习作要求框架便清晰了——

内容范围:写家乡一处优美的景物;

前期准备:仔细观察,发现景物的特点;

能力训练:能按一定的顺序,适当展开想象,把景物的特点写清楚,表达热爱家乡的感情。

第二步:随文渗透,于阅读中感知并内化习作要求

1.再读导语,尽早布置。了解习作内容,并布置观察任务,看看山,看看河流小溪,看看公园树林……在博览中发现自己心仪的风景。

2.学习课文,明晰方法。从具体的文本中知道,什么是"观察仔细",什么是"景物的特点",怎样才是"按一定的顺序写",怎样才是"丰富的想象"……这些习作能力与技巧的概念,学生是不太清楚的。只有借助具体的课文学习,从具体的言语形式中发现并领悟,才有可能让学生在自己的习作中,努力去尝试,去运用,去体现,在言语形式的实践与体验中,内化认识,培养能力,最终形成自己的习作素养。

下面以第一课《燕子》为例,阐述如何从课文语段中渗透习作教学。

第一个习作视角,关注景物特点。先从全文去看,主要是写燕子外形及"飞"的特点,重点是"飞",飞倦之后的休息也与"飞"有关。关于燕子可写的内容及特点很多,除了外形、飞翔,还可以写"捕食""做窝""哺育"等。本文没有面面俱到,主要写"飞",这就是"突出特点",同时也是与春天呼应,燕子是春的使者,春的消息由燕子的"飞"而散播。

再从局部去看。比如第一段写燕子的外形特点,"一身乌黑光亮的羽毛,一对俊俏轻快的翅膀,加上剪刀似的尾巴,凑成了活泼机灵的小燕子"。可以引导学生发现,作者在描写燕子外形时,其实只写了"羽毛""翅膀""尾巴"三个部位,而忽略了"眼睛""嘴巴""爪子"等。引导思考:为什么只选这三个部位?这是因为这几点突出了燕子的特点。此时让学生明白这就是"抓住特点"。再引导学生品读用词,发现"乌黑光亮、俊俏轻快、剪刀似的"等词语写出了燕子的特点,明确这就是"写出特点"。

第二个习作视角,关注表达顺序。先从整体来看,本文围绕燕子特点的表达顺序是"外形—飞行—休息"。可以组织学生讨论,能否交换?从而感知:什么是"按一定的顺序写",什么是清晰的"条理"。

再从局部来看。比如第二段这样描述:"才下过几阵蒙蒙的细雨。微风吹拂着才展开带黄色的嫩叶的柳丝。青的草,绿的叶,各色鲜艳的花,都像赶集似的聚拢来,形

成了光彩夺目的春天。小燕子从南方刚来,为春光增添了许多生机。"引发学生思考,这一段的表达是否有一定的顺序呢? 组织梳理景物:细雨,微风,柳丝,草,叶,花,小燕子。然后归类并发现:天气(细雨,微风),植物(柳丝,草,叶,花),动物(小燕子,主角),像这样课文把景物一类一类地写下来,就是"有顺序的表达"。

第三步:随文练习,及时进行语言实践,训练习作能力

　　学生对习作方法有了一定的感知之后,如果缺乏及时的跟进练习,便很容易淡忘,事倍而功半;如果及时练笔,巩固对习作方法的认知,便能收到事半功倍的效果。随文练习,最宜结合文本语段的表达特点,巧妙设计语段练笔,及时迁移与训练,及时巩固阅读效果。此处依然以《燕子》为例,看看如何设计随文练习。

[随文练习设计 1]

参照内容:《燕子》第一段

练笔目标:抓住特点,写出特点。

练笔形式:仿照句式,写一种景或物的特点。

　　_____,_____,加上_____,凑成了(形成了,组成了)_____。

学生例文:

　　一身红光闪闪的鳞片,一对圆圆鼓鼓的眼睛,加上裙子般飘逸的尾巴,凑成了活泼可爱的小金鱼。

　　一片明亮清澈的湖水,一园郁郁葱葱的绿树,加上充满欢声笑语的游乐场,组成了生机盎然的春晖公园。

　　一面迎风招展的旗帜,一队叽叽喳喳的孩子,加上精神抖擞的几位老师,组成了欢乐无比的春游队伍,他们正向着森林公园前进!

[随文练习设计 2]

参照内容:《燕子》插图

练笔目标:把观察到的几个景物,按一定的顺序描写下来。

练笔提示:仔细观察,你看到了哪些景物? 请你选择3~4个景物,按一定的顺序写成一段话。

学生例文:

　　春天来了,小村的一切都焕然一新了。远处的山,褪去了蒙蒙的灰,披上了鲜鲜绿绿的薄纱,朦朦胧胧,似乎召唤着向往大山的娃娃。山脚下的田野,一片片,一层层,绿意勃发,一畦畦麦苗在春风里舞动,仿佛正舒活筋骨,努力生长。近处的小河微波粼粼,映着蓝天白云,映着绿树红花,映着燕子们翻飞的身影,映出了春风里小村的笑颜……

第四步：以单元习作为载体，学会梳理与总结，学以致用

以上三步都是随文渗透，是语文教师的良苦用心，"随风潜入夜，润物细无声"。走到"单元习作"这一课，便有必要让学生来梳理与感悟，以形成一定的认知体系。这样的学习方式，类似于五六年级语文课本中的"交流平台"。

1. 结合习作提示，进行回顾交流。组织学生进行自主发现式的交流。比如，我发现哪一篇课文（或哪一段话）的观察特别仔细；哪一篇课文（或哪一段话）写出了景物的特点；哪一篇课文（或哪一段话）是按一定的顺序来写的；哪一篇课文（或哪一段话）的想象特别丰富……

2. 学以致用，指导自己的习作。组织学生说说习作的初计划，比如，我打算写家乡的哪一种景物；写家乡什么景物的什么特点；按怎样的顺序来写；在哪个方面展开想象来写……

3. 结合要求，展开评议与修改。建议根据习作要求，拟定评议与修改的清单，清单上可设置这样的评价标准——

这篇习作，把家乡某种景物的特点写清楚了吗？ ☆☆

这篇习作，是按一定的顺序来写的吗？是怎样的顺序？ ☆☆

这篇习作，展开丰富的想象了吗？ ☆

以上便是笔者提出的单元整体视角下的渗透式习作教学策略的一些具体的实施步骤。像这样操作与实施，能较好地建立起阅读与习作的紧密联系，引导学生从阅读中发现写作方法，在习作中实践写作方法。其前提是充分尊重教材、亲近教材、读懂教材。教师要善于解读教材，挖掘教材，树立单元整体观照意识，总览全局，联系阅读教学，读中悟法，在习作教学上未雨绸缪，尽早安排，再针对存在的差异，切实指导，定能化解习作教学中的一些困难，帮助学生习得写作方法与规律，提升语言表达能力与水平。

2-2 教学设计

义务教育课程标准实验教科书《语文》五年级下册第六单元

口语交际:父母的爱

一、学习目标

1. 在创设情境、联系生活的交流沟通中,懂得在感受、理解父母的爱的同时,学习坦诚地与父母交流沟通。

2. 能清楚地诉说自己的故事,用心地倾听别人的诉说,明确地表达自己的看法,进一步培养积极参与、真诚交流、流畅表达等口语交际能力。

二、重点难点

1. 重点:能清楚地诉说自己的故事,用心地倾听别人的诉说,明确地表达自己的看法。

2. 难点:能清楚地诉说,流畅地表达,自然大方地与同学交流。

三、课前准备

1. 要求学生回顾生活中自己与父母之间发生的事情,辨析、感受父母的爱。

2. 课前谈话:介绍自己的家及家人。

四、预设流程

(一)辨析评说,情景演绎,理解正确的父爱母爱

1. 联系课文,谈话揭题。

刚才谈话时,老师发现大家脸上的神情很有感染力!有的是甜蜜的微笑,有的是藏不住的喜悦,有的是满脸的自豪与骄傲。你为什么这么快乐?(指名答)是啊,爸爸爱着你,妈妈爱着你,多么幸福啊!同样是爱,每位父母的表达方式却各不相同。在第六组课文的学习中,你感受到了怎样的父爱母爱呢?(指名交流:严厉,慈爱,谆谆教诲,放手锻炼……)

今天,我们就来谈谈"父母的爱"。(板书:父母的爱)

2.阅读材料,组织评议。

在同学们的生活中,也有各式各样的父爱母爱。课本就给我们列举了三种,我们先来读一读。(逐个出示,指名读)

妈妈很爱刘明明,家里什么事情也不让明明做,连书包都是妈妈整理。有一次,妈妈出差了,几天不在家。明明上学不是忘了带文具盒,就是忘了带作业本。

冯刚的学习成绩一直不太好,每次考试结束,是他最害怕的时候,因为少不了又要被爸爸训斥。爸爸每次骂完他,总是说:我爱你,才会这样严格要求你。

李路杰对什么东西都很好奇,喜欢动手试一试。有一次,李路杰把家里的电话机拆了,却再也装不好了。爸爸知道了,没有批评他,而是亲切地说:"既然你能拆开,就一定能把它装起来。"在父亲的鼓励下,李路杰终于把电话机装好了。

读了这些材料,你有什么看法? 或者,你比较欣赏哪位家长的做法? 可以选择一份材料说一说,争取清楚、明确、有条理地把自己的看法表达出来。

同桌交流后,指名交流。交流中,展开评议,互相补充,引导学生观点鲜明、条理清楚、语言规范地表达自己的看法。

预设两种基本表述思路:①先肯定家长的爱,再指出做法中的不足,还可以说说更恰当的做法;②肯定好的做法,说出好在哪里,也可以说出自己的亲身体验。

适时小结:他们对孩子都有深深的爱,但有的教育方式不恰当,一味地训斥,孩子害怕;包办一切,孩子永远长不大。父母的鼓励,给我们温暖与信心! 鼓励,能使我们向前走一大步! (板书:鼓励)

3.情景演绎,尝试沟通。

如果你是刘明明、冯刚,会怎么与父母交流,诉说自己的心声呢? 同桌合作,选择其中一份材料,想想:他该怎么说? 或同桌分好角色,演演母子俩或父子俩的对话。

练习前,与学生商量:与父母交流时要注意什么? 预设:语气委婉,态度诚恳,语言表达清楚……(学生同桌练习,教师巡视了解)

组织交流。指名上台情景演绎。采用即时评价的方式引导交际,重点如下。

(1)姿态自然大方,语气委婉,态度诚恳,用语礼貌。

(2)能真诚、明了地说出心里话,让父母理解他。

(3)引导其他的同学参与交流、评价。如,爸爸、妈妈这么容易被说服吗? 你还有更好的办法说服刘明明的妈妈(冯刚的爸爸)吗? 你还有什么补充吗?

适时小结:孩子总要长大,总要离开妈妈的怀抱,学会自理、自立,才能真正面对生活、克服困难。父母的放手,也是一种爱,一种理智的爱! (板书:放手)在孩子遇到困难时,或者尽了力还是不能做得很好时,就需要父母的理解、帮助和鼓励,需要父母正确的引领。(板书:理解)

（二）联系生活，讲述故事，学会感受、理解与沟通

1. 回顾生活，小组学习。

生活中，在你和爸爸妈妈之间有没有发生过类似的事情？有时是父母的鼓励与理解，有时却是苛刻或溺爱，有时是那种说不清楚的别扭的感觉……请组成四人小组，说说事例，谈谈看法，或帮你想想与父母交流沟通的办法。之后，推荐一两名学生上台交流。（学生交流，教师巡视了解）

2. 组织交流，评价改进。

请小组推荐人选上台交流。组织并引导互动交流与评价，适时小结。预设如下。

（1）正确的爱。说说自己的事例和感受。

引导评价：你觉得他把事例（看法）说清楚了吗？有什么建议吗？

引导交流：面对父母，你曾表达内心的感谢吗？若没有，能否在这里先说说自己的心里话？听了他的故事，你想对他说什么？

（2）偏斜的爱。说说自己的事例和看法。

引导评价：听清楚他的故事了吗？有什么疑问？他的建议，你明白了吗？

引导交流：请组内同学说说你们的看法，或刚才给他的建议。其他同学有更好的建议吗？有相似经历的同学，解开这个疙瘩了吗？怎么解开的？听了同学的建议，你打算如何与父母交流？（也可以师生预演）

（三）总结提升，引导沟通实践

1. 课堂小结。通过今天的学习，你有怎样的感受或启发？

预设一：用自己的语言来描述父母的爱，表达对父母的感激。（生活中的父爱、母爱，各种各样：鼓励、理解，放手，叮咛，宽容，严格，安慰，奉献……）

预设二：懂得感受，也要懂得辨析、交流和沟通。用恰当的方式（面谈、写作文、写信、打电话……），用委婉的语气，用得体的语言，与父母坦诚交流。

2. 老师寄语。好，最后让我们一起来念一首诗。（出示，齐读）

当我意气风发时

母爱，是永恒不变的微笑

当我悲观失落时

父爱，是重拾信心的眼神

当我奋力奔跑时

母爱，是在终点迎接的灿烂红绸

当我徘徊不前时

父爱，是在身后敲响的警醒晨钟

同学们，父母的爱，是伴随我们一生的无价之宝啊！让我们学会——用心地品读,真心地交流,全心地回报!

五、板书设计

父 母 的 爱

鼓 励

理 解

放 手

......

六、课后反思

但丁说,世界上有一种最美丽的声音,那便是母亲的呼唤。对于五年级的孩子来说,让他们感受父爱母爱中的鼓励、理解、慈祥是容易的,但让他们辨析爱中别样的滋味,比如,严厉的斥责、百般的宠溺等等,需要静心、理智的思索。因此,这节课创设了合理自然的交际情境,在辨析、讲述、交流中,学生对父爱母爱有了更深刻的感受,初步懂得了如何与父母交流,既要感谢、回报他们的爱,也要勇敢、委婉地表达自己的看法。课堂气氛活跃又温馨,学生交流时大方自然,表达较为流畅清晰。但,如何把口语交际的"互动"氛围营造得更好,突现"互动"的效益,还需要进一步的探索。

【备注】

本课在 2007 年浙江省省级课改实验区小学语文第九次学科培训活动中作口语交际教学研究公开课;本教学设计获 2008 年湖州市新课程教学设计评比一等奖,获 2008 年浙江省小学语文课程标准实验教材教学设计比赛"优秀教学设计奖"。

义务教育课程标准实验教科书《语文》四年级下册第四单元
口语交际:小小新闻发布会

一、学习目标

1. 整理讲述:按照发现的规律来整理新闻资料,并能把一个新闻事件讲清楚,表达大方自然。

2. 倾听互动:学会仔细倾听,了解新闻事件,能较有条理地评论同学讲述的情况,讲述者能清楚地回答听众的提问。

3. 合作提升:通过小组合作、媒体模仿等形式,设计制作一档新闻节目,在有效的合作中提升表达能力。

二、学习准备

请学生从报纸、电视、网络、广播等媒体上,搜集自己感兴趣的新闻资料 1~2 则。老师给每位学生准备一块"意见表达牌"(正面印上"我要赞",反面印上"我要提问"),上课前发给学生。

课前谈话:网络语言大家说。

三、预设流程

(一)视听,明新闻

1. 看。

(板书:新闻。请学生读词)同学们看过新闻吗?你看过哪个新闻节目,看过哪一类的新闻?(组织学生交流并简要归类:时事,社会,娱乐,体育……)

最近老师准备和大家来上这节课,所以天天在看新闻!今天就带了一则有趣的新闻来送给大家,想看吗?(播放视频新闻:《小松鼠开飞机》)

这则新闻,你喜欢吗?(用手中的牌子表示一下)你喜欢它什么?(肯定学生最初的感受与体验,有趣,新奇,惊叹……在交流中及时点明学生不同的关注点,比如,画面,内容,语言……)

2. 读。

我知道,大家也搜集了很多新闻,今天我们就来开一个"小小新闻发布会"(板书课题),把你了解到的新闻告诉大家,好吗?

(1)那么,这一次新闻发布会有什么要求呢?请默读第 78 页的口语交际,画一画有哪些要求。(组织学生交流)是啊,我们来讲新闻,就要讲得"清楚、明白"。(板书:清楚明白)

(2)平时我们上口语交际课,一般还有哪些要求?(学生交流:声音响亮流利,体态大方自然……)对,这些要求,我们今天仍然需要做到!

3. 听。

我们先来听一则新闻,看看它是否讲得清楚、明白了。(课件播放)

英国水族馆企鹅被喂抗抑郁药

(据中新网报道)2014 年 2 月以来,英国约克郡一家水族馆,给企鹅喂食抗抑郁药。斯卡伯勒海洋生物中心的专家们,先将药物推入死鱼的腮中,然后将这些鱼喂给企鹅吃。喂药两周后,这些企鹅的活动开始活跃起来,渐渐恢复了往日的生机。

评议要点:

①讲清楚了什么?（事件的时间、地点、人物、经过、结果）

②什么没说清楚?（为什么要给企鹅喂食抗抑郁药）（随机板书）

依据板书进行小结:一般情况下,一则在内容上比较清楚、比较完整的新闻,会具备六个要素:事件发生的时间、地点、人物,以及起因、经过、结果。今天我们来讲新闻,就要努力把这六个方面讲清楚、讲明白。行吗?

当然,也会有一些特殊的情况,比如:有的新闻事件的起因尚在调查中,自然就不写了;有的新闻事件的发展、结果还不清楚,就要等待后续的报道。

（二）梳理,说新闻

1.理。

老师发现,大家搜集来的新闻资料相对较长,课上我们讲新闻的时间又相对较少,我们能否按照新闻这样的要点,把搜集到的材料整理出来呢?（出示,请一名学生朗读:和同桌一起,在搜集到的一则新闻材料中,迅速捕捉新闻要点,用笔画出相关内容;在尊重事实的基础上,适当修改,把这一则新闻整理成2~4句话）

同桌整理。教师巡视了解并指导。指名一人,口头交流整理后的新闻。

2.说。

现在,我们就来说说刚刚整理好的这一则新闻。

（1）同桌两人,一人当新闻主播,一人当助理或导演,协助他讲好新闻。

（2）同桌派代表上台发布。同学们,你想关注什么?（是否把新闻的这几个方面讲得清楚明白）听完后,请你以最快的速度亮出你的看法!

（3）评议要点:①是否清楚明白,有问题及时改进;②引导关注:体态,脱稿情况。（教师酌情组织学生纠正出现的相应问题）

（三）合作,做新闻

1.提出新任务。

真好! 同学们已经会说一则新闻了。现在我们四人小组就可以做一档简单的新闻节目,我们班的新闻发布会就像模像样了。

2.商议新想法。

我们先来看中央电视台《新闻袋袋裤》这档新闻节目,它的开头部分有什么特点?（有新闻提要;逐一具体播报）

若你们四人小组做一档新闻节目,你还有什么新想法吗? 商议后,交流。

3.尝试新合作。

出示"星级新闻组评比规则",请一生宣读。

星级新闻组评比规则

①小组合作:分工明确,人人参与,互帮互助;

②新闻内容:选择并整理好大家感兴趣的新闻2~3则,把新闻内容讲清楚;

③播报表达:语言清楚,说话流畅,体态大方;

④节目形式:给新闻节目取个好听的名称,比如,新闻微联播、新闻连连看等,形式有一定的新意。

备注:

达到①②③三项,为三星级新闻组;

达到①②③④四项,为四星级新闻组。

4.组织新展评。

学生宣读后教师补充建议:选择新闻时要看看这几则的要点是否清晰而简洁地整理好了;大家分好工后,重点是要抓紧时间把新闻节目完整地练一练。

(1)指名上台展示。

播报小组:你们的目标是——几星级新闻组?

听众朋友:仔细听,你会重点关注哪个方面?

组织评议。围绕星级新闻组要求展开,发现亮点,改进问题。

(2)再请一组上台展示。(有四星级意向的;方式同上)

5.分享新收获。

学生交流,老师建议。

四、板书设计

小小新闻发布会

清楚　　明白

时间　地点　人(物)　起因　经过　结果

【备注】

此课参加2014年湖州市小学语文名师课堂教学展示活动;2015年获湖州市小学语文"一师一优课"评比一等奖;2016年获教育部"一师一优课、一课一名师"活动"优课",获浙江省"优课"。

义务教育课程标准实验教科书《语文》三年级下册第六单元

口语交际:我想发明的机器人

一、学习目标

1. 通过视频猜想、梳理提示等,调动发明、想象的兴趣,明确学习任务。

2. 通过样例辨析、课文回读、同桌互说、小组合作等方式,能把机器人的样子与本领说得清楚明白,习得一定的方法。

3. 通过产品推介 PK、定点定项评议等形式,达到想象奇特又合理,语言表达有增量的目标。

二、课前准备

学生完成"我想发明的机器人"设计图纸(后附);教师制作视频资料、数字牌,并了解学情。

三、预设流程

(一)视听趣猜,情境铺垫

1. 猜一猜。播放视频资料,猜一猜:这是什么机器人?

2. 说一说。再过 20 年,2038 年,同学们都长大成才,那一年的机器人产品国际发布会,也许会有同学们发明的作品噢!你想发明一款什么机器人带给大家?说说你想发明的机器人的名字吧。(学生交流)

(二)自主议说,方法两得

怎么来介绍我们想发明的机器人呢?课文里有具体的要求呢!请阅读"口语交际"学习提示,用线画出我们要介绍的内容是什么,介绍的要求是什么。(反馈,板书:样子、本领;贴出:想象奇特又合理,说得清楚明白)

1. 第一次议说:怎样说可以把机器人的样子说得清楚明白?

(1)播放视频。仔细听,他的介绍,哪些值得你学习?哪些需要改进?

同学们好!我想发明的机器人,它的名字叫"俊·祈梦机器人"。它的个子,与我们三年级小朋友差不多。它有一个圆圆的头,头上戴着蓝蓝的长方形的天线。它有一张方方的脸,脸上有两只眼睛,一个鼻子,一张小嘴。它还有一个身子,两只胳膊,两条腿。它的脚下踩着一块绿色的滑板。我发明的这款机器人,大家喜欢吗?

之后,组织评议。教师整理学生看法,适时板书:总的说样子,用图片说,有重点地说,说出特点……

（2）组织同桌交流。出示要求：①用上你喜欢的方法,向同桌介绍一下你的机器人的样子；②互相评一评,是否说得清楚明白；③推选一位集体交流。

（3）指名交流并评议。交流前,提示"定点倾听"：是否清楚明白？这些方法有用上哪一点吗？待会儿用你手里的数字牌表示。（板书上贴序号：①说得清楚明白；②关注方法：总的说、用图片说、说出最特别的地方）学生交流后,组织评议。

2. 第二次议说：怎样说可以把机器人的本领说得清楚明白？

（1）回读课文,发现方法。我们刚刚学过《果园机器人》,来看看课文是怎么介绍本领的。（出示课文语段）

秋天到了,水果又丰收啦,可是,采摘、运输,果农们实在忙不过来。果园机器人可以来帮忙,它们能把成熟的果子从树上摘下来,整齐地装进纸箱,然后运到指定的地方。

发现方法：先说困难,再说本领。（随机板书）

（2）同桌交流。出示建议：①向同桌介绍你发明的机器人的本领；②互相评一评：是否说得清楚明白？他有什么好的方法？③推选一位准备上台汇报。

（3）组织交流评议。组织 2~3 名学生上台汇报。组织评议：①说得清楚明白；②你喜欢他的说法吗？

（三）情境开启,推介 PK

刚刚我们把机器人的样子、本领都说得清楚明白了,如果把这两个内容连起来,就是机器人产品发布会的介绍稿了。未来世界里,机器人产品的竞争非常激烈！你认为,怎样的机器人,才能赢得大家的喜欢？（设计新奇的,功能强大的,可以解决生活困难的……）联系板书,对应：想象奇特又合理。

1. 小组合作学习。出示建议：一是以最快的速度,在组内挑选并确定一款最有新意的机器人作为产品发布会的内容；二是推介要求,请看板书（①想象奇特又合理；②把样子本领说得清楚又明白）；三是可以一个人介绍,也可以多人合作介绍。介绍的方式可以有新的创意。（板贴：③介绍方式有创意）（课件提示创意表达：让机器人自己说话；也可以问答式介绍……）

大家好！我是小精灵机器人。我的样子很特别哦……我的本领可多啦……

小精灵,在吗？

你好,主人！您需要什么服务？

我想听一个有趣的科幻故事。

好的,主人！马上为您挑选。请稍等。

谢谢！

2.组织集体交流。

（1）第一组上台。提醒下面同学注意三个评议点,组织定点评议。

（2）自选或他选一组 PK。组织评议。

(四)自然结课,表达愿景

1.组织学生结合板书内容说说收获。

2.老师寄语。面对日新月异的未来世界,我们不仅要有奇特而合理的想象,也要善于把自己的想象向别人说得清楚明白。这样制造商才能帮你实现梦想,购买者才能被你的产品吸引。所以,学好语文,学会交流,学会表达,至关重要。加油!

四、板书设计

附

"我想发明的机器人"设计图纸

设计者:＿＿＿＿＿＿＿＿＿＿

它的名字 (写一写)	
它的样子 (画一画)	
特别之处 (说一说)	画好后,可以与家长、同学说说机器人的特别之处,比如样子最特别的是……它的本领最特别的是……

嘿,我的设计最新颖、最奇特、最有用,简直天下无双!

【备注】

此课参加 2018 年湖州市小学语文第一层次名师课堂教学展示活动。

写话:让动词走进来

（适用于二年级）

一、设计意图

一二年级学生初步具备基本的写话能力,能写一句或几句话。但也存在这样的问题:一部分学生看图写话或生活写话时,能写大概的意思,但不能把这段话的意思连贯而清楚地描述下来。尤其在描述人物做事时,学生只关注开始与结束,而忽略过程,如"小明在洗碗,后来他洗好了"。问题症结在于学生不善于观察人物做事过程中的动作,不善于把动作进行分解与细化。本次专项训练,旨在从动词入手,创设观察情境,化解问题症结,引领学生学习观察,懂得想象,学会细化,能把一段话写得连贯又清楚。

二、学习目标

1.学习用恰当的动词准确地描摹人物的动作。

2.在文本语言的对比中,初步感受动作描写在写话中的作用。

3.在动作演示、观看图片、生活演绎等情境中,学习仔细地观察人物的动作,能用恰当的动词描述人物的一连串动作,写成一段通顺连贯并较为清楚的话。

三、预设流程

（一）做一做,激发兴趣

1.请小朋友读这个词语——(板书:动词)你知道,什么叫动词?(表示动作的词)那么,你学到的动词有哪些,给大家说几个吧!（指名交流)

2.我们来做一个游戏:电脑给什么动词,我们就做什么动作,好吗?（课件逐个播放动词,学生动作演绎:站、坐、写、捧、拍、摇)

（二）说一说,恰当用词

1.刚才我们是看动词做动作,现在我们倒过来,看动作说动词,看谁用的动词最恰当。(逐幅播放图片)

（1）请学生用动词说一说:转、跑、飞、扭。

（2）请从中选一张图,用上动词,说一句话。

2.很多时候,我们看到的不是一个动作,而是几个动作,一连串的动作。比如——

（课件播放"球员投篮动图"）

（1）观察到了球员的哪几个动作？（学生交流：跑、跳、投……）

（2）能把这几个动词连起来，说成一句话吗？（指名交流，教师点评指导）

（三）比一比，体会妙处

1. 像这样连续用上好几个动词的语句，在课文中也有很多呢！比如，《数星星的孩子》一课，写"一个孩子数星星"的情景，我们回忆一下课文是怎么写的。

课件出示两句话——

一个孩子数星星。

一个孩子坐在院子里，靠着奶奶，仰着头，指着天空数星星。一颗，两颗，一直数到了几百颗。

你认为，哪一句写得清楚，为什么？（学生交流；小结得出：通过一系列的动作，把孩子数星星的情景写得非常清楚）

2. 今天，我们就来学习这种写话的本领，让动词走进我们的语句里，使我们的语言表达更清楚。（教师把课题写完整）

（四）练一练，体验表达

1. 借助一幅动态图，学习观察、整理、说话。

（1）理解。怎样才能让动词走进来呢？首先，我们要学会观察。（板书：观察）你知道，怎样地看，才叫"观察"？（认真、仔细地看）

（2）观察。（课件出示：狐狸图）现在请小朋友进行观察，看看狐狸做了哪些动作？［组织学生交流，教师随机板书：抬、挠、看、说、站……注意：同一个部位的动作可用不同的词语表达，板书时用括号表示，如：抬（仰）、挠（抓、摸）……］

（3）整理。那么，老师就随便按这样的顺序，把这几个动词连起来成一句话，可以吗？为什么？（不可以。因为动词的顺序颠倒了）应该是怎样的先后顺序？请大家整理整理。（根据学生交流，给动词标上序号）

（4）说话。请按照你理清的顺序，把动词连起来，说一说。自由练说，同桌交流。指名交流。评议。

（5）小结。当我们观察到几个动作，要连成一句话或一段话时，要分清动作的先后，这样才能把话说得通顺、连贯、有条理。

2. 借助一幅静态图，学习从观察中想象、写话、互动式评议。

（1）从观察中想象。很多时候，我们看到的图是安安静静的，那又该怎么来写呢？首先，我们还是要观察。（课件出示：两只小猪图）看看图片上有谁，它们在干什么？（板书：吃 看）为了交流方便，请给小猪取个名字。

再仔细观察，你发现小猪红红有哪些动作？组织交流：系、坐、拿、切、叉、塞、点头、说……

在交流中,随机抓住学生通过想象得来的动作:系、切、咬、擦、说……指导学生发现并小结方法:除了观察,我们还可以根据图片的意思,展开想象,把人物的动作合理地想象出来。(板书:想象)

仔细观察,小猪蓝蓝又有哪些动作? 你想象到了它的哪些动作? 组织交流:系、坐、发现、望、皱起、问(想)……

(2)写话。请你选择其中一只小猪,按照一定的顺序,把它的动词连起来,写一两句话。(学生练笔,教师巡视了解)

(3)互动式评议。选作展示,请学生上台,师生互动评议。

请你为我们读一遍;请问,你用上了哪些动词? 圈出来。还有什么小建议,怎么改? 哪里写得很好? 评给几颗星,为什么?

3.借助一个生活情景,学习独立观察与写话,进行互评与展评。

刚才,我们描写的情景都是图片里的。其实,在我们的生活中,有很多值得你去观察、去描写的情景呢! 老师来再现一个大家非常熟悉的情景。

(1)独立观察。现在,请你用专业的眼光,来仔细观察老师的动作。然后一一记在心里。(老师演绎进教室的情形:……捧着书……推开门……走进教室……站在讲台前……看了看……说……)

你观察到老师的动作了吗? 记在心里。

(2)独立写话。(根据学情,酌情拓展:也许,看到老师进教室的情景时,有的小朋友想起了在生活中看到的某人做某事的情景。他又有哪些动作呢?)

接下来,就请你用上恰当的动词,写一写,可以写老师进教室的情景,也可以写你刚刚想到的那个情景。(学生练笔,教师巡视了解)

(3)互评展评。

组织同桌互评,适当提示:读一遍;圈出动词;修改小问题,画出写得好的地方,评上星星。

之后,选一对同桌上台展示交流:我发现,他用上了……这些动词;……写得好;……可以这样改;我给他评……颗星。

(五)谈一谈,引向生活

1.学习小结。今天,你学到了什么本领?

2.欣赏片段。有位小朋友也学会了这个本领,写了一段话。我们来欣赏吧!

上学去

啊,来不及了! 东东赶忙披上外套,拎起书包,一脚跨出了家门。他飞快地跑起来,边跑边穿外套,急急忙忙中,扣子都找不到眼儿啦! 上课铃响过五分钟后,他终于跑到了自己教室门口。他喘着气儿,理了下衣服,伸出手指,小心翼翼地敲了敲关着的教室门……

3.拓展延伸。

小朋友,你想用这样的本领,写写生活中的哪一个情景呢?(组织交流:奶奶洗碗,爷爷浇花,爸爸看报,妈妈化妆,小伙伴做游戏……)是的,只要我们学会仔细观察,合理想象,准确运用动词,就可以把这些生活情景清楚地再现出来了。下次让我们继续来分享大家的精彩写话!

四、板书设计

让动词走进来

观察　想象

站　抬（仰）看
（望）　挠（抓）说……

系（围）坐拿切叉塞
吃（咬）擦点头说……

【备注】

此课在2013年湖州市学科教学优课展评活动中执教名师示范课;湖州、杭州两市小学语文课堂教学研讨活动中执教名师公开课。

习作:写好叙事作文的开头

（适用于五年级）

一、设计意图

写一篇文通字顺的习作,五年级学生已初步具备这项能力。但如何引导学生从具体板块、具体细节上打磨习作,掌握一定的写作技巧,写出更为生动鲜活的习作来,是值得我们研究与探索的。

"文似看山不喜平。"文章的开头,是一个引子、一扇门,它能否吸引读者走进门继续欣赏,至关重要。本项设计就从"写好叙事文的开头"入手,展开"分享—发现—运用"的学习三部曲,引领学生在聚焦式的研读中发现写作方法,在趁热打铁式的训练中习得方法,从而提升习作能力。

二、学习目标

1. 通过搜集分享、评改交流,发现好开头的方法、表达特点及规律。

2. 通过模仿实践,尝试根据事件实际与个人喜好,选择开头方式,练习写好开头。

三、课前准备

学生阅读叙事文章若干(四五年级课本以及课外读物),摘抄自己最喜欢的开头2~3段。教师提供预习单。

四、预设流程

最近老师也在看书,读到这样几句话,你知道它的意思吗?(课件出示,"文似看山不喜平。")文章要曲折生动,咫尺兴波,才会吸引别人往下看。"良好的开端是成功的一半。"(指名交流)在所有的文章技巧中,开头是非常重要的。开头写得好,写得精彩生动,声势夺人,感染读者,引发共鸣,悬念迭生,疑窦顿起,才会吸引读者往下看。这样,你的文章已成功了一半!今天我们来学习怎样"写好叙事文章的开头"。

(一)分享

1. 学生分享。交流阅读中的摘抄心得。随机组织互动、评议,说自己的感受。

2. 教师分享。选取学生日常习作中的好开头进行展示并组织评议。

(二)发现

好的方法,好的经验,是需要总结和提炼的。这么多好的文章开头,读不完看不够,我们能不能给它们归归类,总结出几种方法来呢?比如,这篇文章以心理描写开头,老师想概括为——"心理描写式"(板书)。

1. 第一次发现:方法。

组织小组合作学习,出示"合作学习建议":从现有的阅读材料和日常的阅读积累中,发现文章开头的方法,给它取个名字;每个小组至少概括出3种方法,一人做好记录,一人准备发言。

组织交流。交流方式:先说方法,再读例段;自由评议,请学生板书。(预设:倒叙总起式、悬念式、抒情总起式、声音总起式、对比总起式、开门见山式、写景导入式、肖像总起式……)

2. 第二次发现:表达。

这么多的精彩语段,这么多的开头方法,它们在表达方面有什么共同的优点吗?启发并组织交流:富有吸引力、语言有特色(或简洁,或幽默,或优美生动……)

随机引入《我和张小原》一文,组织学生浏览,评议开头,引导发现:开头要自然贴切,符合文意。

我和张小原

朋友是一首歌,总是在我快乐的时候,奏响动感的节奏;朋友是一盏灯,总是在我迷茫的时候,照亮我前行;朋友是一本书,总是在我困惑的时候,让我找到答案……

一天,我和别的同学一起在做课堂作业。突然,同桌张小原碰了我的胳膊,我的本子上瞬间出现了一条歪歪扭扭的"小蚯蚓"。我气得满脸通红,转身责问道:"你——你,怎么这么不小心! 你看这怎么办?"

"什么? 这么短的一条线就找我麻烦了? 前天,你把我的数学本上撞出一条'长蛇'来,我还没找你算账呢!"张小原愤愤地说着。

我一听,火冒三丈,拿起长尺,量好距离,用圆珠笔在桌子中间画了一条"三八线"。我狠狠地说:"从今天起,谁超过三八线就任对方惩罚!"

从此,我们两个人像被一堵墙隔着似的,关系越来越紧张,上课也提心吊胆的,生怕超过那条该死的"三八线"。

有一天,老师出了一道作文题《我的同桌》。看到这个题目,我和张小原都有一些不好意思。我极力想着他的优点,结果,发现他有很多值得我学习的地方。我悄悄地看了他一眼,他也偷偷地看了我一眼……

第二天,妈妈给我买了一袋"好丽友"。我想到了电视上的广告。我把"好丽友"放在了我们的"三八线"上,然后像广告里一样把"好丽友"用胳膊推过去……我们俩不禁相视一笑! 从此,我们成了好朋友。

(三)运用

1.百闻不如一见,百说不如一写。我们分享了这么多精彩的开头,还发现了这么多开头的方法、表达的特点,接着我们就来练一练。(提供练笔材料)

以下是要写成作文的几个事例,请选择一个内容,运用你喜欢的方法,写一个开头,努力让你写的开头达到表达的要求。

(1)科学课上,老师带我们做了"压不垮的纸桥"的实验,大家兴致勃勃,受益匪浅。

(2)语文单元测试我只考了70分,放学后把试卷拿回家请爸爸妈妈签字;爸爸妈妈耐心地教育了我。

(3)我不小心把陈晨借给我的《哈利·波特》撕破了,我想了一夜,决定明早去解决。

(4)假日里,爸爸带我去梦寐以求的科技馆游览了一天,我又学到了很多知识。

(5)一人在家的一个日子,我自己学会了做"蛋炒饭"。

(6)给《我和张小原》一文,改写开头。

2. 学生练笔。

3. 组织评议。

（1）同桌评议。利用板书，自然形成"评议清单"（如下）。

①富有吸引力 ☆

②语言有特色 ☆

③自然贴切，符合文意 ☆☆

④无错字、错标点等 ☆

（2）推荐展示，根据"评议清单"进行交流。

4. 课堂小结。

（1）学生说收获。

（2）老师送名言。

好的文章，要有"凤头、猪肚、豹尾"。文章开头要像凤凰的头，精彩亮丽；中间要像猪肚，充实丰富；结尾要像豹尾，响亮有力。这样的文章才会备受人们喜欢。

（3）课外延伸。搜集整理，发现提炼，学习运用，我们的作文就会别具一格，越来越精彩。

五、板书设计

写好叙事文的开头

①富有吸引力 ☆

②语言有特色 ☆

③自然贴切，符合文意 ☆☆

④无错字、错标点等 ☆

【备注】

两侧横线上，由学生参与板书，将小组学习所得的开头方法，写在黑板上与大家分享。

问：日常教学中，我不太重视语文园地，认为语文园地是因题论题，为练而练。而学生也似乎缺乏探究热情，整个课堂状态枯燥乏味，味同嚼蜡。面对现状，我可以做哪些改变？

答：产生这样的状况，其实与我们"不够重视"的教学态度有很大关系。语文园地，顾名思义，是百花齐放、春色满园的语文胜地，更是教材落实语文要素、提升语文能力的重要章节。若我们充分重视起来，从园地编排意图、语文要素落实、前后内容关联、教学策略选择等层面进行研究的话，便会发现——语文园地是一个美好的存在，拥有着与众不同的精巧与用心，闪耀着独树一帜的精彩与魅力……

基于"联"思维的语文园地教学

园地,顾名思义,就是百花园、百草园。语文园地,是百花齐放、春色满园的语文胜地,是助力学生增长语文知识、学习语文方法、丰富语言积累、习得表达策略、养成良好习惯、进行语言实践的平台。若我们充分重视语文教材中的这个版块,从园地的编排意图、语文要素落实、前后内容关联、教学策略选择等层面进行研究的话,便会发现——语文园地拥有着与众不同的精巧与用心,闪耀着独树一帜的精彩与魅力。本次观点报告阐述及案例均基于对统编教材语文园地的学习与解读。

一、语文园地的栏目设置

要了解语文园地,我们首先需要了解小学阶段关于语文园地栏目编排的总体概况,以更好地把握整体,做到心中有蓝图。

较之人教版而言,统编教材的语文园地显得更为丰富多彩一些。我们先来走马观花,浏览一下统编教材一至六年级语文园地栏目设置的变化,以表格的形式呈现给大家。

年　级	常规栏目	穿插栏目	栏目量
一二年级	识字加油站 字词句运用 日积月累 和大人一起读／我爱阅读	展示台 书写提示 写话（二年级）	8个
三四年级	交流平台 词句段运用 日积月累	识字加油站 书写提示	5个
五六年级	交流平台 词句段运用 日积月累	书写提示	4个

从语文园地的栏目量看,一二年级总量达到8个,三四年级是5个,五六年级只有4个。随着年级的升高,语文园地中的栏目为什么越来越少了呢?原因有两点。

其一,有些栏目随着年级的增长,从语文园地中分离出来,成为一个独立的单元内容板块。一二年级没有习作,二年级出现的"写话"被安排在了语文园地中;一年级的"和大人一起读",二年级的"我爱阅读",是结合单元课文主题的阅读拓展,促进课外阅读。从二年级开始不再有"和大人一起读"的栏目,每学期设置一次"快乐读书吧"。"快乐读书吧"从语文园地中独立出来,成为单元中一个独立的内容板块。

其二,随着年级的增长,有些具体的学习能力、方法、习惯等已经落地,不必再进行专项操练。"展示台""识字加油站"都是最基础的对识字方法的学习和习惯的培养,随着学生独立自主识字能力的提高、方法的熟练运用、习惯的养成,为了尊重学生的语文学习需要,"展示台"从二年级下册开始不再出现;"识字加油站"从三年级开始不再是常规栏目,从五年级开始不再出现。

随着年级增高,有些栏目就此淡出学生视线,而有些栏目却一直存在,成为栏目中的"常客"与"经典"。下面我们就来看看从一年级至六年级一直都在的三个栏目。

第一,"日积月累"。主要编排了古诗词、古诗文中的名句、成语、名言警句、名篇佳句、诸子语录、农谚等,多与本单元的"人文主题"和"语文要素"有关。选文视野覆盖《论语》《孟子》《庄子》《列子》《晏子春秋》《韩非子》《吕氏春秋》《山海经》《史记》《汉书》《世说新语》《晋书》《朱子家训》等,涉及经、史、子、集各部。其用意自不必多言,因为语文学习重在积累。

第二,"书写提示"。这个栏目对笔顺规则、间架结构、语段抄写等方面,提出了具体明确的要求:第一学段3次,第二和第三学段每学期2次,指导学生掌握基本的书写技能,养成良好的书写习惯,提高书写质量。其书写要求是显性的。(而人教版教科书主要结合生字书写、句段抄写等教学任务落实书写要求,书写要求是隐性的。)

随着年级不断增高,书写提示的要求呈现出有梯度的变化。比如,一年级聚焦笔顺的学习,二年级聚焦笔画部件间的位置大小关系,三年级聚焦如何从一笔一画入手将字写美观,四年级开始聚焦的字与字之间的位置关系和行款的设计安排。从单个字到一句一段,从田字格到横线格,从笔顺笔画到行款安排,这种变化明显地体现了写字要求的不断提高。

下面,我们重点了解四至六年级"书写提示"的具体要求。

从下表可以看出,"书写提示"将汉字书写与欣赏,以"显性"的方式呈现在教材里,要求是显性的,任务是显性的,达成更是必须的。今后必将更显性地出现在语文综合评价测试中,以全面提升学生的书写水平与书法欣赏能力。

笔者以为,"日积月累""书写提示"这两个栏目突显了我国语文教学的特点,重视汉语言文化的传播,引领每一个中国孩子把千年名篇古诗记在心头,把千年汉字书法刻在笔尖,渗透在血液里,烙印在灵魂里。华夏文明,经典永流传。

要点	年级	具体要求
书写习惯	四年级	先看后写，减少修改次数，保持页面整洁。
	五年级	认真对待每次写字，养成提笔就练字的习惯。
	六年级	养成自我检视的习惯，不断提高书写水平。
书写技能	四年级	横写格式： 1.抄写句段时，字的中心要在横格的中线以上，保持水平。 2.字距要差不多，标点符号和字之间也要保持一定的距离。 3.字距要比行距小，字的大小基本一致，两边留的空白大致相等。
	五年级	竖写格式（书签）： 1.竖写时，要自右向左书写。 2.字距要均匀。 3.上下字要对齐。 4.注意作者名字的位置，使格式更美观。
		书写速度： 1.集中注意力。 2.掌握正确的运笔方式。 3.一句话要连贯地写出来。 4.书写速度要均匀，不要忽快忽慢。
	六年级	抄写古诗（横写或竖写）： 1.每一行诗句都居中写，注意上下、左右文字要对齐。 2.注意笔画、结构等方面的细节。
		摘抄整篇： 1.标题和作者要写在醒目的位置。 2.段落要分明。 3.点号不顶格书写。
书法欣赏	五、六年级	欣赏名家书法作品： 1.欣赏欧阳询《九成宫醴泉铭》（局部）。 2.欣赏颜真卿《勤礼碑》（局部）。 3.欣赏柳公权《玄秘塔碑》（局部）。 4.欣赏赵孟頫《三门记》（局部）。

（表格内容的参考文献：陈先云．国家统编小学语文教科书教学指导——与其他版本教科书比对研究［M］．北京：语文出版社，2019.）

第三，"字词句运用""词句段运用"。一二年级称"字词句运用"，三年级开始变为"词句段运用"。栏目名称做了微调，对语言现象的关注点变化，遵循了由小到大的发展路径。其共同之处是这一栏目都对所在单元课文中突出的、有生长价值的语言现象进行集中综合的练习，目的是不断丰富学生的语言积累，提高学生对语言的感悟、理解能力，并学习运用规范的、多样化的语言形式进行有目的的表达。

我们来欣赏一个例子。四年级下册第四单元《语文园地》"词句段运用"。

[词句段运用]

●下面这些词语分别指的是哪一类人？选一两个说一说。

千里马 老黄牛 百灵鸟 领头羊 小蜜蜂

纸老虎 变色龙 铁公鸡 应声虫 哈巴狗

●体会下面句子中冒号的用法，再从下面方框里的词语中选一个，仿照着写一写。

◇它要是高兴，能比谁都温柔可亲：用身子蹭你的腿，把脖子伸出来让你给它抓痒。

◇什么东西响了一声，它立刻警戒起来：看看前，看看后，咕咕地警告雏要马上集合到它身边来。

◇后来我看到鹅果然能看守门户：凡有生客进来，鹅必然厉声叫嚣；甚至篱笆外有人走路，它也要引吭大叫，不亚于狗的狂吠。

| 活泼的小狗 | 细心的小亮 | 热心肠的老奶奶 |

●如果去掉下面句子中加点的词，表达效果有什么不同？

◇说它贪玩吧，的确是啊，要不怎么会一天一夜不回家呢？

◇它若是不高兴啊，无论谁说多少好话，它也一声不出，连半朵小梅花也不肯印在稿纸上！

◇它板正的姿势啦，步态啦，和别的公鹅攀谈的腔调啦，全是海军上将的派头。

我们先回顾一下这个单元的其他内容：课文有老舍的《猫》《母鸡》，丰子恺的《白鹅》；阅读链接是叶诺索夫《白公鹅》的片段；习作是《我的动物朋友》。

再看以上三题的呈现，尤其是第二题、第三题，的确是对"所在单元课文中突出的、有生长价值的语言现象进行集中综合的练习"，将课文中具有共性的语言精华集中起来，引导学生去发现、品味，然后学以致用。这样的方式，单篇课文也许是无法实现的，只有语文园地才有这个能量来予以集结。而第一题也是对单元动物主题的巧妙拓展与语言积累。看到这样的内容编排，我们不禁感叹：巧思无限，编得真好！

二、语文园地的编排意图

统编教材的语文园地有怎样的编排意图呢？我们可以从现有的文献资料中窥得一斑。人民教育出版社《义务教育教科书·教师教学用书》的"编写说明"，在"教科书编写思路"板块中有这样的阐述：

双线组织单元，加强单元整合。教科书围绕"人文主题"和"语文要素"双线组织单元。除了加强不同年段、不同册次之间的纵向联系，体现由易到难、由浅入深的发展梯度,教科书还着力加强单元内部的横向联系,使各板块内容形成合力,共同促进学生发展。每个单元设有导语,在单元导语中明确语文要素;单元中的某些课文落实语文要素,贯穿方法的学习与运用;在语文园地中安排"交流平台"栏目,进一步强化语文要素,梳理、总结、提炼学习方法;某些单元的"词句段运用"和"习作"还引导学生实践运用本单元学习的方法。单元各部分内容环环相扣,相互配合,使每个单元形成一个系统。

重视方法指导,促进能力提升。语文园地中的"交流平台",集中体现了学习方法的指导与运用。大部分单元的"交流平台",都聚焦学习方法,围绕本单元的语文要素,从学生的学习实践中提取可迁移运用的方法,总结出一些最基础的、最重要的学习策略,使学生对本单元的语文要素有更进一步的认识。

突显实践性,加强语言文字运用。教科书着力加强语言文字的运用,不论是练习活动的设计,还是语文园地的内容安排,都引导学生联系生活,在生活情境中运用语文,突显语文课程实践性的特点。比如,关于词语的练习活动,关注词语的表达效果,但又不是关注相关的语文知识,而是促使学生调动生活经验,在具体的生活情境中学习词语、运用词语,提高学生对词语的把握能力。

以上文献阐述,结合之前关于栏目设置的赏析,可以得出两层意思:一是语文园地的编者意图,主要是强化语文要素、总结学习方法、实践语言文字;二是语文园地的教学思维,主要是联系单元核心,联系生活情境,联系学习素养。

接下来,我们先以"交流平台"为例,明晰其编写意图。

从三年级开始,"交流平台"固定为语文园地的第一个栏目。作为"首席",必有重用。"交流平台"交流什么呢? 主要是以强化语文要素为理念,聚焦学习方法的总结,用方法促进阅读能力的提升。"交流平台"围绕所在单元的阅读训练要素,从学生的语言实践中提取可迁移运用的方法,总结一些重要的学习经验,引导学生将感性认识上升到理性认识,将零散的感知整合为一致的认知,将无意识的行为变为有意识的行为,也就是一个对"学习"的学习过程,是走向"元认知"的实践体验。

我们看个具体的例子——五年级下册第一单元语文园地。

[交流平台]

读到《月是故乡明》中"我的小月亮,我永远忘不掉你"这句话时,我能直接感受到作者对故乡深深的怀念之情。

读《祖父的园子》时,我从描写园子里的花草、虫子、鸟儿等事物的语句中,体会到了蕴含在字里行间的"我"对祖父和园子深沉的爱与怀念。

我在读《月是故乡明》时,把自己想象成文中的"我",体会到了作者的怀乡之情。

我通过有感情地朗读,把自己体会到的感情表达出来了,也加深了对课文思想感情的体会。

从以上"交流平台"四位同学交流的关键词句看,涉及"深深的怀念之情""深沉的爱与怀念""怀乡之情""思想感情"等,内容集中在从文中体会到的思想感情。而这个单元的篇章页,明确地指出其语文要素是"体会课文表达的思想感情"。由此可见"交流平台"的编写意图非常明确——强化语文要素。

我们再细看四位同学交流的内容,可以发现,其中也包含着学习方法。第 1 位和第 2 位同学的学习方法是:从中心语句、重点词句中,体会思想感情。第 3 位和第 4 位同学的学习方法是:以自我代入法、感情朗读法,体会思想感情。可见其第二个编写意图便是——总结学习方法。

再看个例子——五年级下册第二单元语文园地。

[交流平台]

本单元的课文内容理解起来有些难度,如果掌握一些方法,阅读起来就能更加顺畅,也能更有收获。

可以联系上下文猜测语句的意思。如《猴王出世》中的"每受天真地秀,日精月华,感之既久,遂有灵通之意",联系上文的"仙石",我大致猜到这句话在讲仙石很有灵性。

遇到一些较难理解的语句,不用反复琢磨,如《红楼春趣》中"剪子股儿、篸子"等词语,只要知道是与风筝有关的物品就行了。

读《景阳冈》的时候,我借助资料对武松有了更多的了解,也有了阅读古典名著的兴趣。

我结合看过的电影、电视剧,加深了对课文的理解,得到了更多阅读的乐趣。

以上的交流平台,五位同学在交流,一人主持,四人发言。从内容上看,"联系上下文猜测语句"读《猴王出世》,"不用反复琢磨"读《红楼春趣》,"借助资料"读《景阳冈》,"结合电影电视剧"读懂课文,这些内容紧扣单元语文要素——"初步学习阅读古典名著的方法"展开,可见其编写意图一以贯之——强化语文要素。此项语文要素的内容,本身就是学习方法。交流平台中做了较为全面的总结:联系上下文;难读之处可跳过、略知;借助资料、观看影视剧等方法来阅读古典名著。这样便达成其第二个编写意图——总结学习方法。

我们再看一个编排更有意味的例子——五年级下册第七单元语文园地。

[交流平台]

本单元的课文运用静态描写和动态描写展示了世界各地丰富多彩的美丽画卷。

《威尼斯的小艇》一文,描写了小艇在水面上灵活穿梭的样子,体现了威尼斯的活力,还描写了威尼斯夜晚的情景,表现了古老水城的寂静。

《牧场之国》一文,描写了荷兰牧场上动物们的悠闲和安详,也描写了人们挤奶、运奶时的平和与从容,突显了荷兰牧场的宁静之美。

恰当地运用静态描写和动态描写,能够呈现景物独特的魅力。

以上"交流平台"的编写意图是否明确?

有强化语文要素吗? ——体会静态描写和动态描写的表达效果。

有总结学习方法吗? ——结合具体课例,梳理静态描写、动态描写,并体会其表达效果。

细心而敏锐的老师可以发现:此次交流平台呈现的方式,是完美的总分总结构。先由一人总起话题,再由两人分别举例阐述,最后由另一人总结发言。从小组合作的视角去看,也是极其合适的分工方式。那么,给我们的启发是什么? 可以引领学生照这样的方式,开展小组合作式交流。这是"实践语言文字"极好的方式,既强化语文要素,总结学习方法,又锻炼了表达、实践、组织、合作的综合素养与能力。

以下,我们再以"词句段运用"为例,感受编写意图。

回眸上文提到的四年级下册第四单元语文园地"词句段运用",重点看第二题、第三题。

第二题:体会下面句子中冒号的用法,再从词语中选一个仿照着写一写。

专家指出,当一种语言现象,在一篇课文里出现两次或以上,就值得我们关注与探究。这就是前面提到的"突出的"语言现象。此处的冒号现象,在单元课文里出现三次,也是"突出的"语言现象,值得我们关注。

题目中三句话分别选自《猫》《母鸡》《白鹅》三篇课文。语句中的冒号,前面是概述特点,后面是具体描述,是既常用又好用的一种表达方式。引领学生发现语言表达的秘密、表达的技巧,然后开展语言文字的实践,学以致用,就是实现这种语言现象的"生长价值"。

第三题:如果去掉下面句子中加点的词,表达效果有什么不同?

语气词的运用,如同润滑剂,使语言变得更为亲切、柔和,仿佛作者与读者对话,娓娓道来,诉说他对小动物的无限喜欢、疼爱。通过比较阅读的方式,去感知其表达效果。相信只要体会够真切、够深刻,学生不仅会有所感悟,也会学以致用。

以上题目,突显语文园地的编写意图——实践语言文字。其实,也是强化了语文要素——本单元的语文要素是"体会作家是如何表达对动物的感情的",作者正是借助具体描述以及语气词等元素来表达情感。

三、语文园地的教学建议

从前面的文献阐述中,我们已获得语文园地教学的基本思维方式:联系单元核心,联系生活情境,联系学习素养。用一字概括,就是——"联"。如何以"联"之思维,展开语文园地教学,充分发挥其在落实语文要素、积淀语文素养的功效呢? 教学如做人,同样需要格局与视野。以下提出五点理念性的建议。

1. 联系单元整体编排——大局观。整体决定成败,细节决定精彩。语文园地教学需要大局观,需要单元教学的整体意识。在整体意识观照下,研读每个单元语文园地有什么内容、为什么这样安排,以及每一个栏目与单元内其他板块内容之间有怎样的联系。这样就避免了板块之间的各执一词、各自为政,就在整体联系中帮助学生建构属于自己的学习实践,拥有自我意识鲜明的知识梳理、方法习得、能力发展和习惯养成体验。更通俗地讲,便是实现目标的"一以贯之"、成效的"一单元一得",以大局观引领学生向着一个清晰的目标,一课一课、一步一步地迈进与达成,而不是让学生在一个单元里学得很多、很杂,到终点回眸时一无所得。

例如,"交流平台"与单元阅读训练要素的紧密联系,必须要有整体意识,要进行整体学习规划。我们来看个例子,五年级下册第四单元语文园地。

[交流平台]

抓住人物的动作、语言、神态,体会人物的内心,可以加深对课文内容的理解,是一种很好的阅读方法。

如《军神》一文,从刘伯承平静地回答沃克医生的话"眼睛离脑子太近,我担心施行麻醉会影响脑神经。而我,今后需要一个非常清醒的大脑",我们可以感受到刘伯承顽强的意志和坚定的信念。

此外,课文着力刻画了沃克医生的一系列变化,从"冷冷地问",到"目光柔和下来",再到"脸上浮现出慈祥的神情",我们能感受到他对刘伯承从冷漠到赞许、钦佩的内心变化。

"抓住人物的动作、语言、神态,体会人物的内心,可以加深对课文内容的理解,是一种很好的阅读方法。"交流平台的第一句,便道明单元的阅读训练要素。这个单元安排了《青山处处埋忠骨》《军神》《清贫》等课文。"交流平台"举了《军神》一文的

例子。

从"交流平台"的交流功能看,单元每篇课文的教学,必须以单元整体目标为核心,逐一去落实语言要素,将要素进行有层次的训练,最终内化为学生的学习力。若没有大局观,没有整体意识,在"交流平台"中学生会无话可说,无法反馈在单元课文学习中的感悟与习得;或者,即使看懂交流平台里《军神》这个例子,但也无法举一反三,不能交流出《军神》一文中的其他关于语文要素的例子,以及另两篇课文中的例子。

从"交流平台"的单元地位看,它属于单元语文要素的"集结台""分享台""提升台"。单元语文要素的学习,至此做了形成性的总结与回顾、内化与提升。若缺乏整体意识观照下的教学,"交流平台"便无法承担起单元地位给予的责任,教学目标根本无法实现。

因此,有了大局观,有了整体意识,有了联系思维,就会发现语文园地中各个栏目的学习是与单元内容紧密关联的。有的可以与某篇课文某个板块的学习相结合,比如"字词句运用"或"词句段运用",有的可以与课文阅读相结合,有的可以与单元习作相联系。拥有清晰的单元整体布局与联系,有助于更好地落实单元教学目标,更好地实现语文园地的教学功能。

2. 联系园内不同栏目——合作观。要善于发现和建立语文园地内不同栏目之间的联系。一个语文园地中不同的栏目,粗粗一看,似乎彼此关联不大,但我们仔细去阅读,便会发现它们之间的联系,有时候会找到统一的线索将它们联系起来展开学习活动。

例如,四年级上册第一单元,阅读训练要素是"边读边想象画面,感受自然之美"。我们来阅读本单元的语文园地。其中"交流平台"是对这一训练要素的梳理和提升;"词句段运用"中的第一题成语也具有鲜明的画面感,第二题是从表达角度实践有画面感的描写;"日积月累"中的《鹿柴》一诗需要运用这种方法来品读欣赏。这样阅读,我们便发现了它们彼此的联系——都与单元语文要素紧密关联。教学时,可以设定"读出画面感,感受自然美"为统一线索与目标,展开层次分明的教学过程,助推语文要素在各个栏目中的落实与深化。

因此,以合作观的角度去阅读,去联系"语文园地"教学的实施,课的情境统一了,课的目标一致了,学力的达成深入并推进了。合作观视角下的语文园地教学,其课堂必然是有料而有趣,主题清晰,层次丰富,值得咀嚼与品味的。

3. 联系年段纵向变化——学情观。语文园地的教学,要关注同一栏目在不同年段的发展变化,把握教学目标在内容、过程方法、学习能力等方面的变化,了解学生学习基础,精准把握教学目标,引领学生在已有基础上学习新的知识,锻炼新的能力,让学生感受到自己在语文学习中的成长。比如上文提到的"书写提示",二年级的学习要回顾一年级的,三年级的学习要回顾二年级的……同一册中,前后单元也要建立起联系,让学生看到自己学习能力的变化和提升。

语文园地是强化"语文要素"的重要阵地。关注相似的"语文要素"在不同年段的纵向变化,是落实语文园地教学的重中之重。我们先来看个例子,语文要素"体会课文的思想感情",统编教材分三册逐步落实,笔者做了如下整理:

册次／单元	语文要素	语文园地／交流平台
四年级下册第一单元	抓住关键语句,初步体会课文表达的思想感情。	话题:我发现课文中的一些语句表达了作者的思想感情。 举例:《乡下人家》《天窗》。
五年级上册第一单元	初步了解课文借助具体事物抒发感情的方法。	话题:我发现本单元的课文都是写事物的,或蕴含着作者浓浓的感情,或引发了作者深深的思考。 举例:《桂花雨》《落花生》。
五年级下册第一单元	体会课文表达的思想感情。	话题:分别从品读语句法、研读事物法、自我代入法、感情朗读法等阅读方法来阐述如何体会课文的思想感情。 举例:《月是故乡明》《祖父的园子》。

我们再看一个例子。语文要素"静态与动态描写"在不同册次教材中的变化。

册次／单元	语文要素	语文园地／交流平台
五年级上册第七单元	初步体会课文中的静态描写和动态描写。	罗列《鸟的天堂》语句,体会静态描写。 罗列《月迹》语句,体会动态描写。
五年级下册第七单元	体会静态描写和动态描写的表达效果。	总起:运用动静描写,展现美丽画卷。 《威尼斯的小艇》动静描写的表达效果。 《牧场之国》动静描写的表达效果。 总结:运用动静描写,呈现景物魅力。

从以上两个表格中可以看出,语文要素"体会课文的思想感情"和"静态与动态描写",在不同年段不同教材中都有着一定的清晰的变化,遵循着层层递进、螺旋上升的学习规律,在语文园地的"交流平台"中呈现出对学习能力不同层级的要求与递进。可见,了解语文要素的纵向变化,联系其不同的落实重点,有助于把握教学尺度,有所侧重,逐步提升,避免重复用功,科学而有效地助推学习能力的锻炼。

4. **联系语文生活空间——发展观。** 从学生核心素养的视角来看,语文园地的学习要与学生广阔的语文生活建立起联系,从课堂学习走向生活空间,使其更具生命力,更具学习之意义。而统编教材的编写较好地营造了联系语文生活空间的氛围。教学中要用好教材,充分发挥其语文学习联系生活领域的强大功能与引领作用。

例如,"书写提示"栏目,在四年级下册第八单元设计了"做书签",指导学生如何书写竖排文字,做成书签,引领学生赠予同学或亲人,表达祝福祝愿。五年级下册第四单元设计了"文章抄写",指导学生如何美观地抄写整篇文章,引领学生把自己的作文誊抄美观,用于班级板报的展览。

例如,"词句段运用"栏目,在四年级下册第二单元设计了"与时俱进的词语新含义"。导语是这样的,"下面这些词语,有的是近几十年出现的,有的是在原有含义的基础上有了新的含义。选一两个你知道的,和同学交流"。罗列的第一组词语是"云技术、多媒体、互联网、克隆";第二组是"桌面、窗口、潜水、文件夹"。很明显,第一组都是新兴词语,而第二组是"老"词语,但在新的时代背景下又有了新的含义。这个题目,一方面引导学生与时俱进理解词语含义,一方面也是引导学生关注时代发展与语言的变化,在日常生活中善于关注新语言,增加语言积累,丰厚语言素养,培养敏锐的与时俱进的好语感。

再如,六年级上册第一单元设计了"认路牌"。题目这样表述,"你注意过路牌吗?我们可以借助拼音认识地名"。教材上附上了两块路牌,一旁的泡泡中这样写道:"我留意到了地名拼音的拼写规则。我还知道怎么用拼音拼写自己的名字。"可见,在六年级设置这个题目,不是为了识字,而是为了引导学生注意观察生活中的路牌,学习了解地名拼音的拼写规则,并举一反三掌握姓名拼音的拼写规则。这是"认路牌"的初心,联系生活,学习语文。

从更广阔的视角看,这些富有生活气息的题型,都在告诉学生、告诉教师:生活中语文无处不在,要把语文学习与生活空间紧密联系起来,要善于在生活中学语文,用语文,提升语文能力与素养。

5.联系学生学习能力——素养观。中小学生核心素养中,关于学习的素养是"学会学习",这是可持续发展的需要,也是学生走向自主、自觉学习的关键。据专家研究,不同的学习方式,导致学习内容的留存率是不同的。

学习方式	学习内容留存率
听讲	5%
阅读	10%
演示	30%
实践	75%
教授给他人	90%

从以上表格可以知道,单向而死板的学习方式最低效。在学习方式中,学生主动参与率越高,学习内容留存率也越高。因此,语文教学必须考虑学习方式,要善于联系学生的学习能力,多多倡导运用喜欢的学习方式,提前预学,创造情境,少一点"听讲"模式,多一些演示、实践、亲自教授,让学生多多主动参与进来,组织当小老师、朗读者、交流聊天吧、小剧场、语文小笑话等活动,以生动形象的学习方式提升学生参与

度。同时,多设计身边的生活场景及具体的语言情境,让学生在积极参与体验的过程中,轻松愉快地学习语言,发现规律,不断提升语言运用的能力。

　　综上所述,语文园地教学需要建立"联"思维,既要考虑年段目标之间、单元内容之间、同园栏目之间的联系,也要考虑学生核心素养、学习生活空间等因素,梳理完整而有序的内容体系、清晰而明确的目标体系、递进而有效的策略体系,建立起富有广度和深度的多层联系,逐步落实教材教学目标,提升学生的学习能力,构建起学生语文素养有序发展、日益丰厚的百花园。

3-2 **教学设计**

统编义务教育教科书《语文》四年级下册第三单元
语文园地
（共2课时）

一、设计简介

本课设计,以诗歌为主题,展开单元学习整理与认知提升的教学活动。特色有三:一是建立园地学习与单元语文要素的深度联系,引领学生从单元诗歌学习中初步认识现代诗的几个主要特点;二是建立识字教学与了解诗人的联系,引领学生通过了解诗人,认识生字,积累诗句,激发课外学习积累的兴趣;三是建立阅读诗歌与语言表达的有效联系,引领学生从教材所呈现的诗歌、词句中发现诗歌表达的秘密,并迁移仿写,学以致用。

二、教材简析

第三单元语文园地以诗歌为主题,安排了四块内容,分别是"交流平台""识字加油站""词句段运用""日积月累"。

"交流平台"引导学生围绕对现代诗这一体裁的初步认识展开交流,分别从有节奏感、表达独特、想象丰富和情感真挚等角度阐释现代诗的特点,旨在引导学生从自己的阅读体验出发,交流对现代诗的感受,加深对现代诗的认识。

"识字加油站"编排了八位古代诗人的名字,并按朝代顺序横向排列。其目的一是认识诗人名字,二是增进对诗人的了解。教学时要充分发挥学生收集资料与整理资料的能力。

"词句段运用"安排两项内容。第一题聚焦描写颜色的词句,体现语言表达的丰富性。第二题聚焦并列词句的表达,体现诗歌语言的视觉之美、韵律之美,这个部分要引导学生发现语言表达特点,通过仿写等形式学以致用。

"日积月累"编排了关于诗歌的三句中外名言。第一句名言指出了现代诗歌的节奏美感;第二句名言指出了现代诗歌的阅读价值;第三句名言指出了现代诗歌情感强烈的特点。基于三句名言的主旨与"交流平台"的内容紧密关联,建议这两个板块放在同一课时教学。

三、教学目标

1. 能结合自己的阅读体验,梳理、总结现代诗歌的特点。
2. 能积累关于诗歌的名言,在积累的过程中加深对诗歌的认识。
3. 能借助收集并整理、交流诗人资料,认识生字,了解诗人。
4. 能朗读并发现诗歌语言表达的特点,迁移运用,培养阅读与实践的兴趣。

四、教学重难点

1. 梳理并总结现代诗歌的特点。
2. 发现诗歌语言表达的特点,迁移运用。

五、教学过程

第一课时
板块一 交流平台

1. 谈话导入。

诗歌是文学宝库中的瑰宝,叩击着一代又一代人的心灵。在第三单元中,我们欣赏了冰心对母爱与自然的赞美,跟随艾青将世界染成绿色,透过叶赛宁品味白桦的高洁,与戴望舒一起悠闲自在地漫步于雨后天晴的小径。诗歌,让我们用美丽的眼睛看世界。

2. 组织交流。

同学们还记得第三单元我们需要掌握的新本领吗?(出示单元篇章页)对,其中一个就是初步了解现代诗的一些特点,体会诗歌表达的情感。我们在诗歌的海洋中徜徉了那么久,现在你对现代诗有什么了解呢?自由说一说吧。

预设一:表达独特

(1)学生交流。诗人的想象很独特,很丰富。

(2)研读观点。是啊,正是这样独特的感受与丰富的想象成就了诗人独特的表达,我们一起来看看交流平台中这位同学的观点吧!请快速默读。

——

诗歌常常表达诗人独特的感受,蕴含着丰富的想象。因此,语言表达也很独特,如,阳光是"绿的",寂静是"朦胧的",小草"炫耀"着新绿。

——

教师点拨:这段话概括了现代诗什么特点呢?(表达独特)同学们仔细看一看,

这位同学是怎样交流的？与我们刚才的交流有什么不同？

　　学生交流，教师小结：这位同学先说明自己的观点，诗歌的表达很独特，然后加上了例子，用阳光是"绿的"、寂静是"朦胧的"、小草"炫耀"着新绿这三个例子说明诗歌的表达很独特。这样"观点＋例子"的表达方式更有说服力，更能让别人听明白。

　　（3）提升交流。前段时间，我们学习与摘抄了不少现代诗。在交流的时候，我们也可以用这样"观点＋例子"的表达方式。谁能结合自己摘抄的现代诗说一说诗歌"表达独特"的特点？（学生自由交流，教师关注其表达方式。）

　　预设二：节奏感强

　　（1）学生交流。现代诗读起来很有节奏感。在《短诗三首》中学到了三种让诗歌有节奏感的方法：诗歌句式相同是"同构成韵"；诗歌最后一个字押韵叫"同韵成韵"；诗歌中尾字相同，叫"同字成韵"。

　　（2）教师小结。这个想法与交流平台不谋而合。请大家默读交流平台中的相关内容，"我很喜欢本单元的诗歌，读起来朗朗上口、悦耳动听，很有节奏感"。

　　（3）推荐阅读。老师向大家推荐金波的诗《为三月谱曲》。请自由朗读。读后交流感受：这首诗每个小节句式相同，又有押韵，节奏感强。全诗洋溢着春的气息，流淌着音乐美，让我们感受到了生活与生命的美好。

　　预设三：情感真挚

　　（1）学生交流。诗歌虽然短小，但有浓浓的情感。《繁星（一五九）》短短的几行诗，表现了母亲那温暖宽厚的怀抱永远是孩子的避风港。我从中体会到诗人对母亲深深的依恋。

　　（2）回看平台。我们一起来看交流平台的分享：诗歌往往饱含着真挚的情感。如"永不漫灭的回忆"和"我只躲到你的怀里"，让我体会到了诗人对母亲的深深依恋。

　　（3）教师小结。情感真挚也是现代诗的特点。《绿》抒发了作者对生机勃勃的绿的向往，表现了作者对新生活的希望和积极向上的思想感情。《白桦》展现了白桦的高洁之美，流露出诗人对家乡和大自然的热爱之情。《在天晴了的时候》表达了作者对雨过天晴的热烈向往以及对光明到来的信念。简短的诗歌无一不饱含真挚的情感。

　　（4）拓展交流。同学们还在哪些诗歌中体会到这个特点呢？请结合具体的诗歌说一说。

　　预设四：其他特点

　　除了这些，有些同学还发现了诗歌分行排列、语言凝练、意境优美、虚实结合等诸多特点，你发现了什么呢？请用"观点＋例子"的表达方式在课本上写一写。

板块二　日积月累

1. 初读正音。

聊完了现代诗的特点,我们去日积月累看看关于诗歌的名言吧! 请同学们先自由读一读这些名言。

指名朗读,重点正音:"潜"是第二声。

2. 选读理解。

请选择其中一句名言读一读,再结合单元中的诗歌或自己摘抄的诗歌,与同桌说说自己的理解。之后组织集体交流。

第一句:"诗和音乐一样,生命全在节奏。——朱光潜"

(1)发现。这句名言正是回应了刚才的交流,现代诗"节奏感强"。

(2)理解。结合诗歌说理解。比如,这句名言告诉我们节奏对于诗歌来说特别重要。《在天晴了的时候》这首诗歌押"ou"韵,很有节奏。正是因为这首诗节奏感那么强,所以读起来才带给我们特别清新、舒畅的感觉,好像真的漫步在雨后天晴的小路上。

(3)朗读。让我们再读句子,用朗读展现诗歌的节奏美感。

第二句:"诗是人类向未来寄发的信息,诗给人类以朝向理想的勇气。——艾青"

(1)交流。比如,诗歌给人向着理想前进的勇气,这就是诗歌的价值。这句话是艾青写的,也让我想起了艾青的一首诗——《太阳的话》。诗人创作时,国家处于抗日战争时期,在诗中作者借太阳象征光明与进步,表达了作者对和平、光明的向往,鼓舞了不少中国人投身到拯救民族危亡的斗争中。

(2)小结。同学们能结合诗歌和写作背景来理解,真好! 让我们再读句子,赞美诗歌带给人们的力量。艾青是中国现代诗的代表诗人之一,写了不少含义深刻的诗歌,我们课后可以去读一读。

第三句:"诗是强烈感情的自然流露,它源于宁静中回忆起来的情感。——[英国]华兹华斯"

(1)发现。这句名言正是道出了现代诗"情感真挚"的特点。

(2)理解。结合具体材料说说理解。比如,诗是诗人情感的表达。诗集《繁星》中关于赞美母爱的诗很多,我上网查阅了一些资料,冰心奶奶的母亲是一位温柔娴静的女性,她从不打骂孩子,总是温柔地劝说孩子,用讲故事的方法启发孩子。冰心奶奶在创作诗歌时一定是回忆起与母亲之间发生的事情,于是通过诗歌表达对母亲的依恋与赞美。

(3)朗读。同学们不但能结合诗歌,还能结合诗人的资料来说自己的理解。真棒! 让我们来朗读这句名言。

3. 背诵记忆。

（1）朗读。诗歌如此美妙,让我们再读三个句子,展现诗歌的力量。

（2）试背。老师把名言的部分遮盖住,你能尝试着填一填这几句名言吗?

4. 拓展积累。

（1）推荐。你还知道哪些关于诗歌的名言? 师生一起推荐。

诗是艺术的语言,最高的语言,最纯粹的语言。——艾青

伟大的诗,是民族最珍贵的宝石。——[德国] 贝多芬

诗的词句含有能走动的意义与能飞翔的音乐。——[印度] 泰戈尔

（2）积累。我们一起读一读吧! 选择你最喜欢的一句摘录下来。课后也可以结合单元中的诗歌或自己摘抄的诗歌,说说自己的理解。

第二课时
板块一　识字加油站

1. 复习导入。

（1）回顾背诵。上节课我们通过交流回顾本单元学习的诗歌,背诵积累名言,感受到现代诗的语言美、意境美、情感美。关于现代诗的三句名言,同学们还记得吗?我们一边背诵一边感受诗歌之美吧。

（2）引出古诗。诗歌宝库中还有一处瑰宝,那就是古诗。同学们积累过哪些古诗,了解过哪些诗人? 请说一说。

教师小结:了解诗人,能帮助我们更好地理解诗歌内涵,体味真挚情感。这节课,我们在"识字加油站"中再来认识几位诗人。

2. 看图认读。

（1）自学。看课文里的图片,根据拼音,认读诗人的名字。

（2）正音。指名认读,重点正音:杜甫的"甫"第三声。语文园地二"日积月累"中的《江畔独步寻花》就出自杜甫之笔。"仲"和"龚"都是形声字,分别是第四声和第一声。孟浩然的"孟"是后鼻音。

3. 加深认识。

（1）回顾。课前同学们通过上网查询、查阅书籍、请教他人等方法收集了这些诗人的资料。通过交流我们一定会有更深的认识。

（2）交流。学生交流,教师适时点拨。

预设一:韩愈

韩愈是唐代中期官员,文学家、思想家、哲学家、政治家,世称"韩昌黎"。韩愈是唐代古文运动的倡导者,被后人尊为"唐宋八大家"之首。

教师点拨:这位同学介绍了诗人所处的朝代和诗人的重要称号。

预设二:孟浩然

孟浩然是唐代著名的山水田园派诗人。他的诗歌多写山水田园和隐居生活,清淡自然,以五言诗见长。我们最熟悉他的《春晓》:"春眠不觉晓,处处闻啼鸟。夜来风雨声,花落知多少。"

教师点拨:是的,介绍诗人可以说说他们的主要作品和有代表性的诗句。

预设三:陶渊明

陶渊明是东晋末至南朝宋初期的诗人,中国第一位田园诗人,自号"五柳先生"。他为人清高,有骨气,不为五斗米折腰,所以只当了八十多天的彭泽县令便辞官而去,从此归隐田园。他写了大量田园诗,大家比较熟悉的诗句是:"采菊东篱下,悠然见南山。"

教师点拨:讲讲诗人的生平及小故事,也是一种很好的介绍方式。

(3)发现。读着诗人的名字,老师在想:诗人名字排列的次序,有什么秘密吗?于是阅读了资料,整理出这样一条时间轴。

屈原		陶渊明		孟浩然	杜甫	韩愈	刘禹锡		范仲淹		龚自珍
战国时期		东晋		盛唐		中唐			北宋		清朝

大家看一看,发现了什么?(课本是按时间顺序排列诗人名字的)

(4)教师小结:了解或介绍诗人,可以先收集他所处的时代、主要作品(诗句)、生平、故事等资料。这样我们可以更深入地了解他们,记住他们。

4.巩固练习。

(1)选一选。根据相关信息,选一选诗人名字。

①屈原　②陶渊明　③孟浩然　④杜甫　⑤韩愈　⑥龚自珍

唐代诗人——诗圣——《绝句》——(　　　　)

田园诗人——菊花——隐居南山——(　　　　)

爱国诗人——端午——《离骚》——(　　　　)

(2)连一连。读一读,把诗句与诗人连起来。

泥融飞燕子,沙暖睡鸳鸯。　　　　　　　　　　陶渊明

遥望洞庭山水翠,白银盘里一青螺。　　　　　　龚自珍

天街小雨润如酥,草色遥看近却无。　　　　　　范仲淹

采菊东篱下,悠然见南山。　　　　　　　　　　刘禹锡

我劝天公重抖擞,不拘一格降人才。　　　　　　杜甫

路曼曼其修远兮,吾将上下而求索。　　　　　　韩愈

君看一叶舟,出没风波里。　　　　　　　　　　　　　孟浩然

夜来风雨声,花落知多少。　　　　　　　　　　　　　屈原

5. 教师小结。

同学们,我们通过看图拼读、收集资料、介绍诗人,以及练习巩固等方式,不仅认识了八位诗人的名字,还对他们的生平、诗作等有了更深的了解。在今后的学习中,希望同学们也能运用这些方法,学习更多知识。

板块二　词句段运用

1. 承上导入。

了解了诗人,我们再一起来品味诗人笔下曼妙生动的用词和诗句吧。

2. 朗读体会。

(1)自读。读一读这几个句子,注意加点部分,关注颜色的描写;选择一句,和同桌说说自己喜欢的理由。之后组织交流。

预设一:句子中有许多描写颜色的词语,比如淡蓝、青苍、银霜,它们都用得很准确。

预设二:加点的部分不仅写出了颜色,而且写出了绿的样子、黄的样子,让句子更具体了。

教师小结:这几句话不仅写出了颜色,而且它的程度、样子也表达得那么准确、具体。

(2)拓展。分享课前收集的描写颜色的句子,说说自己的体会。

3. 迁移仿写。

(1)自读。自由朗读两段诗歌,关注加点的部分,思考:加点的部分,让你有怎样的感受? 之后组织交流。

(2)再读。再仔细读读这两节诗歌,思考:加点的部分在表达上有什么特点? 这样的特点,给诗歌带来怎样的味道? 之后组织交流。

教师小结:正如大家发现的那样,很多诗歌会把相似的几个内容用排比方式进行表达,不仅视觉效果美,读起来听觉效果更美。这样的表达方式,我们也可以学一学。

(3)仿写。让我们学着诗歌并列词句的排比表达来写几句。可选择其中一节诗歌,写一写。之后组织交流展示和评议。

(4)小结。我国自古是诗歌的国度。只要我们用心感受生活,用心体味诗歌之美,诗歌便永远是我们心灵中的一方净土。本单元的学习即将接近尾声,同学们可以带着本单元学到的诗歌知识、心得体会,继续探寻诗歌王国更多的精彩。

统编义务教育教科书《语文》五年级下册第四单元

语文园地

（共2课时）

一、设计简介

本课设计的两个课时,分别以“表达方法”“人文素养”为主题,以“联”思维展开单元学习整理实践与语言积累的教学活动。特色有三:一是建立阅读方法与表达方法之间的深度联系,引领学生从单元课文学习中习得阅读方法,再次触摸表达方法并在情境中语言实践;二是建立书写旧知与新知的联系,引领学生从段落书写进阶至篇章书写的练习,从而提升书写能力;三是建立诗歌学习内容之间、方法之间的有效联系,引领学生自学古诗,读懂诗意,感悟诗情,促进古诗的积淀。

二、教材简析

本单元语文园地安排了四块内容,分别是“交流平台”“词句段运用”“书写提示”“日积月累”。

“交流平台”结合本单元课文,引导学生梳理并总结抓住动作、语言、神态体会人物内心的阅读方法。教材从不同的角度进行了分析:一是从人物的语言中体会人物的精神;二是从人物神态的一系列变化中,体会人物的内心变化。

“词句段运用”安排了两项内容。第一题提供三组例句,要求学生在体会人物内心后,选择一种情景仿写;第二题提供两个例句,要求学生体会其表达效果并仿说。体现相同主旨:在具体情境中习得表达方法。

“书写提示”是全套教材第一次从篇的角度对书写提出要求,旨在引导学生学习规范书写整篇文章。重点提出:标题和作者的书写位置要醒目,段落要分明。

“日积月累”编排了两首唐诗,王之涣的边塞诗《凉州词》和李白的送别诗《黄鹤楼送孟浩然之广陵》。教学时可以引导学生运用积累的学习方法学习古诗大意,教师再适当提供相关资料,助力学生深度学习,积累古诗,感悟诗情。

三、教学目标

1. 能交流并总结“通过课文中动作、语言、神态的描写,体会人物的内心”的阅读方法,习得表达方法学以致用。

2. 能体会“描写人物与平时不同的表现”的表达效果,能仿说句子。

3. 学习篇章书写的格式要求,能做到标题和作者位置醒目、段落分明。

4. 学习《凉州词》《黄鹤楼送孟浩然之广陵》两首古诗,积累优秀诗文。

四、教学重难点

1. 重点:积累阅读方法,习得表达方法,学以致用。

2. 难点:自学古诗,想象诗中情景。

五、教学过程

第一课时
板块一　交流平台

1. 单元回顾。

本单元我们走进了以"责任"为主题编排的三首古诗和三篇课文,感受到了先辈们的崇高精神,学习了"通过课文中人物的动作、语言、神态的描写,体会人物的内心"的阅读方法。

2. 阅读发现。

在这个单元学习中,很多同学都有深刻的体会。我们先来看看课本上同学们是怎样交流的。默读"交流平台",思考:这个话题怎么交流,"交流平台"的两个例子给你怎样的启发?

组织反馈,教师小结:交流时,先选择具体的课文,再从中选择有感受的语段,然后运用"……从……等描写中,我感受到……"句式说一说。

3. 自由交流。

(1)学习回顾。请翻阅本单元学过的第 10 课、第 11 课、第 12 课,回顾课文中描写人物动作、语言、神态的句子,浏览学习时做的笔记,回忆当时是怎样体会人物内心的。然后选择感受最深的一处,用刚刚我们发现的方法与同桌交流。

(2)交流分享。预设要点:体会心情;感受精神;感受心理变化。

(3)教师小结。同学们,透过人物的动作、语言、神态,我们能体会到人物的复杂心情,感悟人物的可贵精神,推测人物当时的心理活动,如果前后联系起来看,还能感受到人物的心理变化。运用这样的阅读方法,我们对课文的理解也就更加深入了。

4. 提升交流。

请默读《丰碑》一文,抓住人物的动作、语言、神态,体会人物的内心。先浏览文章体会人物内心,再选择自己感受最深的一处,运用刚才习得的方法,在四人小组内进行交流。

之后组织集体交流并小结:同学们能通过人物的动作、语言、神态,去体会人物的内心了。这种阅读方法可以帮助我们加深理解,也可以帮助我们表达。我们要学以致用,运用到以后的阅读和习作中去。

板块二 词句段运用

第一部分:读下面的句子,体会人物的内心,再选择一种情景,照样子写一写。

1. 体会人物内心。

同学们,让我们一起走进"词句段运用",继续从语句中体会人物的内心。先来看第一部分。

(1)学习活动。轻声朗读这三句话,体会人物的内心,可以参照下面习题的形式,做好学习批注。

例句		动作		心理
从见到这封电报起,毛主席整整一天没说一句话,只是一支接一支地吸着烟。	⟹	一支接一支地吸着烟	⟹	毛主席可能在想: _____ _____ _____

(2)交流分享。

(3)教师小结。同学们体会得真不错!从人物的动作、语言、神态,我们能够深入体会到人物的内心。反过来,要体现人物的内心,我们可以从人物的动作、语言、神态等方面来入手。

2. 选择情景仿写。

(1)引出任务。在我们的生活中,你经历过或者看到过"焦急地等人""期待落空""久别重逢"的场景吗? 在这些情景中,人们可能会做出哪些举动? 神态可能是什么样的? 会说些什么? 请选择一个场景想一想。

(2)仿写练笔。现在我们就选择或自己描述一个情景,抓住人物的动作、语言、神态等方面来表达人物的内心。可参照下面习题的形式写一写。

焦急地等人□

期待落空 □

久别重逢 □

内心		神态、动作或语言		句子
选择或自己描述一种情景写一写。	⟹	通过描写人物的神态、动作、语言,可以更好地表达出人物的内心。	⟹	_____ _____ _____

（3）展评分享。

（4）修改小结。同学们的句子写得如何,是不是也抓住了人物的语言、动作、神态来表达内心了呢? 请做修改。

相信同学们通过刚才的练习初步掌握了"通过抓住人物的动作、语言、神态来表达人物的内心"的写法,今后在习作中可以学以致用。

第二部分:下面的句子写出了人物与平时不同的表现,体会它们的表达效果,照样子说一说。

1. 发现写法。

（1）自主学习。同学们,在不同的场景中人物的表现也是不同的。请自由读第二部分的两个语句,思考:人物的表现有什么不同? 这两句话在表达上有什么共同之处?

（2）交流明晰。要点:两句话都是先写一个人平时的表现,后写这个人此刻不寻常的表现;运用"一向……却……""平时……可是……"等表示前后转折的句式,将前后意思紧密联系起来。

2. 体会效果。

（1）比较阅读。这两个句子都拿人物平时的表现与此刻进行了对比。这样对比着写,有什么好处呢? 我们来比较一下。（课件出示原句和改动后的语句）

————————————————————————————

原句:手术台上,一向从容镇定的沃克医生,这次双手却有些颤抖,他额上汗珠滚滚,护士帮他擦了一次又一次。

改动后:手术台上,沃克医生的双手有些颤抖,他额上汗珠滚滚,护士帮他擦了一次又一次。

————————————————————————————

原句:平时遇到不顺心的事我都能一笑而过,可是这件事让我实在无法释然,胸口总像是被什么堵住了似的,白天心神不宁,晚上也无法入睡。

改动后:这件事让我实在无法释然,胸口总像是被什么堵住了似的,白天心神不宁,晚上也无法入睡。

————————————————————————————

（2）组织交流。预设:第一句通过沃克医生前后表现的对比,更能突出沃克医生此时的紧张;第二句通过"我"处事态度的前后对比,更能突出这件事对"我"打击很大,"我"的心情无比难受。

（3）教师小结。要突出人物此刻表现的特别之处,可以以平时的表现作铺垫,进行对比。运用对比的方法描写人物状态,能使语言更有感染力,人物形象更突出。

3.语言实践。

（1）自主练习。平时生活中,你或他人在什么情况下会有和平时不同的表现呢? 确定一种情况,采用与平时进行对比描写的方式,用上"一向……却……"或"平时……可是……"这样的句式说一说。

（2）交流评议。预设如下:

平时单元测试,我总是很放松,泰然自若,这一次却心里发慌,遇到难题,脑子一片空白,急得额头直冒汗。

吃饭时一向慢慢悠悠、爱唠嗑的姜明,这一次听到学校要组建足球队的消息却一反常态,抓过饭碗,狼吞虎咽地吃起来,三下五除二,一眨眼的工夫饭碗就见了底。他丢下饭碗,向体育办公室奔去……

评议并小结:采用前后对比的方式,运用表示转折的句式,突出了人物表现的变化,突显了人物形象。

4.课堂小结。

这节课,我们学习了语文园地前面两个板块的内容。从"交流平台"中进一步领悟到抓住动作、语言、神态体会人物内心的阅读方法,在"词句段运用"中体会句子表达的效果,实践表达方法。望今后能学以致用。

第二课时
板块一 书写提示

1. 谈话导入。

汉字书写与我们密不可分,正确、美观地书写汉字,合理地谋篇布局,是我们要掌握的本领和技巧。这节课,我们就来学习如何正确美观地书写一篇文章。

2. 回顾旧知。

在四年级的时候,我们已经学习了如何书写一个段落。还记得相关要求吗? 我们来交流一下。（①字体大小适中、基本一致;②字体、标点位置合适,间距小于行距;③布局两边留白,大致相等;④态度认真端正,养成习惯。）

3. 自学交流。

接下来,我们来学习如何书写整篇文章。请读一读著名作家刘湛秋先生的这首散文诗《帆》,看看旁边的提示,待会儿请你谈谈收获。

预设一:在书写整篇文章时,标题和作者要独立成行,居中书写,要写在醒目的位置。

预设二:书写过程中,段落要分明,每个自然段都要另起一行空两格。

4. 练习评议。

请按照这些提示在作业本上写一写这首散文诗。之后组织展示评议并修正。评议标准:①标题和作者要写在醒目的位置,居中书写;②段落要分明,每一个段落开头都要空两格;③注意标点符号的位置,点号不能写在一行的开头。

5. 解决问题。

在书写过程中,有没有遇到问题或想到什么问题?

预设一:在书写标题时,标题字数不同,书写时如何安排?(一个字的标题居中写;两个字的标题连写显得拘束,中间可空一格;三个字以上的标题可连写。对偶性的标题,中间可空出一格表示。)

预设二:在书写过程中,标点符号的位置有时很难确定。

播放微课《标点的占位方式》:标点符号分标号和点号。我们在书写过程中常用的一般是"点号",主要表示语言中的停顿和语气,常用的点号有这些:顿号、逗号、分号、冒号、句号、问号、叹号。点号一般不可写在一行的开头。如果一句话的最后一个字正好占去这一行末尾一格,那么书写时须把最后一个字向左靠紧一点,把点号加在这一行的最后,不能写在一行的开头。请大家牢记这些小诀窍,争取将自己的文章写得更整洁、更美观。

板块二 日积月累

第一首:《凉州词》

1. 回顾导入。

这个单元的第九课,我们学习了唐朝诗人王昌龄的边塞诗《从军行》。我们一起背一背。(学生背诵)接下来,我们再来学习与之同时代的另一位诗人王之涣的边塞诗——《凉州词》。诗题中的"凉州词"是当时流行的一种曲子配的唱词。

2. 自读古诗。

自己读一读这首古诗,读准字音,读出节奏,并结合之前学过的《古诗三首》,借助老师提供的注释,理解诗歌大意。(课件出示:羌笛,羌族的一种古老乐器,竖着吹奏,音色清脆高亢,并带有悲凉之感。度,越过,吹过。)

3. 交流大意。

教师点拨:前两句诗,"一片"就是"一座"的意思。这里的"上"并不是黄河的流向,而是指诗人的目光所向。诗人朝着西面的黄河上游远远望去,感觉汹涌澎湃、波浪滔滔的黄河竟像一条丝带飞上了云端。这两句诗为我们描绘的场景雄阔苍凉,是典型的边塞风光。后两句诗的理解有一定难度,老师再提供一些参考资料。

杨柳:在这首诗中指一种叫《折杨柳》的歌曲。古人有临别折柳相赠的风俗。"柳"与"留"谐音,且杨柳形貌上的袅袅依依之状,似乎暗示了对远行之人的不舍。于是,杨柳和离别就有了密切的联系。

《资治通鉴·唐纪》记载,玄宗时,改府兵为募兵,兵士戍边时间从一年延至三年、六年,终于成为久戍之役,"天宝"以后,山东戍卒还者十无二三。

预设:从"资料一"读懂了,原来将士们用羌笛吹奏的是曲子《折杨柳》,而柳树代表了不舍,这首曲子是充满悲伤的。同时,我从"资料二"中了解到,这些戍边将士常年在外,很多人离开家乡后再也没回去过,听着悲凉哀怨的《折杨柳》,他们一定是产生了对故乡的思念之情。

教师小结:是啊,玉门关一带地偏路远,春风不度,杨柳难青。将士们想要折一枝杨柳寄情也不能。听到这悠悠的羌笛声不免令人心生思念之情。再说募兵制后统治阶级不体恤民情,不曾关心戍守边疆的战士,朝廷的关怀如同诗中提到的春风一般,始终无法到达玉门关。恶劣的自然环境加上朝廷的冷漠,使得戍边将士们因久久不得还乡而产生哀怨之情。

4. 深度探究。

但是,我们从诗人的语气中感受到哀怨愁苦多一些,还是洒脱慷慨之气多一些?为什么?请同桌学习讨论。

组织交流并小结:诗句中的"何须怨"是"何必抱怨"的意思。说"何须怨",并不是没有怨,也不是劝戍边将士不要怨,而是诗人在用豪爽的语气劝慰戍边将士的思乡之情,鼓舞将士们的卫国热情。希望他们在卫国戍边责任面前,以国家利益为重,把这一点点哀怨融汇在对春天的盼望中,融汇在黄河、白云、万仞山的壮阔景色中,这样才是热血男儿该有的气概。

指导朗读:整首诗虽写了戍边的艰苦,但也有着壮阔的画面和从容的声调,悲凉而不失豪爽,深沉而有风骨,写出了盛唐边塞诗的复杂内涵,令人回味。让我们带着慷慨的情绪,再来读一读这首诗。

第二首:《黄鹤楼送孟浩然之广陵》

1. 自学梳理。

学完边塞诗中的佳作,我们再来学习送别诗中的一首杰作《黄鹤楼送孟浩然之广陵》。请自由读一读这首古诗,读完后借助表格,梳理内容。之后组织交流。

人物	李白、孟浩然	关系	朋友
事件	李白送孟浩然之广陵	时间	烟花三月
地点	出发地:黄鹤楼	目的地: 广陵／扬州	

适机进行难点答疑。

古诗中表示方位和方向的词"下""西"。我们可以借助地图(课件出示)来了解:李白送别孟浩然的地点在长江边的黄鹤楼,孟浩然即将去往东面繁华的扬州城,也就是广陵。临行之时,他面朝西面,向李白辞别,所以这里要说"西辞",随后孟浩然乘舟顺江而下,去往扬州,所以说"下扬州"。

2. 想象画面。

优秀的诗歌就是一幅动人的画卷。读着"孤帆远影碧空尽,唯见长江天际流"两句诗,你的脑海中出现了怎样的画面呢? 请试着用"我仿佛看到了……"的句式把想象到的画面说一说。

3. 感悟诗情。

(1)质疑。这首诗里似乎有一个不太合理的地方。据资料记载,唐朝时期,长江是交通的主干道,来往的船只何止千万,可李白为何说是"孤帆"呢?

(2)交流。此时此刻,李白的眼中只有孟浩然的那艘小船,心里念的也是自己的好友,小船由近及远,慢慢离开,李白的思绪也随着小船渐渐飘远,这飘远的思绪让李白无视了江上的其他船只。

(3)探究。此时此刻李白在想些什么呢?

播放视频《李白送别孟浩然》:这次离别正值唐朝的开元盛世,太平而繁荣,季节是烟花三月,春意最浓的时候,从黄鹤楼到扬州,这一路都是繁花似锦。而扬州,更是当时整个东南地区最繁华的都会。李白是那样一个浪漫、爱好游览的人,这次离别,他的心里没有什么忧伤,相反,认为孟浩然这趟旅行快乐得很。李白向往扬州,又向往孟浩然,所以一边送别,一边心也就跟着飞翔,胸中有无穷的诗意随着江水荡漾。在一片美景之中送别友人,真是别有一番滋味在心头。

4. 深情朗读。

在朗读这首诗时,虽有不舍,但更应读出畅快潇洒的感觉。让我们跟随中央人民广播电台的播音员一起来读读这首诗。

统编义务教育教科书《语文》六年级上册第七单元

语文园地

(共 2 课时)

一、设计简介

本课设计尊重学情起点,充分调动学习积累展开教学过程。主旨有二:一是建立新知与旧知的联系,用好学生已有的课堂笔记,并结合课文材料,引领学生发现课堂笔记的内容、方法以及特色等,促进方法习得与日常学习的迁移;二是建立收集资料与运用学习的联系,充分发挥学生收集材料的主观能动性,通过书籍查阅、网络查阅、联系生活、引经据典等途径,理解与戏曲及艺术相关的词语,感受其中趣味,促进积累与运用。

二、教材简析

第七单元语文园地安排了三块内容。第一块内容是"交流平台":通过学习,让学生了解做课堂笔记的作用,并学习做课堂笔记,有意识地培养良好的学习习惯。教学中应注意两点:一是引导学生发现编排特点,明晰做课堂笔记的常用思路与方法;二是以两个实例为基点,鼓励学生分享自己的课堂笔记,举一反三,拓展认知,学以致用。

第二块内容是"语句段运用":这个板块的内容可分为两部分,第一部分安排了一些日常生活中与戏曲有关的词语。教学时,一方面必须重视对这些词语的理解,鼓励学生通过查找工具书、网络搜索、请教他人等多种方式展开学习;另一方面也需要了解这些词语在日常生活中的正确运用,阅读相关的一些语句语段,结合具体语境,形成正确的认知,促进正确的使用。第二部分通过阅读说明书、观察小台灯,来发现并修改说明书中写得不清楚的地方。教学时,可以先引导学生观察右边的小台灯,发现做错的地方"灯泡装在了灯罩的背面";再组织学生阅读说明书,把写得不清楚的语句画出来,并尝试修改。

第三块内容是"日积月累":安排了一些与艺术相关的成语,让学生通过读一读、想一想、说一说、记一记等方式积累成语,养成勤于积累的好习惯。教学中,要特别注意的是,要让学生了解并知晓这些成语与何种艺术形式相关,注意区别与辨析,以免在实际运用中发生混淆,产生错误。

三、教学目标

1. 了解并学习做课堂笔记的方法,养成勤做课堂笔记的良好习惯。
2. 理解与戏曲有关的 12 个词语,能选用一两个词语说句子。
3. 结合图示阅读说明书,发现并修改其中表达不清楚的地方。
4. 理解并积累与艺术有关的 12 个成语,养成勤于积累的好习惯。

四、教学重难点

1. 重点:理解并积累与戏曲、艺术相关的词语,学以致用。
2. 难点:勤做课堂笔记能迁移到今后学习中,养成良好的习惯。

五、教学过程

第一课时
板块一 交流平台

1. 畅聊笔记。

（1）激发兴趣。出示几个表情包,请学生说说意思。

（2）自由畅谈。比如,生活中,什么情况下认为必须做笔记? 学习中,什么学科做笔记多一些? 老师提醒做、"我"自觉做,哪种情况多一些? 喜欢把笔记记在哪儿? 做课堂笔记有哪些用处?

2. 阅读发现。

默读"交流平台",思考:从中你得到了关于做课堂笔记的哪些新启发? 可以把相关内容圈画出来。

组织交流。要点预设如下:

（1）关于内容。可以是关于课文内容梳理,可以是关于个别语句理解。

（2）关于来源。可以来自老师的讲解,可以是自己的思考与学习方式等。

（3）关于好处。帮助记忆,促使思考,是非常好的学习习惯。

3. 展示总结。

（1）展示笔记。组织展示平时学习的课堂笔记。

（2）交流新知。交流自己从同学笔记中得到的新认知。

（3）学习小结。在今后的学习中要勤于做课堂笔记,养成良好的学习习惯。

板块二 词句段运用

1. 观察图示。

（1）情境描述。有一位同学根据制作说明书,做成了图中的小台灯。请仔细观察,小台灯的哪一处出现了错误? （图略）

（2）学生反馈。小台灯的灯泡装在了灯罩的背面。

2. 修改错误。

（1）默读思考。说明书的哪一处表达出现了问题?

（2）学生反馈。"做法"第三点,语序出错、表达不清。

（3）修改错误。学生自行修改并交流。第3点做法可以改为:铅丝上方的头上用红橡皮做一个小灯泡,注意须露出一小截铅丝头。把这一小截铅丝头插入乒乓球的小洞里,让乒乓球灯罩盖住灯泡,最后把小洞两边粘牢。

（4）学习小结。在语句意思的表达上必须条理清晰,表述清楚。

第二课时
板块一 词句段运用

1.明确任务。

（1）发现特点。语文园地另两块内容,有什么共同之处? 学生反馈。这些词语都与艺术有关。

（2）明确任务。这节课我们就学习这些词语,理解、积累并学习运用。

2.读准词语。

（1）自读词语。朗读词语,遇到读不准的字查查字典。

（2）反馈朗读。重点正音如下:行当(háng dang),行(xíng tou)头,压轴(yā zhòu)。

3.理解运用。

（1）小组学习。想办法了解所有词语的意思。

（2）集体交流。分享学习所得。

（3）欣赏故事。播放故事音频或由老师讲述,拓展阅读视野,感受语言趣味。鼓励学生在课后搜寻相关故事。(可参考:拓展阅读《花架子的故事》)

（4）选择运用。结合自己的生活体验,选择你喜欢的一两个词语说句子。可以先写下来,再与同学交流。

板块二 日积月累

1.读准成语。

（1）自读成语。想办法读准字音。

（2）指名朗读。注意正音。

2.理解成语。

（1）小组学习。交流自己对这些成语的理解,说说成语的出处,或讲讲成语故事。

（2）集体交流。采用解决疑难、分享小组学习亮点的形式展开。

3.积累成语。

（1）成语分类。根据意思,试着给成语分类。预设如下。

与音乐或舞蹈有关:高山流水、天籁之音、余音绕梁、黄钟大吕、轻歌曼舞。

与书画水平有关:画龙点睛、笔走龙蛇。

与文学创作有关:妙笔生花、行云流水。

与艺术表现力有关:惟妙惟肖、栩栩如生、巧夺天工。

(2)记背成语。

(3)拓展成语。交流、拓展相关的成语,预设如下。

音乐:扣人心弦、金声玉振、铿锵有力、余音袅袅、抑扬顿挫。

书法:龙飞凤舞、力透纸背、入木三分、铁画银钩、颜筋柳骨。

建筑:美轮美奂、金碧辉煌、八面玲珑、精雕细刻、富丽堂皇。

(4)鼓励积累。鼓励学生在课外阅读中多多关注与艺术相关的成语并随时积累。

问：听完名师的课，我总是感慨："上得真好！我怎么就没从课文里读到这一点呢？" 在文本解读这门功夫上，有什么捷径或秘诀？

答：叶圣陶先生在《语文教学二十韵》中这样说："陶不求甚解，疏狂不可循。甚解岂难致？潜心会本文。作者思有路，遵路识斯真。作者胸有境，入境始与亲。"前辈告诉我们要"潜心会文"，把文章当作朋友一般，与之相知相亲。文本解读，无捷径可言，唯有潜下心来走进文本，做好做实"读、思、练"三字诀，方能有新发现与新收获。

4-1 教学论文

小学语文文本解读的几点意识

有人说,如果你有一双语文的眼,你就能看到一个更奇妙的自然,能看见一段更鲜活的历史,能看见一种别样的人生,能看见所有的知识都充满了人情味。如果我们有一双语文的眼,我们就会获得一种神奇的魔法,带着自己,带着学生,走进语文的美妙境界。

引领学生走进语文佳境,最初始的一步,就是文本解读。叶圣陶先生在《语文教学二十韵》中这样说道:"陶不求甚解,疏狂不可循。甚解岂难致?潜心会本文。作者思有路,遵路识斯真。作者胸有境,入境始与亲。"老前辈希望我们"潜心会文",把文章当作朋友一般,走近、走进、慢慢相知,然后相亲,是一件极其美好的事儿。

那么,我们应带着怎样的意识,投入文本解读,引领学生在课文里学语文呢?笔者就教学实践谈四点思考。

一、生本意识,让文本变得可爱

《语文课程标准》指出:学生是语文学习的主人。语文教学应激发学生的学习兴趣,注重培养学生自主学习的意识和习惯,为学生创设良好的自主学习情境,尊重学生的个体差异,鼓励学生选择适合自己的学习方式。

周汝昌说,好的语文老师,一是要有好的根底,二是要了解学生。好的根底,要求老师的基本功要过硬,知识要渊博,要有智慧,要了解学生。

在文本解读的时候,我们首先应该想到学生:

在这个单元、这一课里,学生应该学得些什么,掌握怎样的语文的本领?

面对这个文本,学生自己能读懂多少?

我的解读,是否贴近学生的理解程度?

我的预设,是否贴近学生的学习能力?

……

多问自己几个这样的问题,我们的解读或许会更贴近学生,我们的文本教学也会因贴近学生而变得可爱。

面对文本,切忌过度解读,切忌过度发挥,切忌过度拓展。不要把我们成人较为深刻的理解,硬生生灌给学生;不要把我们找寻的课外资料,原原本本塞给学生。我们的文本解读及教学实施,尽可能少一些内容的分析,尽可能多一点语言的实践;尽可能少一些矫情的朗读,尽可能多一点语感的培养。让学生在自己的探究中,循着作者的思路,按照自己的理解,慢慢走进文本,再稚嫩的理解也是弥足珍贵的,再微小的进步也是铭记于心的。

二、简约意识,让文本变得可亲

于永正老师说,书是读出来的,字是练出来的,文章是写出来的,多读书、多练字、多写作,语文就没有学不好的。教语文,就是简简单单三件事。于老师这样说,也这样做。他的课,删繁就简,去尽浮华,扎扎实实进行字词句段篇的训练,实实在在进行听说读写能力的培养。

现在有不少语文老师为追求时髦,每拿到一篇课文,还没读两遍,便考虑怎样上得精彩,于是与之相应的"多元的教学目标、全面的教学内容、丰富的教学环节、纷繁的教学手段"充斥于课堂,形式多样真是令人应接不暇。殊不知,我们的语文教学必须大道至简,返璞归真,努力实现简简单单教语文、扎扎实实求发展的教学理念。

当我们面对文本的时候,就要尝试用"语文的眼",关注文本中蕴藏的"语文点",重点可以从以下三点来解读,做到简约而不简单。

1.把握语文本领。学语文,要学很多本领,既要落实"字、词、句、段、篇、听、说、读、写、书",又要紧扣"知识能力、过程方法、情感态度价值观"三维目标,还要强调"基本知识、基本能力、基本方法、基本应用"等要求。但在某一篇课文的学习中,我们不可能做到面面俱到,而是要倡行"一课一得",即一堂课,目标要集中,任务要单一,要求要明确,训练要落实。在具体的文本里确定一两项必需的任务,任你弱水三千,我只取一瓢饮,敢于取舍,有所为,有所不为,引领学生训练并掌握,简单清晰且扎实。

2.挖掘文本个性。解读文本,找寻特色,同样需要我们全身心地投入文本,从一字一句的朗读中,从词语的圈画中,甚至从每一处语言现象、每一个标点的表达意图中揣摩,并时时保持敏感与警觉。每一篇课文都具有独特的语言现象和表达风格。我们可以读出文本的很多点:结构(总分总、先见闻后联想),语言(平实、华丽、准确、简洁、反复),基调(凝重、轻松、悲伤、喜悦),顺序(时间、地点、空间;由远至近、由高到低),句法(数据说明、比喻拟人、排比夸张),主旨(赞颂、鞭挞、怀古、抒情),等等。那么,手中的文本具有怎样鲜明的语言特色,值得学生来学习、领悟并学以致用呢? 这就需要我们准确把握文本独一无二的个性,引领学生展开阅读,悟得要领。

3.提取文本主线。文本解读,需要我们从"乱花渐欲迷人眼"的境遇中,准确找到线索,单刀直入,切入文本,使我们的解读与教学有主线可"拎",牵一发而动全身,把文本读薄、读简。如何巧妙切入文本，可以从以下的五个"扣"思考：一扣文题，二扣中心句，三扣重点段，四扣情感线，五扣关键词。

删繁就简三秋树，领异标新二月花。简约，化繁为简，消枝去叶，突出主干，凸显主体，是一种能让人怦然心动的境界。我们的语文教学同样可以做到。

三、价值意识，让文本变得可塑

在一篇课文存在着许多教学价值点的情况下，我们更要抓住其"语文核心价值"，重点挖掘文本隐含的语文学习价值，重点训练学生对语言的感受能力和表达能力，重点完成语文课该完成的教学目标，而适当弱化文本中可能隐含的其他教育价值，比如科学普及价值、社会生活认知价值、思想品德养成价值、生活能力指导价值等，尽量把"语文课"上成真正的"语文"课。那么，如何甄别和筛选出文本中的"语文核心价值"？主要有"四看"：

一看有没有语文的特征。文本用怎样的语言文字在表达，具有怎样的言语形式？

二看有没有文本的个性。这个文本独有的特征，可能显性，可能隐性，但一旦被解读出来，往往就被公认为该文本的特征。

三看有没有统领的功能。从这一点出发，能整体把握文本的内涵，能提纲挈领，能牵一发而动全身。

四看有没有迁移的价值。能否让学生学习模仿，举一反三，在新的语境和情境中运用。

语文价值，饱含着浓浓的语文味。台湾的赵镜中老师和大陆的一位老师共同执教《太阳》一课。前者的教学目标是让学生认识说明文的阅读方法；后者的教学目标主要是研究太阳远、大、热的特点，以及太阳与人类的密切关系。仔细想想，前者更具语文价值，而后者是倾向了科普价值。

再如，一位语文老师执教《称赞》这篇课文，他确定的目标除了学习生字新词、有感情地朗读课文之外，主要目标是"懂得称赞能增强别人的自信"。这个主要目标不是语文价值，而是思想品德课的价值。教学这篇课文当然应该让学生"懂得称赞别人"这个道理，但作为语文课的主要目标显然不合适。那么，这篇文章的目标怎么确定，通过讨论，最后把教学目标定位在"学会如何用得体的语言称赞别人"。这是在学习语言交际，这是语文的价值。之后，教师设计了这样一些教学环节。

刺猬和小獾是怎么相互称赞的，大家读一读。

刺猬说：你真能干，小板凳做得一个比一个好！

小獾说：我从来没有看到过这么好的苹果！

互换刺猬和小獾称赞的话，看看有什么感觉。在比较中，学生能感悟到：我们称赞别人要恰如其分,否则的话,就给人一种虚伪的感觉,或者迎合别人、奉承别人,这是不妥当的。

教到这里,学生还只是理解,只是感悟。语文课也不能仅仅是理解,学生可能会懂,但不会用,怎样才能会用,关键是让学生去运用,去实践。如何称赞别人,怎么让学生去实践呢? 教师组织几位同学朗读刺猬和小獾的对话,然后要求学生来称赞这几位同学,思考对朗读好的同学该怎么称赞,对朗读不怎么好的同学又该怎么称赞。再评价谁的称赞最合适。这是一种语言交际规则的教学,"学习如何得体地称赞别人"肯定要比"理解称赞的意义"更具语文的价值,更符合语文课的教学任务。

四、习作意识,让文本变得可学

语文教育从本质上说,其主要任务是让学生理解语言内容,认识语言现象,掌握语言规律,学会正确地熟练地运用语言。因此,教学要关注言语形式,强调言语实践,要用习作意识来解读文本,观照教学,用阅读来启发习作,让文本真正成为"可学"的范本,帮助学生在文本学习中学习言语实践,促进学生阅读能力和言语运用能力的和谐提升。那么,习作意识如何在文本解读的道路上行进呢?

1. 紧扣学段目标。习作意识的渗透,首先必须依据课标的学段目标。比如同样是写景:低年级要关注词语的运用,比如《荷叶圆圆》中"圆圆的""绿绿的"等叠词的运用;中年级要关注段的表达,如《荷花》中渗透"围绕一句话来写清楚",做到"言之有序";高年级要关注篇章和手法,如《山中访友》中写实与联想的密切联系,渗透"如何把自己的情感融入写景中",让写景的文章从"言之有物""言之有序"努力提升到"言之有情"。

2. 紧扣单元重点。我们要根据教材文本特点,联系单元训练重点,结合学生年段特点,选择那些重要的、难度适宜的习作目标进行渗透。如《"凤辣子"初见林黛玉》一文关于王熙凤的穿着、言行的描写都很值得细品,但根据年段特点和单元提示,"揣摩人物的言行描写来领悟人物的性格特点"更为重要,教师就要善于取舍,重点关注人物的言行描写。

3. 紧扣文体特点。不同文体的课文,就有不同的阅读价值。文本解读中,应该准确把握文体特点,教给学生阅读方法。如《鲸》一课,要关注说明文的条理性、语言的准确性以及说明方法的得当;《盘古开天地》一课,就要关注神话故事语言的神奇性以及想象的丰富性。教《为人民服务》《真理诞生于一百个问号之后》等文,应关注议论文的逻辑性和论据的典型性,以及作者如何用论据来论证观点的方法。

文本解读,是我们引领学生走进语文最关键的一步。意识是灵魂,理念是方向,在文本解读中,我们多一分以生为本的意识,多一分语文价值的意识,多一点学习写作的意识,简简单单教语文,让学生真真实实地发展语文能力,提升语文素养。这才是我们语文老师真正要做的。

文化要素:小学语文文本解读的深度视角

　　文本解读是语文学习设计的基础,也是语文教学成功和高效的重要保证。可以说,一切有效的语文教学都是基于特定的文本解读的。统编教材启用以来,以"语文要素"的理念来整体观照文本解读,视角更为宏观与全面。笔者发现,在语文要素理念的运用中,老师们更多关注文本内容、文体特点、语言表达等语文要素,而较为忽略或较少关注文本蕴藏的文化要素。那么,文化要素有何重要性,教材中涵盖哪些文化要素,以及如何依托恰当的教学策略落实文化要素呢? 笔者结合教学研究与实践谈三方面的思考。

一、依托三个维度,感知"文化要素"

　　1. 从文献论述的维度看。《语文课程标准》(2011版)在"课程性质"中指出:"义务教育阶段的语文课程,应使学生初步学会使用祖国语言文字进行交流沟通,吸收古今中外优秀文化,提高思想文化修养,促进自身精神成长。"《课标》明确"总体目标与内容"的第二条是:"认识中华文化的丰厚博大,汲取民族文化智慧。关心当代文化生活,尊重多样文化,吸取人类优秀文化的营养,提高文化品位。"以上短短两段话中"文化"一词出现八次,可见语文课程教学必须关注文化。知识是短暂的,能力是长久的,文化是永恒的。立足文化角度的思考,应该成为文本解读的重要内容之一。

　　2. 从核心素养的维度看。小学生语文核心素养包括三个核心要素:态度素养、语言素养和文化素养。立足语文学习角度看,态度素养是动力系统,语言素养是操练系统,而文化素养是语文学习的支撑系统。这三者共同构建起小学生语文学习的核心体系。语文课程和教学中的文化要素无处不在,而且博大精深。要培养学生在语文学习中的文化视野、文化自觉意识和文化自信的良好品质,必须关注文本的文化要素。若忽视文本的文化要素,等于切断了文化素养培养的源头。文化要素应成为文本解读的必需视角。

　　3. 从语文要素的维度看。本文所阐述的文化要素是语文要素的一个组成部分,是指具体文本所涵盖的文化现象。从宏观上看,文化要素可以是文本的文化底蕴、历史渊源,包括汉语文化、汉民族文化,也可以是世界文化,或是某种特殊文化,比如乡土文化、美食文化等。从细微处说,文化要素也可以是某一文化的组成因素,如汉字文化包括汉字字理、汉字演化、汉字故事等文化要素。关注文化要素的解读,必将提升语文教学的深度与厚度。

二、依托统编教材,解读"文化要素"

在国家"坚持文化自信"理念映照下,统编教材更为注重中华文化的渗透与传播。只要仔细阅读,便能探寻到蕴藏其中的文化要素。据笔者研究梳理,小学语文教材的文化要素主要有以下五种类型。

第一种:汉字文化渊源。一个汉字就是一颗智慧的结晶,包含字理规律、演化历程以及相关的传说故事等。这一类文化要素,几乎课课都有,无论是哪个学段,都应该关注汉字文化渊源,让学生在汉字学习中感受汉字文化魅力、积淀研读汉字的兴趣、掌握学习汉字的方法,从而开启学习汉语、传播汉语的历程。

例如,统编三下教材《纸的发明》一课提到了"帛"。在文本解读中不仅要关注课文对"帛"的叙述,也应关注"帛"的造字文化渊源,借助对字理与字形演绎的文化了解,可以帮助学生了解到:"帛"由"白"与"巾"组成,其本义是顶级的丝制布条;因"帛"是丝制,价格昂贵,"帛"的使用只限于王公贵族,无法做到平民化、普及化。这也是促成纸张发明极其重要的因素。从"帛"字入手,学生深刻地感受到:造纸术的进步是劳动人民一步一步摸索出来的,这种价值是中华民族的骄傲。

第二种:传统文化精粹。小学语文教材中涉及的传统文化精粹主要有传统节日文化、书法绘画文化、戏剧艺术文化等,这些要素都渗透在各册课本中。例如,统编三下教材《古诗三首》集聚了春节、清明、重阳三个传统节日的代表诗作。其中,我们所要关注的文化要素主要有两点:节日习俗、节日情景。不同的节日,有不同的风俗习惯,也呈现出不同气氛的节日情景。《元日》"放爆竹""换旧符""饮屠苏"等风俗衬托出的"暖",《九月九日忆山东兄弟》"登高""插茱萸"反衬出的"孤独",《清明》以"雨纷纷""欲断魂"等词眼展现节日氛围。这些文化要素,是让学生在诵读诗句、习得知识、感悟诗情中,全方位而深刻地感受传统文化的精髓与魅力。

再如,统编教材中《一幅名扬中外的画》《聊聊书法》《京剧趣谈》等课文涉及传统文化中的绘画、书法、戏剧等内容。这些课文内容的引进,必然要求教师去关注并了解文本中关于画作的社会背景、书法的风格特征或传说故事、戏剧的基本知识或梨园趣闻等文化要素,结合文本阅读教学需要,做适度的渗透,在学生心中种植热爱、学习传统文化的种子。

第三种:当代文化发展。教材编写与时俱进,在弘扬传统文化的同时,也突出对当代社会文化发展的展现与渗透,这也体现了《课标》所提出的"课程内容的价值取向"要"体现社会主义核心价值体系的引领作用,突出中国特色社会主义共同理想,弘扬以爱国主义为核心的民族精神和以改革创新为核心的时代精神"。统编六上教材《故宫博物院》一文中,引入了故宫博物院官方网站关于"欢迎词及故宫布局简图"的截图;同时,依据三份材料以"画参观路线图"或"作游览讲解"为学习任务,将当代学生与文化古迹做了极其巧妙的联系,体现了古今文化的和谐共处、学习方式的创新变革。

第四种:人物精神文化。统编教材依然沿用了人教版教材中体现人物精神的经典选文,如《狼牙山五壮士》《穷人》《青山不老》《月光曲》《我的伯父鲁迅先生》等。此类课文的文本解读,关注人物精神文化要素是最重要的内容。唯有正确而全面地解读,才能准确地教学,落实编者意图,落实"情感态度价值观"维度的目标,引领学生形成正确的精神追求。如《月光曲》,笔者从"音乐传奇、平等思想、莱茵文化"等三方面解读了文化要素。

音乐传奇。贝多芬是德国著名钢琴家,毕生追求"自由、平等、博爱"的理想。他的音乐创作,集古典派大成,开浪漫派先河,对世界音乐的发展产生了巨大的影响,被世人尊称为"乐圣"。法国音乐评论家罗曼·罗兰这样评价:"贝多芬的一切,他的敏锐,他对世界的感受,他那独特的智慧和意志,他的理想,等等,都是欧洲那特定时代的代表。"

平等思想。贝多芬与这对兄妹素昧平生,因听到兄妹对话得知他们酷爱音乐而主动走进茅屋弹琴一曲。这一曲,贝多芬是为彼此共同的热爱而弹。因盲姑娘听完乐曲猜到了他就是贝多芬,贝多芬借着月光再弹一曲。这一次,贝多芬是为邂逅知音而弹。贝多芬只为音乐而来,无关身份地位。平等的思想、美妙的音乐,使人心灵明亮、精神富有。

莱茵文化。莱茵河发源于瑞士东南部的阿尔卑斯山麓,全长 1320 千米,是欧洲西部第一长河,流经列支敦士敦、奥地利、法国、德国、荷兰等地。莱茵河流域的国家创造了灿烂的历史文化,人民热爱音乐、文学、美术,艺术氛围浓厚,艺术教育普及。课文里家境贫寒的盲姑娘拥有一台旧钢琴,而且会弹琴、会欣赏,亦不足为奇。

以上三方面的解读,从人物地位、精神内涵以及人物所处的社会环境等层面对人物精神文化做了较为全面的解析,这样便有利于学生对人物形象的正确把握,更好地引领学生从《月光曲》这个传说中感悟贝多芬及音乐的魅力,受到优秀人格与美好艺术的双重熏陶。

第五种:思维文化启蒙。思维是小学语文教学的弱项,因为人们更关注语言的发展而忽略了思维训练的重要性。而适度的思维训练有助于提高学生的阅读力、表达力,以及对世界的认知力。统编教材重视并渗透了思维的启蒙与培养。例如,统编三上教材设置了以"学会猜测"为语文要素的单元，以《总也倒不了的老屋》《胡萝卜先生的长胡子》等课文，渗透思维训练，引领学生初步习得猜测的思维方法。我们为这样的编写点赞！

再如，统编教材中《书戴嵩画牛》等课文渗透了哲学思维。文言文《书戴嵩画牛》是北宋文学家苏轼所作的一篇散文。笔者就其文化要素做了如下解读：课文彰显哲学思维的求是态度。戴嵩为一代名画家，他的《牛》图竟然被一介无名之辈——牧童"笑"称"谬也"。杜处士听之，"笑而然之"。艺术创作若脱离实际，只是凭空想象，凭"想当然"，便远离了生活源泉，自然遭到群众耻笑。此文告诉我们，艺术创作，必须根植生活，必须实事求是。

语言学家周海中指出，语言是人类文化的载体和重要组成部分；每种语言都能表达出使用者所在民族的世界观、思维方式、社会特性以及文化、历史等，都是人类珍贵的无形遗产。因此，语文教学应该关注文本的思维文化，借助文本语言，做好学生思维发展的启蒙、训练与培养，帮助学生以健全的思维方式去感知世界、走进世界。

三、依托教学策略，落实"文化要素"

那么，我们在文本中解读到的文化要素又该以怎样的姿态、怎样的方式，渗透到语文教学中，从而促进学生语文核心素养的提升呢？笔者提出三种教学策略，供读者参考。

1. 独特视角，因势而导。以"文化要素"进行文本解读，本身就是一个较有新意、较为独特的视角。从这个视角出发，我们也会解读到文本的独特之处。

人教版三上《赵州桥》编入统编三下教材时，无论是插图还是文字都基本保持原样，只有一处进行了改动：课文的最后一句话"赵州桥表现了劳动人民的智慧和才干，是我国宝贵的历史遗产"中的"历史遗产"改为了"历史文化遗产"。笔者认为"历史文化遗产"这一文化要素值得重视与品读。历史遗产很多，但能称得上"文化"就更有价值。什么是历史文化遗产？从历史、艺术或科学角度看，具有普遍价值的建筑物、雕刻、绘画、遗物、铭文等文物，可以称为历史文化遗产；再从历史、美学和人文角度看，具有突出普遍价值的人与自然共同创造的物品和工程，如故宫、秦始皇兵马俑等，都是历史文化遗产。教学中运用新旧课文比照，引入关于"历史文化遗产"的解释，再结合对课文《赵州桥》的学习所得，学生可以深刻感受到赵州桥在历史文化遗产中的特殊地位与价值，增强热爱历史文化遗产的情感。

从文化要素的视角解读文本，也会将平常之事变得不平常。比如，统编教材中《京剧趣谈》一文的作者叫徐城北。乍一看，作者名不见经传，但在查阅资料过程中笔者发现，徐城北虽无显赫的荣誉与名声，但他多年专注于京剧艺术及戏曲文化的学术研究,在"京剧文化传播"层面有突出的贡献,著有《梅兰芳与20世纪》《京剧与中国文化》等各类著作共40余册,热衷于中国传统文化的宣讲与传播。这种人文精神,值得褒扬。在教学中组织学生仔细阅读作者资料,发现作者在"京剧文化传播"方面的建树与功勋,及时推荐学生阅读徐城北著作《京剧下午茶》,激发学生深入了解并积极传播优秀传统文化的热情。这也正是单元主题所向。

2.适度取舍,因疑而现。文本解读是细致入微的,但如何去落实,必须遵从教学目标的需要而确定,而不必把所有的解读都一一落实到教学中去。因此文化要素的具体落实,要依据教学目标而进行适度取舍,要依据是否有解决学习疑难之需而呈现。

上文提到《月光曲》的文化要素解读包含"莱茵文化"。在课堂教学中无需着急呈现,或者说可以不呈现。但是,若有学生产生这样的学习疑问——"盲姑娘一家那么贫穷,家中为何还有钢琴?"此时便有需要向学生介绍莱茵文化,让他们了解到地域不同而产生文化背景、经济条件的不同,从而解开疑惑。

再如《我的伯父鲁迅先生》一课,笔者这样解读"碰壁"时代文化:"碰壁"是鲁迅对当时文人受到迫害的含蓄表达。鲁迅所处的时代,中华民族灾难深重,山河破碎,百姓流离,生灵涂炭,饱经内忧外患,鲁迅也曾经用"风雨如磐""寒凝大地""万家墨面"描绘自己生活的时代。这段解读何时推荐给学生?应在学生对鲁迅的话"四周黑洞洞的,还不容易碰壁吗"产生疑惑与不解之时,适时推荐给学生,引导学生透过时代背景文化去了解社会现实,去感悟鲁迅的弦外之音,感悟鲁迅"笑"里藏着的无奈与幽默。

关于文化要素的解读,有时只需老师做到心中有数即可,而不必强加给学生。比如人教版三上《我们的民族小学》一课,在编入统编教材时,题目改为《大青树下的小学》,文字有三处地方去掉"民族"二字。第一处,"那鲜艳的民族服饰,把学校打扮得绚丽多彩"改为"那鲜艳的服饰,把学校打扮得绚丽多彩";第二三处,"这就是我们的民族小学,一所边疆的民族小学"改为"这就是我们可爱的小学,一所边疆的小学"。编者的意图是有意淡化"民族"意识,更能体现多民族融合的文化自觉,弘扬民族团结。像这样的解读,课堂教学中要敢于舍弃,只需引导学生从文字里感受校园的欢乐祥和即可,体现弘扬民族团结,润物细无声。

3.重整要素,因合而显。在一篇课文中所解读到的文化要素,往往是零碎的,甚至是不引人注目的,或似乎是毫无"用处"的。但如果我们将几个文本中相似的文化要素进行整合与探究,也许就会发现教材编排的深刻用意,这一组文本在阅读教学效益、阅读能力发展的深度功能才真正显露出来。

统编教材"艺术之旅"单元编排了文言文《伯牙鼓琴》《书戴嵩牛图》以及《月

光曲》等文章。笔者发现这三篇文章都有"平等思想"。伯牙鼓琴,一介樵夫锺子期却能听懂琴音之"高山流水",这远胜于宫廷将侯、名门贵族;戴嵩画牛,有钱人士争相购藏,却不想由一牧童看出了画作之"谬";大音乐家贝多芬愿走进茅屋为盲姑娘弹琴一曲又一曲。在完成这三篇文章的教学之后,可以引导学生"再读"三文,反刍文意,发现相同之处,这三篇文章共同道出的一个真理:无论是对艺术的感知,还是对艺术的创作,无论身份贵贱、地位高低,艺术面前人人平等。这样深刻的认识,也正是"艺术之旅"单元让学生获得的精神成长。

再如,统编教材"走近鲁迅"单元收录了鲁迅的作品《少年闰土》《好的故事》等,前者是小说,虚构为主,后者是散文诗,描写一个梦境,两者看似风马牛不相及。在完成两课教学后,可以引导学生异中求同:虽然两篇课文文体与内容大不相同,但所涉及的地方、事物、景致等有何相同之处吗? 在师生共同探究中,可以发现两文相同的是浓浓的"故乡情怀"。小说《故乡》写的是"回乡寻梦"却又带着失望与悲凉而离开故乡的故事,表达出一个出走异乡的现代文明人对于故乡的眷恋,一种难以割舍的深沉的乡土情怀。在《少年闰土》中提到的一些内容,比如,故乡郑重讲究的祭祀风俗,大户人家忙于做工的规矩,农村孩子捕鸟、看瓜的特别经历等,都充满了浓郁的乡土文化气息。而《好的故事》所依托的梦境中的景物原形,来自作者魂牵梦萦的故乡。作者提到"曾坐小船经过山阴道",所描绘的小河两岸的风物人情,都有浓郁的江南水乡特质。此刻,也可让学生再谈谈鲁迅作品中的"故乡情怀",以及其他作家作品的"故乡情怀",从而让学生深深感受到,文学来源生活,情怀来自故土;故乡情怀,是作家灵魂深处最深的烙印。这也正是学生深度阅读的开始。

总之,文化要素是"语文要素"理念的一个层面,我们在关注文本内容、文体特点、语言表达等语文要素的同时,也应该关注文本的文化要素。文化具有历史性、渗透性和积淀性,文化要素的准确解读与教学实施,将有助于学生深度阅读能力的锻炼,有助于学生积淀并提升文化素养。

4-2 教学设计

统编义务教育教科书《语文》六年级上册第八单元

走近鲁迅

　　本单元围绕着"走近鲁迅"这一主题,安排了《少年闰土》《好的故事》两篇精读课文,《我的伯父鲁迅先生》《有的人——纪念鲁迅有感》两篇略读课文,习作《有你,真好》以及语文园地。

　　第八单元的篇章页有三部分内容。上面部分写着"有的人活着,他已经死了;有的人死了,他还活着。——臧克家",节选自臧克家《有的人》一诗,点明了本单元的主题是关于鲁迅先生的。中间部分写着"借助相关资料,理解课文主要内容;通过事情写一个人,表达出自己的情感",提示了本单元学习的语文要素是:阅读时,要学习借助相关资料来理解课文主要内容;感悟课文借事写人、表达情感的方法;习作时,能通过事情写一个人,表达出自己的情感。下面部分配有鲁迅肖像的插图,并以标注的形式简要地介绍了鲁迅生平、作品等,为学生"走近鲁迅"的学习之旅打开了探索的大门。

　　从语文要素看,本单元选文文体多样,有小说、散文、诗歌等。前两篇文章展现了鲁迅文学作品的特色,以轻灵欢悦或情景交融的笔调,表达出作者对美好的新生活、新世界的憧憬。后两篇是他人纪念鲁迅的文章与诗歌,表达对鲁迅先生伟大精神的敬仰与赞颂。这些文章,有的写于现代文学初创时期,语言表达均与现在有所不同,有的涉及当时的社会背景,理解有一定难度,需要学生借助相关资料来理解课文主要内容。从习作的语文要素看,《少年闰土》《我的伯父鲁迅先生》都是"通过事情写一个人"的范例,值得学生学习借鉴。

　　从文化要素看,同为"鲁迅"主题,主要展现鲁迅文学特色或歌颂鲁迅品格精神。文本出自不同的作者,出自相同或相邻的时代,所呈现的文化思想有同也有异。前两篇都是鲁迅的作品,有相似的文学主旨,直接或间接地反映现实社会的黑暗与悲凉,表达作者创造、憧憬新生活的理想。《少年闰土》选自鲁迅的短篇小说《故乡》,通过"我"的回忆,刻画了见识丰富、活泼可爱、聪明能干的农村少年闰土的形象,反映了"我"与儿时伙伴短暂而真挚的友谊以及对他的怀念之情。从整部小说来看,作者将"少年闰土"与"中年闰土"作对比,表现出残酷的命运给人们带来的巨大变化。散文《好的故事》以梦幻的形式,描写了一个没有"故事"的"好的故事",以情绘景,情景交融,饱含作者美的情感、美的理想,寄寓了作者深邃的思想和执着的追求。

后两篇都是纪念鲁迅的作品,都赞颂了鲁迅先生的崇高品格与伟大精神。《我的伯父鲁迅先生》是现代作家周晔的散文,通过回忆伯父鲁迅的几件事,反映鲁迅先生读书一丝不苟、同情和关怀劳动人民的性格特征,赞扬了鲁迅"为自己想得少、为别人想得多"的优秀品质,同时又表达了作者对鲁迅的无比怀念、热爱与敬仰之情。《有的人》是当代诗人臧克家为纪念鲁迅逝世十三周年而写的一首抒情诗。诗人以高度浓缩概括的诗句,总结了两种人、两种人生选择和两种人生归宿,讴歌了鲁迅先生甘为孺子牛的一生,抒发了对那些为人民而活的人们由衷的赞美之情。

24 少年闰土

(一)文本解读

1. 文体特点。

(1)小说文体。本文选自鲁迅的短篇小说《故乡》。这部小说以"我"回故乡的活动为线索,按照回故乡、在故乡、离故乡的情节安排,依据所见所闻所忆所感,着重描写闰土和杨二嫂的人物形象,反映辛亥革命前后农村破产、农民痛苦生活的残酷现实。本文所选的是"我"回忆与少年闰土的交往这个片段,线索清晰,情节简单,但同样突出人物形象的刻画,为"中年闰土"的出现埋下了伏笔。

(2)结构清晰。文章层次清晰,以主要人物"闰土"为线索,以记忆中的画面为始,以两人离别、互赠礼物为终,主要写了月下看瓜刺猹的闰土、初次相识时的闰土、给我讲新鲜事的闰土三块内容,人物形象也在描写中逐步丰满起来,给读者留下深刻的印象。

(3)形象鲜明。本文借助对人物的外貌、语言、行为的描写,通过记叙闰土给"我"讲雪地捕鸟、海边拾贝、看瓜刺猹、看跳鱼儿四件事,刻画出农村少年闰土的形象:见识丰富、活泼可爱、聪明能干。从整部小说来看,这个形象与卑微世俗、迷信麻木的中年闰土,形成了鲜明的对比,反映出残酷的社会现实带给人们的巨大变化。

2. 人文底蕴。

(1)社会背景。本文的出处——小说《故乡》反映的是辛亥革命前后农村日益贫困、民不聊生的悲惨现实,指出了由于受封建社会传统观念的影响,劳苦大众所受的精神上的束缚,造成纯真人性的扭曲、人与人之间的冷漠。本文是"我"的美好记忆,是小说中唯一的亮色,也是小说"对比手法"最为彰显的部分,由此更加突出当时社会现实的残酷,突出小说"悲凉、沉郁"的总基调。

(2)乡土情怀。小说《故乡》写的是"回乡寻梦"却又带着失望与悲凉而离开故乡,字里行间表达出一个出走异乡的现代文明人对于故乡的眷恋,一种难以割舍的深沉的乡土情怀。在本文叙述中提到的一些内容,比如,故乡郑重讲究的祭祀风俗,大户人家忙于做工的规矩,农村孩子捕鸟、看瓜的特别经历,等等,都充满了浓郁的乡土文化气息。

（3）少年精神。本文呈现的内容与小说总体基调有着天壤之别,写的是"我"美好的印象,展现的是一个与中年闰土截然不同的少年闰土形象,他见多识广,活泼可爱,聪明能干,无拘无束,自由自在。"我"由衷地感叹:"阿! 闰土的心里有无穷无尽的稀奇的事,都是我往常的朋友所不知道的。他们不知道一些事,闰土在海边时,他们都和我一样只看见院子里高墙上的四角的天空。"闰土的自在、健康、活泼、勇敢,正是"我"心目中渴望的,是"我"理想中的少年应该具有的精神。

3. 语言表达。

（1）画面定格。文章开头以电影镜头的呈现方式,展现一幅美好的画面:夜空深蓝,圆月金黄,海边沙地种着的碧绿的西瓜一望无际,刺猹的少年淳朴、镇静、勇敢……这画面正是"我"记忆中的美好童年的幻影,也是"我"回乡之旅的精神寄托。作者以白描的手法描摹景物、刻画人物,定格为人物形象的经典画面,以其空间广阔、形象鲜明的特点深深印在了读者的心上。

（2）语言到位。雪地捕鸟、海边拾贝、看瓜刺猹、看跳鱼儿四件事,都是通过闰土的语言呈现出来的。细读闰土的语言,可以发现三个特点。一是在内容上突出农村少年的特点,见多识广,如数家珍。二是语言艺术上富有情境感,"要管的是獾猪,刺猬,猹。月亮地下,你听,啦啦地响了,猹在咬瓜了。你便捏了胡叉,轻轻地走去……"这些正是闰土的亲身体验,所以说起来让人有身临其境之感,自然而然地在"我"心中留下了经典的画面。三是语句结构上短句短语居多,口语化突出,尤其是闰土关于看瓜刺猹的口头叙述的轻松、灵动,与文章开头关于瓜地刺猹画面的书面描述的严谨规整,形成了鲜明的对比,突出了不同语言的魅力。

（3）语句深刻。因作品创作时代、社会背景与现在不同,作者创作主旨深邃,课文中部分语段是学生阅读理解的难点,也是重点。比如,"我素不知道天下有这许多新鲜事:海边有如许五色的贝壳;西瓜有这样危险的经历,我先前单知道他在水果店里出卖罢了","阿! 闰土的心里有无穷无尽的稀奇的事,都是我往常的朋友所不知道的。他们不知道一些事,闰土在海边时,他们都和我一样,只看见院子里高墙上的四角的天空",像这些语句,需要学生了解写作背景,借助相关资料来理解。

（二）学习目标

1. 基础目标。

（1）借助形近字比较、归类写字等经验,端正书写"郑、拜、租、厨、毡、羞、撒、缚、獝、伶、俐、窜"12个字。结合课文语境,查找资料理解"家景、无端"等词语。

（2）借助研读对话、揣摩心理、体会形象等方式,有感情地朗读课文。背诵第1自然段。

（3）通过研读重点语段等方式,感悟课文刻画人物形象的方法,感受闰土见识丰富、活泼可爱、聪明能干的农村少年形象。

2. 特色目标。

（1）通过查找相关资料、了解写作背景等方式,理解课文中含义深刻的语句。

（2）通过对比阅读语段、精选生活照片、模仿画面定格等方式,描写照片中定格的某个生活瞬间。

3. 发展目标。

通过本文阅读及对少年闰土的了解,产生后续阅读小说《故乡》的兴趣,了解人物命运与形象,感受作者的创作主旨、对比手法等,进一步了解鲁迅,丰富认知。

（三）学习设计

第一课时
板块一 关注单元 明确任务

1. 读篇章页。

自读篇章页,交流:关于这个单元的学习,你明晰了哪些信息?

2. 交流发现。

第八单元的主题是"走近鲁迅",学习要点是"借助相关资料,理解课文主要内容;通过事情写一个人,表达出自己的情感"。

3. 明确任务。

（1）了解编排。关于"走近鲁迅",本单元编排了哪些内容?

（2）自定任务。针对单元学习,可以做哪些方面的准备?

【设计意图】整体感知,自定任务,体现学习自主。关于鲁迅,学生了解得不多。整体感知单元编排,有助于学生及时了解、整体把握单元学习要点,及时明确学习任务与相关准备,促使学生借助课本及课余学习更多地了解鲁迅,真正走近鲁迅,学有成效。

板块二 预学反馈 整体感知

1. 导图预学。

（1）两点建议。关注两个方面:深奥难懂的词语;描写闰土的内容。

（2）四条攻略。提供预学攻略四条,按学习情况填写思维导图相关内容。

攻略2：聚焦有关词语
　朗读课文，感受不同之处（　）
　找出相关词语（　）
　理解这些词语（　）

攻略1：借助相关资料
　课文选自（　）
　作品创作的时代（　）
　当时语汇的特点（　）

深奥难懂的词语
　攻略1：借助相关资料
　攻略2：聚焦相关词语

攻略4：关注闰土
　围绕闰土的三部分内容（　）
　令我印象深刻的关于闰土的描写（　）
　朗读课文后我对闰土的初印象（　）

攻略3：读通课文
　发现难读字词（　）
　发现难读句段（　）
　我最喜欢的语段（　）

攻略3：读通课文，读准字词
攻略4：关注主角闰土的内容

基础...

预学《少年闰土》

2. 反馈感知。

组织学生依据自己的预学思维导图进行交流，分享初学成果。要点预设如下。

（1）理解词语。借助作品创作时代及语汇特点，梳理并理解"项带银圈、值年、素不知道、无端"等深奥难懂的词语；了解个别字词与现在用法的不同，如"带、阿、的、希奇"等。

（2）朗读课文。疏通难读的词语句段。

（3）感知大意。梳理出围绕闰土的三部分内容：记忆中的闰土、初次相识时的闰土、给"我"讲新鲜事的闰土。板书：

（4）交流印象。交流各自初读课文后对闰土的初印象，结合相关的语句内容说一说，然后用简洁的词语写在板书相应的区域。

【设计意图】高年级阅读教学，应该充分发挥学生的自学能力。借助预学思维导图，梳理课文大致内容。一是缩短学生学情与作品年代的距离，二是帮助学生把握课文整体内容。既扫清阅读障碍，又直奔阅读重点，感知人物特点，为下个板块学习打下基础。

板块三　聚焦对话　感悟形象

1. 引入重点。

同学们很会学习。有的同学从"记忆中的闰土"语段的外貌、行为描写中感受到闰土的勇敢；有的同学从"初次相识时的闰土"语段的外貌、神态描写中感受到闰土的淳朴、羞涩以及对"我"的友好。而对闰土的印象,更多来自"给我讲新鲜事的闰土"这部分内容。接下来我们就重点学习这个部分。

2. 自学研读。

（1）学习建议。

"给我讲新鲜事的闰土"学习单

学习项目	交流互评
1. 默读,思考:闰土给"我"讲的新鲜事有哪几件? 用小标题概括。	☆ ☆ ☆ ☆ ☆
2. 细读,标注:闰土是个怎样的少年? 画出相关语句并做好旁注。	☆ ☆ ☆ ☆ ☆
3. 共读,体会:体会人物当时的心情,与同桌分角色有感情地朗读对话。	☆ ☆ ☆ ☆ ☆

（2）学生学习。

3. 交流分享。

组织交流,随机丰实板书。交流的要点预设如下。

（1）新鲜四事。（雪地捕鸟、海边拾贝、看瓜刺猹、看跳鱼儿）

（2）闰土形象。

①见识丰富。重点体会并朗读雪地捕鸟、海边拾贝的话语。

②聪明能干。重点体会并朗读雪地捕鸟、看瓜刺猹的话语。

③活泼可爱。重点体会并朗读话语中带有"你"的部分,与相识才一天的小伙伴亲密无间、亲如一家的感觉,甚是可爱。

（3）感情朗读。分角色朗读,读出闰土的活泼可爱、如数家珍,以及让人身临其境的感觉。读出"我"万般好奇、羡慕与向往的感觉。

4. 小结写法。这个部分突出了人物语言的描写,生动有趣,凸显人物个性特点。

【设计意图】依据学情,直奔重点。采用聚焦式研读,注重阅读效率的提升。以学生独学、互学为主,借助默读思考、细读批注、共读体会等方式,创造充分的学习空间,锻炼学生学习能力,既关注课文内容,也关注习作手法,追求言意共习兼得。

板块四 书写字词 积累语言

1. 书写生字。

（1）试写生字。学生试写 12 个生字,感受具体写法。

（2）组织交流。哪几个字的书写需要提醒注意? 或,有哪些写好生字的诀窍? 要点预设如下。

拜:字理学习。会意字,从两手,从下。《说文解字》古文上像两手,丁为"下"的古体。隶书将"丁"（下）并入右边的"手"之下而成为"拜",一直沿用至今。

厨:与"橱"辨析。厨,与烹饪烹调有关,厨房,厨师,厨艺,下厨。橱,指木质柜子,橱柜,橱窗,衣橱。

（3）再度书写。

2. 积累语言。

摘抄本文中自己喜欢的语句。

【设计意图】独立环节,静心写字。根据课堂密度与学情需要,安排单独的写字积累环节,有助于学生安静学字、书写、积累,既锻炼独立的识字写字能力,又借助字理学习、形近辨析的方式,巩固强化学习效果。

第二课时
板块一　借助资料　理解深意

1. 关注感想。

（1）独立思考。从上节课的学习中,你读到了闰土是个怎样的少年?

（2）默读自学。当"我"遇见这么一位少年,与他相识相知,有哪些感受呢?默读课文,画出相关语句,做好旁注。

（3）交流反馈。结合相关语句说一说。要点预设:佩服,喜欢,羡慕,感慨……

2. 理解深意。

（1）聚焦难点。这些语句中,有无较难理解的? 预设两处:

我素不知道天下有这许多新鲜事:海边有如许五色的贝壳;西瓜有这样危险的经历,我先前单知道他在水果店里出卖罢了。

阿! 闰土的心里有无穷无尽的希奇的事,都是我往常的朋友所不知道的。他们不知道一些事,闰土在海边时,他们都和我一样,只看见院子里高墙上的四角的天空。

在以上句子中圈出你认为最难理解的词句。

（2）提供资料。这是一部小说,"我"不是鲁迅本人,但这是鲁迅以自己的生活经历为参照而创作的,所以鲁迅童年生活情况也许能帮助我们理解课文。资料如下。

鲁迅于 1881 年出生于浙江绍兴一个大家庭。祖父是京官,周家有四五十亩水田,家境殷实,日常生计绰绰有余。周家上下弥漫着书香人家的气氛,希望子孙做读书人。家中有很多藏书,从《十三经注疏》《四史》到《王阳明全集》《文史通义》,从《古文析义》《唐诗单集》到科举专用的《经策统第》,应有尽有。

鲁迅 12 岁时来到私塾"三味书屋",拜本城中极方正、极有学问的寿镜吾老先生为师,一直读到 17 岁。在这里,鲁迅熟读儒家经典,在课余广泛阅读儒家之外的各种杂书。

（3）理解含义。联系资料,理解并用自己的话说说"素不知道""四角的天空"等这两句的意思。

①"素不知道"一句:"我"向来不知道这许多新鲜事,因为"我"是大户人家的少爷,过着衣来伸手饭来张口的生活,从未接触过这些事。此处表达了"我"对闰土的羡慕与钦佩。

②"四角的天空"一句:我们这些少爷,关在私塾念书,整天生活在大院里,不能广泛地接触大自然,像井底之蛙,眼界狭窄。这句话表达了"我"对自己所处环境的感慨与不满,流露出对农村丰富多彩的生活的向往。

3. 朗读语句。

有感情地朗读相关语句,读出"我"的羡慕、钦佩或感慨、向往。

【设计意图】借助相关资料理解课文内容,落实单元语文要素。本环节采用聚焦难点、提供资料、联系理解等方式,帮助学生化解难点,理解课文。在相关资料的提供方面,依据了作者小说创作原型的特点,特地收集了鲁迅童年生活资料,帮助学生了解"少爷"的富裕家境、念书生活造成的"素不知道""四角的天空"这样的现实,从而体会语句中的情感。

板块二　对比阅读　发现秘妙

1. 关注"相似"。

（1）思考发现。以上我们研读的是含义深刻的语言,大家有没有发现在课文中有意重复或相似的内容?

（2）交流反馈。"看瓜刺猹",课文开头、中间人物对话都写了。

2. 发现不同。

（1）提出建议。我们来进行一次对比阅读,看看这"相似"的内容有哪些不同?

对比阅读"看瓜刺猹"之不同

四个角度	课文开头部分	课文中间部分
①从描写方法看	属于（　）描写	属于（　）描写
②从语言特点看（打√选择）	长句（　）短句（　） 书面（　）口语（　） 优美（　）活泼（　）	长句（　）短句（　） 书面（　）口语（　） 优美（　）活泼（　）
③从朗读感觉看（打√选择）	抒情、悠长（　） 亲切、轻快（　）	抒情、悠长（　） 亲切、轻快（　）
④从作者用意看	主要用于（　）	主要用于（　）

（2）小组学习。朗读,思考,讨论,记录。

（3）交流总结。

在交流时结合具体的语句来说。

重点感悟:场景描写的抒情,强烈的画面感;人物语言描写的亲切、活泼,以及对人物形象刻画的作用。

学习小结:两处各有所用,各有所妙。

3. 朗读体会。

【设计意图】发现表达秘妙,是阅读教学的最大追求。本环节结合课文关于"看瓜刺猹"有两处描写的特点,组织学生采用对比阅读的策略,从四个角度进行比较,发现两处各自的表达秘妙。学有所导,导有所重,重有所得,也为下个环节的推进打下了基础。

板块三 描写瞬间 迁移表达

1. 朗读背诵。

课文开头一段话,是小说《故乡》整部作品中的亮色,是"我"记忆中的美好童年的幻影,语言优美,画面感极强,值得我们朗读与记忆。学生有感情朗读并练习背诵。

2. 描写瞬间。

(1)提出任务。照片凝固了我们生活中的一个个瞬间。从你的照片中选一张,仿照第1自然段写一写。

(2)提示要点。可以先读读第1自然段,发现其描写的特色。交流,小结:①有层次感,先写景物,再写人物活动;②景物描写有侧重,突出方位、范围、色彩等;③人物描写有侧重,突出外貌、动作等。以上值得借鉴。

(3)学生练笔。教师巡视了解。

(4)展评分享。评议要点:①描写层次是否清晰;②是否有景物描写 + 人物描写;③景物描写、人物描写是否各有侧重。

【设计意图】迁移运用表达方法,是阅读教学的终极目标。本环节紧扣课文习题要求,以仿照课文为突破口,以解读习作要点为策略,让学生习得方法,学以致用。展评分享的评议要点,与文本解读相呼应,体现迁移有法,练笔增效。

25 好的故事

一、文本解读

1. 文体特点。

(1)散文诗体。文章形散而神聚,语言以诗行呈现,描写了一个没有"故事"的"好的故事"。"好的故事",其实是一个梦境,重点描绘了梦境的美丽、幽雅、有趣,有美的景,"美的人和美的事"。从整个故事来看,表现了作者对于昏沉现实的否定,对于美好理想的追求、美好生活的向往。

(2)虚实交织。整个作品既描写梦境理想的美好,如"澄碧的小河""闪烁的日光",也表现现实生活的无奈,如"昏沉的夜""昏暗的灯光";既表现现实与理想的对抗,也揭示作者内心世界的向善追求。作品以梦幻与现实相交织的方式,用梦境反衬现实的无奈,用现实衬托梦境的美好,从而表达作者对"永是生动,永是展开"的美好生活的憧憬。

（3）情景交融。作者运用寓情于景的写法，以情绘景，情景交融，在这美好极致的艺术图景中，饱含作者美的情感、美的理想，寄寓了作者对于理想热烈并执着追求的深情。虽然这动人的美景是存在于梦境中的，是幻化出来的，当"我正要凝视他们时，骤然一惊，睁开眼，云锦也已皱蹙，凌乱，仿佛有谁掷一块大石下河水中，水波陡然起立，将整篇的影子撕成片片了"，但是在文末还是这样写道"我总记得见过这一篇好的故事，在昏沉的夜"，作者将对"这一篇好的故事"的"真爱"表达到了最后。

2. 人文底蕴。

（1）现代文学。课文写于现代文学的初创时期。现代文学发端于五四新文学运动和文学革命，提倡科学、民主和社会主义，反对文言文、提倡白话文为主要旗帜，向封建旧文学展开了猛烈进攻，从内容到形式，发生了巨大变革，开始了文学现代化的历史进程。现代文学初期的语言形式，处于文言文向白话文转变时期，语言表达与现在不完全一样。对小学生来说，有些词语比较难懂。所以初读时遇到难懂的词语可以先跳过去，再读时试着联系上下文理解它们的意思。

（2）故乡情怀。"好的故事"所依托的梦境中的景物原形，来自作者魂牵梦萦的故乡。作者提到"曾坐小船经过山阴道"，所描绘的小河两岸的风物人情，都有浓郁的江南水乡特质。故乡的"美丽，幽雅，有趣"，深深印刻在作者的心上，以至于"蒙胧中"，"看见一个好的故事"，也全都是故乡的景，故乡的人，以及身在故乡的那种惬意，舒适，亲切，美好，"永是生动，永是展开"，"看不见这一篇的结束"。故乡情怀是作家最深的灵魂烙印。

（3）古籍渊源。课文中提到的《初学记》，是古代中国综合性类书。共三十卷，分二十三部。本书取材于群经诸子、历代诗赋及唐初诸家作品，保存了很多古代典籍的零篇单句。此书的编撰原为唐玄宗诸子作文时检查事类之用，故名《初学记》。由唐代徐坚撰写。徐坚（659—729年），字元固，湖州人。著有文集三十卷，《新唐书·艺文志》传于世。

3. 语言表达。

（1）写景渲染。《好的故事》景物描写占了主要篇幅。以江南水乡的风物景色为主要内容，以"澄碧的小河"为景的中心，带出了对小河两岸的乌桕，新禾，茅屋，鸡，狗，村女，大红花等众多景物的描绘，细腻的观察和真实的描写相映成趣，呈现了一幅诗意又真切的江南风土画幅。描写动静结合，"诸影诸物，无不解散，而且摇动，扩大，互相融和；刚一融和，却又退缩，复近于原形"，"……都在水里面浮动，忽而碎散，拉长了"，展现了景物动态之美。

（2）含蓄抒情。从整个作品来看，作者通过一个梦幻的"好的故事"，表达对昏沉现实的厌弃与否定,表达对美好理想的向往与追求。作品的抒情始终做到了含蓄内敛,以写景的方式来抒情,寓情于景,在"美丽,幽雅,有趣"的景物描绘中寄寓对美好的向往与追求,在"昏沉的夜""昏暗的灯光"中寄寓对现实的否定与厌弃,表达对现实的无奈,"……何尝有一丝碎影,只见昏暗的灯光,我不在小船里了"。

　　（3）象征深刻。小船、河、青天、云锦……在作品中都具有特定的象征性意义,寄托着作者深刻的情思。比如,"小船"仿佛是新生活的航船,带领"我"驶入崭新的美好的理想境界中。"河"象征着美好生活的载体,那里映照着一切美好的事物。"水中的青天的底子","永是生动,永是展开",则是新理想美好永生的状态。"大红花一朵朵全被拉长了,这时是泼剌奔进的红锦带。带织入狗中,狗织入白云中,白云织入村女中",景物取自江南水乡,但要比人们日常所见的更美丽、更动人,象征新的生活愈加美好,令人向往。

　　二、学习目标

　　1.基础目标。

　　（1）借助形近字比较、归类写字等经验,正确书写"搁、综、澄、萍、藻、漾、焰、削、瞬、凝、骤、掷、陡"13个生字。

　　（2）采用跳读、回读,并结合课文注释、联系上下文等方式,理解"山阴道、幽雅、陡然"等词语。

　　（3）结合课文内容,感受并说说这故事的美丽、幽雅、有趣。

　　2.特色目标。

　　（1）结合相关资料,说说对课文最后两个自然段的理解。

　　（2）通过朗读体会,感受作品寓情于景、情景交融的手法,感悟作者对美好理想的追求与向往。

　　3.发展目标。

　　通过本文阅读,感受鲁迅作品特色与故乡情怀,产生后续阅读相关作品的兴趣,进一步了解鲁迅,丰富认知。

　　三、学习设计

第一课时

板块一　跳跃难词　初读感知

　　1.读通课文。

　　（1）自读课文。朗读课文,借助拼音把字词读准,语句读通,难读之处多读几遍。

　　（2）朗读反馈。指名分段朗读课文,重点正音:鞭爆、膝髁、伽蓝、参差、水银色焰、瘦削、泼剌、皱蹙、虹霓色。

　　2.发现不同。

（1）发现不同。在朗读课文时有没有发现与现在用法不同的标点、词语吗？找一找,圈一圈。

（2）交流不同。组织学生交流所发现的不同之处。要点预设：

①词语：鞭爆（鞭炮），膝髁（膝盖），蒙胧（蒙眬），倒影（倒映）

②标点：

"和尚,蓑笠,天,云,竹,……"（现在的用法是"和尚,蓑笠,天,云,竹……"）此种情况文中有两处。

"我就要凝视他们……。"（现在的用法是"我就要凝视他们……"）此种情况文中有三处。

（3）明确用法。课文写于现代文学的初创时期。处于文言文向白话文转变时期,语言表达与现在不完全一样。我们现在的写作及日常表达中,要遵照现在标点符号的使用要求,禁用课文中这种用法。

3. 初知大意。

正因为这样,在初读课文的时候,遇到难懂的词语,不用着急,可以先跳过去,先大致看看课文写了什么。

（1）跳过不懂。自读课文,圈出不懂的词语,并跳过去阅读。反馈：圈出了哪些词语？统计并确定重点的难懂词语,做上记号,在学习过程中结合课文语境解疑释惑。

（2）初知大意。依据思维导图,提取主要信息。前面四块内容以选择的方式提取信息,第五块选做。

交流反馈。《好的故事》发生在一个昏沉的夜。故事其实是一个梦境,美丽,幽雅,有趣。重点写"好的故事"（梦境）。作者表达出对好故事的喜爱。（其他,据学情而定）

【设计意图】尊重学情起点是教学实施的必备原则。因本文创作年代的特殊性,阅读伊始学生有畏难情绪,因此在读通课文、感知大意等任务上放缓了节奏,给予学生充分的时间去读通读顺语句,去发现文中与现在用法不同的词语、标点,再借助思维导图,以选择答案的方式梳理课文大意,搭建学习阶梯,降低学习难度,为后续学习做好铺垫。

板块二 再读故事 探寻"好"迹

1. 聚焦"好"梦。

从第一环节的学习中,已经知道"好的故事"其实是——(一个梦境),故事的"好"有三个特点——(美丽,幽雅,有趣)。那么,这故事的美丽,幽雅,有趣,体现在哪里呢? 我们来研读课文。

2. 自探"好"迹。

(1)学习建议。默读课文第3至9自然段,思考:这故事的美丽,幽雅,有趣,体现在哪里呢? 画出相关语句并做好旁注。(可以依据学情,给学生做旁注示范,如下)

> 　　我仿佛记得曾坐小船经过山阴道①,两岸边的乌桕,新禾,野花,鸡,狗,丛树和枯树,茅屋,塔,伽蓝,农夫和村妇,村女,晒着的衣裳,和尚,蓑笠,天,云,竹,……②都倒影在澄碧的小河中,随着每一打桨,各各夹带了闪烁的日光,并水里的萍藻游鱼,一同荡漾。

> 美丽:众多景物令人应接不暇,想象空间很大。

(2)学生自学。之后与同桌分享。

3. 交流"好"语。要点预设如下。

(1)美丽。结合注释理解"山阴道",体会舟行碧波之上,景物渐近,扑面而来,令人应接不暇之美感。

(2)幽雅。结合语句"都倒影在澄碧的小河中,随着每一打桨,各各夹带了闪烁的日光,并水里的萍藻游鱼,一同荡漾",朗读并体会故事的幽静、雅致,以及闲散轻快之美。

(3)有趣。结合语句,比如,"诸影诸物,无不解散,而且摇动,扩大,互相融和;刚一融和,却又退缩,复近于原形","……都在水里面浮动,忽然碎散,拉长了……","大红花一朵朵全被拉长了,这时是泼剌奔进的红锦带。带织入狗中,狗织入白云中,白云织入村女中……",借助朗读、体会,发现动静结合的描写手法,体会景物不仅有幽雅之美,更有灵动、变化之趣。

4. 回味"好"梦。

(1)体会用意。这个梦境的"美丽,幽雅,有趣",这一组词语在文中出现了几次?(两次,在第4自然段和第8自然段。)为什么出现两次? 你觉得作者有什么用意?

自己读一读,体会体会。

（2）组织交流。预设:从文章结构看,这两处分别是这个部分的总起与总结,显得结构完整,就如梦境完整;从表达情感看,充分表达出作者对这个"好的故事"的喜欢、赞美与留恋。

（3）朗读故事。带着自己的理解,朗读课文第3至第9自然段,再次感悟故事的"美丽,幽雅,有趣",体会作者寄寓的情感。

【设计意图】紧扣课题之"好"字,展开推进式阅读。本环节思路清晰,围绕作者自己对"好"的诠释——"美丽,幽雅,有趣",聚焦重点语段,从相关语句中发现"好"、批注"好"、分享"好"、朗读"好",直至回味"好",一气呵成,使"好的故事"在学生心中也留下美好而深刻的印象。

板块三　结合字理　书写生字

1. 字理学习。

（1）"漾"字。从水,古文字形体像一道流水,表示水流长;从羕（yàng）,水长也,羕表声。"漾"本义是水流长;后指水面动荡,或液体溢出来。

（2）"瞬"字。先了解"舜",象形兼会意兼形声字。据篆文分析,上边是花草形象的演变,其中"炎"像花朵与枝蔓相连;下从舛,会枝叶交错蔓延之意。本义为一种蔓生植物。上古帝王名。

凡从"舜"取义的字,加上偏旁后,皆与花草、时间短等义有关,"瞬"就此而来,表示眼睛睁闭的时间,形容极短。

2. 自学生字。

运用形近字比较、归类识字等经验,学习生字。与同桌分享交流。比如,综（踪）,削（哨,捎,稍……）,陡（徒）。

3. 书写生字。

【设计意图】汉字文化源远流长。六年级汉字学习,除了依托已经积累的学习经验之外,依然需要借助汉字演变、字理发展的知识,以此来丰富对汉字文化的理解与积淀,使一个个汉字真正活起来,印刻在学生的认知世界里。

第二课时

板块一　借助材料　理解语段

1.回顾导入。

在上一课学习中,我们细致地感受了"好的故事"的"美丽,幽雅,有趣"。但是,这只是一个梦境。当梦醒来回到现实,作者又是怎样的心情呢?

2.朗读存疑。

自由朗读最后两个自然段,圈出你不理解的语句。比如,"追回他,完成他,留下他","何尝有一丝碎影,只见昏暗的灯光,我不在小船里了","但我总记得见过这一篇好的故事……"等。

3.阅读材料。

结合"阅读链接"中的材料,试着说说对课文最后两个自然段的理解。可以从材料中画出相关语句,与前面存疑的内容建立起联系。

4.分享理解。要点预设如下。

"昏沉的夜""昏暗的灯光"指的是"黑暗的现实";

"追回,完成,留下",指的是作者写下这个梦境,也表达作者希望拥有"这样美丽的生活";

"何尝有一丝碎影,只见昏暗的灯光……"表达了作者对梦碎、对现实的"怅惘与失望";

"但我总记得见过这一篇好的故事……"表达作者的理想依然在,他依然"强烈地追求"美好。

5.朗读体会。带着理解朗读这两个语段,感受作者的理想与现实之间的矛盾。

【设计意图】借助材料理解课文,落实单元语文要素。本环节采用自读存疑、阅读材料、发现并建立两者之间的联系,以文解文——以文学评论材料较为详尽细致的解读,来帮助学生加深对课文语言的理解,使"阅读链接"的相关材料更好地为学生理解课文服务。

板块二　统观首尾　感悟诗意

1.梳理结构。

(1)浏览课文。发现课文的结构有什么特点?

(2)梳理特点。课文首尾都写现实(昏沉的夜,昏暗的灯光),中间写梦境(好的故事)。

2.比较发现。

(1)思考用意。在写梦境时,"美丽,幽雅,有趣"出现了两次的用意我们已经讨论并知晓了。那么,写现实的"昏沉、昏暗"出现了几次? 有何用意?

（2）发现用意。也出现两次，表示强调，呈现现实的黑暗，表达作者对现实的失望、怅惘与厌弃。

（3）感悟用意。作者既写现实又写梦境的真正用意是什么？可以用这样的句式说一说。

作者用_____的梦境衬托出现实的_____；同时也用_____的现实反衬出梦境的_____。表达出作者对现实的_____，对美好理想的_____。可见，作者抒情的方式是_____（①直接奔放的，②含蓄内敛的），寓情于景，情景交融。

【设计意图】用比较阅读的策略来化解阅读难点。本环节是课文理解方面最难的一步。巧妙借助课文关于现实与梦境的各有两处出现的语言点，通过比较去发现作者的用意，从而可以较好地体会作者在文中所表达的情感。

板块三　赏读语段　发现特色

1. 关注景物。

（1）再读梦境。思考：关于梦境的描述，作者主要运用了什么描写？（景物描写）

（2）品读描写。默读景物描写的语句，画出你最喜欢的部分，看看这样的描写为什么让你喜欢？做好批注。

（3）赏析分享。要点预设如下。

①简约罗列。"两岸边的乌桕，新禾，野花，鸡……"一句中，景物以短促的词语罗列出来，简约，但富有想象空间，使得整个画面有移步换景之感。

②动静结合。"诸影诸物，无不解散，而且摇动，扩大，互相融和；刚一融和，却又退缩，复近于原形""……都在水里面浮动，忽而碎散，拉长了"，展现了景物动态之美。

③故乡情怀。"曾坐小船经过山阴道"，梦境中的景物均取材于作者的故乡绍兴，展现江南水乡的风物画卷，浓郁的故乡情怀渗透于字里行间，呈现出作者心灵故乡的"美丽，幽雅，有趣"。

（4）学以致用。学习课文简约罗列、动静结合的方法，描写你印象深刻的一幅景物，表达你内心的喜欢与赞美。

2. 初感象征。

（1）搭设台阶。从学习中我们已经知道"昏暗的灯光"，"昏沉的夜"，字面是指晚上的情景，深意是指黑暗的现实，这就是诗歌特有的表达方式——"象征"。

（2）自读发现。再读读梦境部分，看看有没有一处景物也有一定的象征意义。小组内交流。预设："小船"仿佛是新生活的航船，带领"我"驶入崭新的美好的理想境界中；"河"象征着美好生活的载体，那里映照着一切美好的事物；"水中的青天的底子"，"永是生动，永是展开"，则是新理想美好永生的状态；"大红花一朵朵全被拉长了，这时是泼剌奔进的红锦带。带织入狗中，狗织入白云中，白云织入村女中"，景物取自江南水乡,但要比人们日常所见的更美丽、更动人,象征新的生活愈加美好,令人向往。

3. 推荐阅读。

课文选自鲁迅创作的一部散文诗集《野草》。诗集内容形式多样,想象丰富,构思奇特,语言形象,富有抒情性和音乐性,成功地运用了象征手法,具有强烈的艺术感染力;以独语式的抒情散文形式,诗性的想象与升华,深化了中国散文诗的艺术和思想意境。推荐阅读《野草》中的《秋夜》《雪》《风筝》等篇章。

【设计意图】赏析课文,视学情而定。其中景物描写的赏析,从学生自己喜好出发,去关注、发现,然后学以致用,练笔片段,小试牛刀。而象征意义的发现,从已经发现的语言点切入,尝试发现别处,从而感受鲁迅作品的特点,为课外阅读鲁迅的其他作品埋好伏笔。

26 我的伯父鲁迅先生

一、文本解读

1. 文体特点。

(1)叙事散文。《我的伯父鲁迅先生》是现代作家周晔于 1945 年(鲁迅逝世九周年之际)创作的一篇散文。文章以叙事为主,从小处落笔,通过回忆伯父鲁迅生前给作者留下深刻印象的几件事,赞扬了鲁迅"为自己想得少、为别人想得多"的崇高品质,表达了作者对鲁迅的无比怀念、热爱与敬仰之情。全文构思高明,脉络清晰,叙事清楚,行文童言真心,读来亲切感人。

(2)结构明晰。文章先概述众人哀悼鲁迅的场景,再分述"趣谈《水浒》、笑谈碰壁、燃放花筒、救助车夫、关心女佣"等几件事,最后总结"伯父就是这样的一个人,他为自己想得少,为别人想得多",呼应开头,点明主题。行文上采用了空行为标志的段落分割,使文章结构与脉络显得格外清晰。

(3)儿童视角。鲁迅文学院副院长王彬在《现代散文鉴赏辞典》中这样写道:"鲁迅在世的时候,周晔是一个'还小,根本不知道鲁迅是谁'的小姑娘。她成年后写文章纪念鲁迅,便是要'再现'当年小姑娘眼里伯父的风采,而不是'再造'一个伟人的形象。这样,就使《我的伯父鲁迅先生》一文具有许多耐人寻味的地方了。童心真言。文中记叙的事情都是真真切切,充满了生活气息的。"

2. 人文底蕴。

(1)鲁迅精神。指鲁迅所具有的高尚精神,一是"他的政治远见",二是"他的斗争精神",三是"他的牺牲精神"。毛泽东对鲁迅先生充满着敬意,称颂鲁迅在中国的价值,将这三点概括为"鲁迅精神"。本文所赞颂的"为自己想得少、别人想得多"

的崇高品质,正是鲁迅精神的一部分。"横眉冷对千夫指,俯首甘为孺子牛"成为鲁迅精神的象征。

(2)"碰壁"时代。"碰壁"是鲁迅对当时文人受到迫害的含蓄表达。鲁迅所处的时代,中华民族灾难深重,饱经内忧外患,鲁迅曾经用"风雨如磐""寒凝大地""万家墨面"描绘自己生活的时代。一方面,主权丧失,山河破碎,百姓流离,生灵涂炭;另一方面,自太平天国起义以来,维新变法,义和团斗争,辛亥革命,五四运动,中国人民从来没有停止过反抗。鲁迅就是在这种决定中华民族生死存亡的光明与黑暗、前进与倒退的搏斗中产生出来的思想巨人。

(3)纪念鲁迅。本文开头描述了众人追悼鲁迅的场面。作家巴金《永远不能忘记的事情》一文中,也描述了当时的情形——"我的眼睛也是不会受骗的。我看见了穿粗布短衫的劳动者,我看见了抱着课本的男女学生,我也看见了绿衣的邮差,黄衣的童子军,还有小商人、小店员,以及国籍不同、职业不同、信仰不同的各种各类的人。在这无数不同的人的脸上,我看见了一种相同的悲戚的表情。这一切的人都是被这一颗心从远近的地方牵引到这里来的。在这些时候我常想:这个被我们大家敬爱着的老人,他真的就死去了?……"

据史料记载,1936年10月,鲁迅因病逝世,很多文化界的名流纷纷赶来悼念,参与其治丧委员会的,包括宋庆龄、蔡元培、茅盾、内山完造、史沫特莱、沈钧儒等,这些人都是有着广泛影响力的著名人物。由此可见,鲁迅在当时国人中的地位有多高。

3.语言表达。

(1)以事写人。《我的伯父鲁迅先生》由多个事例构成,事例选择角度多样,有的是作者自身的体验,有的是身边发生的事件,有的是他人的评价,事例相对独立,但又有必然的联系——"鲁迅先生为自己想得少,为别人想得多"这一中心,真正体现了散文"形散而神不散"的特征,也是本单元语文要素"通过事情写一个人"的典范之作。而且,文章采用了第一人称叙事方式,回忆自己的亲身经历,使文章生动、真实、感人,更具说服力、感染力。

(2)形象鲜明。作者非常善于抓住语言、动作、神态来描写刻画人物形象。如"燃放花筒"一段,"我突然注意到他脸上的表情,那么慈祥,那么愉快,眉毛,眼睛,还有额上一条条的皱纹,都现出他心底的欢笑来",写出作者眼中自然放松、亲切欢乐的伯父形象。又如"救助车夫"一段,为了准确地写出鲁迅兄弟俩救治受伤车夫的情景连用九个动词——"扶、蹲、半跪、拿、夹、拿、洗、敷、扎",凸显了鲁迅"俯首甘为孺子牛"的感人形象。

(3)语义深刻。课文中有一些含义深刻的语句。比如,"四周黑洞洞的,还不容易碰壁吗","这时候,我清清楚楚地看见,而且现在也清清楚楚地记得,他的脸上不再有那种慈祥的愉快的表情了,变得那么严肃。他没有回答我,只把枯瘦的手按在我的头上,半天没动,最后深深地叹了一口气"等语句,学生需要借助一定的材料了解时代背景,了解社会一片黑暗、文人遭受迫害、劳苦大众水深火热的情形,从而理解其中含义,理解鲁迅心中对旧社会的无比憎恨、对劳苦人民的深切同情。

二、学习目标

1. 基础目标。

(1)通过默读课文、列小标题等方式,梳理课文大意。

(2)通过重点语段研读,感悟鲁迅爱憎分明,为自己想得少、为别人想得多的崇高品质。

2. 特色目标。

(1)结合相关资料、联系上下文,理解课文中含义深刻的语句。

(2)通过重点语段品读,学习抓住语言、动作、神态描写表现人物的方法。

3. 发展目标。

通过本文阅读,学习通过事情来写一个人的写作方法,为本单元习作目标的达成打好基础。

三、学习设计

第一课时
板块一　列小标题　感知大意

1. 初读课文。

(1)朗读课文。读准带拼音的生字词语,查阅资料了解作者。

(2)反馈交流。

①重点正音。殡(bìn)仪馆、吊唁(yàn)、囫囵(hú lún)吞枣、镊(niè)子、硼(péng)酸水、水浒(hǔ)传。

②作者信息。周晔(1926—1984),现代作家,浙江绍兴人。鲁迅三弟周建人和王蕴如的大女儿,鲁迅先生的侄女,故称鲁迅为"伯父"。鲁迅逝世时,周晔才十岁。《我的伯父鲁迅先生》是周晔回忆伯父的文章,写于鲁迅逝世九周年(1945年)。

2. 梳理大意。

(1)空行格式。浏览课文,思考:课文在行文方式上有什么特别之处?这种格式,对你的阅读有什么帮助?

(2)理清事件。借助文前的阅读提示展开学习:用较快的速度默读课文,想想课文写了关于鲁迅的哪几件事,给每件事加个小标题。

组织学生交流。趣谈《水浒》、笑谈碰壁、燃放花筒、救助车夫、关心女佣等五件事。小标题的要求:字数相同,结构相似,语言概括,意思准确。

【设计意图】借助阅读提示,是略读课文教学的好方法。以提示中的学习要求,推进学习任务的布置、展开与落实,较好地锻炼了学生的自学能力。同时巧妙融入"借助资料学习课文"这一语文要素,也进一步提升了学生的学习力。

板块二 研读事例 感受形象

1. 提示引入。

再看阅读提示的第二项任务:与同学交流,课文中的鲁迅给你留下了怎样的印象?

2. 学习建议。

师生共同讨论,形成学习建议:从五个事例中选择自己最想深入研读的两个事例;画出描写鲁迅的语句,圈出其中关键词,感受人物形象,做好旁注,完成学习单;之后小组内交流,成果汇总。

"鲁迅给我留下的印象"学习单

研读的事例 (小标题)	相关语句及关键词 (可用省略号代替,须注明关键词)	人物形象特点

3. 小组反馈。要点预设如下。

趣谈《水浒》:诙谐风趣,慈爱宽厚,关爱"我"的成长。

笑谈碰壁:幽默风趣。(备注:体会"不怕挫折,乐观面对"是个难点,本环节不必急于求成,可放入下一个环节,借助资料理解)

燃放花筒:有童心,亲切欢乐。

救助车夫:同情关心劳动人民。(备注:体会"憎恶旧社会"是个难点,也可放入下个环节)

关心女佣:关心照顾普通百姓。

4. 资料释疑。

(1)自由质疑。在刚才的学习中,有无觉得较难理解的语句语段?预设如下。

①"碰壁"究竟是什么意思?

②救助车夫后鲁迅先生应该是轻松愉悦的,而文中却说"那么严肃",为什么?

(2)引入资料。

鲁迅所处的时代,中华民族灾难深重,饱经内忧外患。国家主权丧失,山河破碎,百姓流离,生灵涂炭,劳苦大众的生活举步维艰。鲁迅曾经用"风雨如磐""寒凝大地""万家墨面"描绘自己生活的时代。当时社会非常黑暗,革命者没有言论自由,而鲁迅为了唤起民众觉悟,揭露国民党反动派的丑恶嘴脸,写出了一篇篇犹如匕首的杂文,引起反动派极度恐慌。他们查禁鲁迅的作品,不允许发表,对鲁迅本人进行了残酷的迫害。

(3)解疑感悟。

①"碰壁"是指鲁迅先生与反动势力做斗争时受到的挫折与迫害。"四周黑洞洞"是指当时社会黑暗,没有光明,没有民主与自由。感悟鲁迅不怕挫折、不惧迫害、顽强乐观的品质特点。

②"严肃"说明鲁迅先生看到了旧社会的罪恶,看到了劳苦大众的悲惨命运。感悟鲁迅先生对旧社会的极端憎恶与对劳苦人民的极大同情。

5. 比较升华。

(1)比较发现。从五个事例研读中,我们就感悟到的人物形象特点进行比较,让你感受最强烈的、印象最深刻的是哪一点?

交流。关心儿童成长,关心劳苦大众,关心普通百姓——关心他人多一些;面对自己的挫折就是一"笑"而过——关心自己少一些。

(2)感悟中心。关心他人多一些,关心自己少一些。课文中有一句话正好也表达了这个意思。请找出来,读一读。

——的确,伯父就是这样的一个人,他为自己想得少,为别人想得多。

6. 感情朗读。

选择自己感受最深的语段,有感情地朗读,体会作者的回忆、感念与歌颂。

【设计意图】略读课文,自学为主。本环节突出自读自悟人物形象的策略,给予学生学习、感悟、交流的空间。在难点的突破上,落实单元语文要素,借助时代背景资料,理解含义深刻语句,升华对人物形象的感知。在推进学生读悟与理解文章中心之间,采用比较、发现之法,自然而然,水到渠成。

板块三 统观全文 感悟写法

1. 人物细节。

(1)聚焦语段。五个事例中,哪个事例的描写最为细致,最能凸显"为别人想得多,为自己想得少"的主旨?(救助车夫)

(2)细读描写。默读,圈画出描写鲁迅动作、语言、神态的词句,思考:哪一处描写让你觉得印象深刻、鲁迅的形象跃然纸上?

(3)交流。预设如下。

①写鲁迅兄弟俩救治受伤车夫的情景,连用九个动词——"扶、蹲、半跪、拿、夹、拿、洗、敷、扎",凸显了鲁迅"俯首甘为孺子牛"的感人形象。

②联系"解疑"环节,感受神态描写凸显鲁迅"同情劳苦大众"的崇高形象。

(4)学习小结。要善于抓住人物的动作、神态、语言等描写,来刻画人物形象。

2. 总体架构。

（1）回顾首段。课文第一段与下面内容有什么联系？（第一段是作者在鲁迅先生追悼现场看到伯父受到人民的爱戴；后几段便是作者的回忆，以叙事的方式解释了鲁迅先生受到爱戴的原因。因此前后是紧密的因果关系，文章构思巧妙而紧凑）

（2）事例选择。作者选用的五个事例，对你本次单元习作有什么启发？（选择事例要有真切感受，要突出中心，为表达思想感情服务。可以组织讨论"燃放花筒"这个事例的用意）

【设计意图】阅读，最终是为表达服务的。本环节的设计突出了阅读与习作的衔接，为落实单元语文要素"通过事情写一个人"做了细致而自然的推进，一是感知细节描写，二是感知整体架构，帮助学生更好地习得刻画人物的写作方法，学以致用，为单元目标落实打好基础。

27 有的人

一、文本解读

1. 文体特点。

（1）抒情诗歌。《有的人》是当代诗人臧克家为纪念鲁迅逝世十三周年而写的一首抒情诗。诗人以高度浓缩概括的诗句，总结了两种人、两种人生选择和两种人生归宿，讴歌了鲁迅甘为孺子牛的一生，抒发了对那些为人民而活的人由衷的赞美之情。

（2）结构清晰。整首诗歌可以分成三个部分。第一部分（第 1 节）作者开门见山，以两种对立阶级的人为代表，提出对生与死的不同的观点。第二部分（第 2~4 节）以两种人对待人民的不同态度，赞颂鲁迅的伟大精神。第三部分（第 5~7 节）以人民对两种人的不同态度，抒发永远怀念鲁迅的深厚感情。第一部分是全诗的总纲，第二、第三部分就第一部分提出的感触最深的两点分别进行解说和深入挖掘，形成了赞颂鲁迅鞠躬尽瘁为人民的伟大精神的情感主线。

（3）对比表现。诗歌通篇使用对比手法，在相互的对照中，将现实世界中两种截然不同的生命方式及其历史结果，艺术地呈现出来。作者曾说："对于这样一位巨人做全面的歌颂，那是很难下笔的。我只是概括地从他生前为人民奋斗牺牲而不想到个人，在他死后人民热烈纪念他这两点上来表现他的伟大。""为了加强、突出主题的意义，丰富这篇短诗的内容，通篇用了对比的表现方法，题目不写作纪念鲁迅而叫作'有的人'。"

2. 人文底蕴。

（1）创作渊源。这首诗写于 1949 年 11 月 1 日。1949 年 10 月 19 日是鲁迅先生逝世十三周年纪念日，胜利了的人民在全国各地第一次公开地隆重纪念伟大的文学家、思想家和革命家鲁迅先生。臧克家亲身参加了首都的纪念活动,并去瞻仰了鲁迅故居。这首诗就是活动之后诗人为了纪念鲁迅逝世十三周年而作。

（2）哲学思维。作者创作《有的人》因纪念鲁迅而起,但不仅仅局限于对鲁迅的赞美与歌颂,而是以哲学思维的方式来思考不同的生死观及人生价值,情理紧密结合,使得这首诗呈现出特有的深度与意义。现代诗人余玮评论道:这通俗易懂、容量极大、哲理性极强的诗句,把人生的伟大与丑恶论述得淋漓尽致、入木三分;全诗又是那么潇潇洒洒,句句都镌刻在人们心间,以哲理的力量毫不容情地道出人生真谛。

（3）生命意义。作者以"活""死"两字为入口,阐述作者对生命意义的思考。"有的人活着,他已经死了;有的人死了,他还活着",第一处"活"与"死"是指肉体虽活却是行尸走肉,充满了作者的鄙夷和轻蔑;第二处"活"与"死"是指肉体虽逝,精神永存,是作者对鲁迅伟大一生的充分肯定和赞美。作者认为生命意义在于:人是为了多数人更好地活着而活着。

3. 语言表达。

（1）语言明快。这首诗语言朴素明快,观点立场鲜明,其中所表达的生死意义、人生价值等观点也是一针见血,使人能够直接领会其中所包含的情感。情感的表达,直抒胸臆,爱憎分明,毫不含糊,读起来节奏感分明,富有酣畅淋漓之感。

（2）对比角度。诗歌对比的角度丰富不单一,从开篇至结尾从两种人不同的生命存在、对人民的不同态度、人民对其的不同态度以及不同的历史结果等多个维度,反复使用对比,使这两种人相互对照和映衬,使伟大的更伟大,卑劣的更卑劣。多个角度的比照,使对比手法的功效发挥到了极致。

（3）引用巧妙。诗歌多处引用鲁迅的诗文,如"俯下身子给人民当牛马"源于鲁迅诗句"俯首甘为孺子牛";"情愿作野草,等着地下的火烧"则源于鲁迅《野草·题辞》中"我自爱我的野草,但我憎恶这以野草作装饰的地面。地火在地下运行,奔突;熔岩一旦喷出,将烧尽一切野草,以及乔木,于是并且无可朽腐"等语句。化用鲁迅诗文来讴歌鲁迅精神,形象又鲜明,能更透彻、更贴切地表达诗作的主题。

二、学习目标

1. 基础目标。

（1）联系上下文、借助资料,理解含义深刻字词及诗歌大意。

（2）借助对比朗读,感悟作者对鲁迅精神的赞美之情。能有感情地朗读课文。

2. 特色目标。

（1）通过比较阅读,了解诗歌运用的对比手法并体会其好处。

（2）借助诗歌语言,感悟两种截然不同的生命意义。

3.发展目标。

结合本单元课文以及其他途径的学习,说说鲁迅是一个怎样的人,或能以自己的理解与语言写一则"我眼中的鲁迅"。

三、学习设计

第一课时
板块一　初读诗歌　数"有的人"

1.自读诗歌。

自由朗读,读通诗句。默读阅读提示,了解这首诗歌的信息,以此知晓诗歌副标题"纪念鲁迅有感"之缘由。

2.初知大意。

(1)同桌互读。思考:课题"有的人"三个字,在诗歌中出现了几次? 这么多次"有的人"实际上写了几种人?

反馈交流。"有的人"共出现八次;实际上写了两种人。

(2)同桌对读。

分别读一种人,初步体会作者的感情。

【设计意图】诗歌学习,以读为先。通过自读、默读、互读等阅读策略,学生初步了解了诗歌的相关信息、内容大意,以及作者意图,为下一步理解性的朗读打好基础。

板块二　再读诗歌　比"有的人"

1.再读质疑。

(1)再读思考。自由朗读,思考:哪些诗句写的是鲁迅这样的人? 哪些诗句是写另一种人? 之后,交流反馈。

(2)默读圈疑。默读诗歌,思考:在描写这两种人的诗句中,哪些你能读懂,是根据什么读懂的? 哪些觉得难懂? 圈画出来。

重点交流读懂之处。预设两处:

①"俯下身子给人民当牛马。"学生结合《我的伯父鲁迅先生》一文中的"救助车夫""关心女佣"等事例,体会鲁迅先生为人民无私奉献的精神。结合鲁迅诗句"俯首甘为孺子牛"理解。

②"情愿作野草,等着地下的火烧。"学生结合《好的故事》一课资料袋中提到的鲁迅《野草》文集,教师提供资料帮助学生理解。

> 我自爱我的野草,但我憎恶这以野草作装饰的地面。
> 地火在地下运行,奔突;熔岩一旦喷出,将烧尽一切野草,以及乔木,于是并且无可朽腐。
> ——鲁迅《野草·题辞》

　　结合这两处,初步了解诗歌的引用之法。化用鲁迅诗文来讴歌鲁迅精神,形象又鲜明,能更透彻、更贴切地表达诗作的主题。

　　2. 共读解疑。

　　(1)聚焦疑难。依据学生反馈情况,梳理并聚焦疑难问题。预设:"有的人活着,他已经死了;有的人死了,他还活着"这一句中的"活"与"死"分别有什么特别的含义?

　　(2)对读解惑。借助学习单,同桌以对读诗句的方式,或摘读关键词句的方式,比较两种人不同的"活"法,体会"活"与"死"的不同含义。

关键问题		"有的人活着,他已经死了" ↓ 这种人是怎样活着的?	"有的人死了,他还活着" ↓ 他曾经怎样活着?
联系 诗句 理解	第 2~4 节		
	第 5~7 节		

　　(3)共读明晰。组织学生朗读诗句并交流所悟。"有的人活着,他已经死了;有的人死了,他还活着",第一处"活"与"死"是指这种人肉体虽活,在人民心中却是行尸走肉的形象,诗句中充满了作者的鄙夷和轻蔑;第二处"活"与"死"是指像鲁迅这样的人,肉体虽逝,却似"春风吹又生"的野草,精神永存,永远活在人民心中,表达出作者深深的怀念,以及对鲁迅伟大一生的充分肯定和赞美。

　　3. 回眸对比。

　　(1)发现对比。从刚才的阅读中,有没有发现诗歌在描述两种人的时候采用了怎样的手法?(对比手法)诗歌在哪些内容上做了对比?(诗歌通篇都运用了对比手法,表现了这两种人不同的"活"法,不同的历史结果等。)

　　(2)明晰对比。诗歌运用对比手法,想表达什么呢?有什么好处呢?组织学生略去关于第一种人的诗句,只读后一种人的相关诗句,感受对比手法的好处与用意。

　　①对比手法,凸显伟大者更伟大,卑劣者更卑劣。

　　②对比手法,更能表达作者对鲁迅精神的赞颂之情。

　　【设计意图】以对比阅读的方式,品读对比手法的诗歌,不失为一种好方法。本环节充分发挥学生自主学习的能力,一方面联系前文所学读懂诗歌,另一方面聚焦疑难展开对比阅读,既解开关键疑难,又悟得诗歌写法,可谓一举多得。

板块三 整合阅读 颂 "有的人"

1.朗诵诗歌。

（1）练习朗诵。学生自主组成朗诵团队,练习朗诵《有的人》。

（2）展示朗诵。开展"《有的人》诗歌朗诵会",学生自主上台展示。欣赏并评议:情感表达是否符合文意;内容分工是否恰当等。

2.整合阅读。

（1）阅读提示。默读阅读提示,了解要求:结合本单元的课文和你通过其他途径对鲁迅的了解,说说鲁迅是一个怎样的人。

（2）思维导图。借助思维导图(可以增减条目),梳理对鲁迅的了解,并整理成一段话。

（3）话说鲁迅。根据梳理情况,用一段话来说说自己了解的鲁迅,注意内容的条理,突出人物特点。

（4）语段赏析。

①语段体。伟大——这就是我对鲁迅先生的第一印象。他"俯首甘为孺子牛",日夜为改变民族的命运而忙碌着。鲁迅先生幽默,且不乏亲切。他憎恨黑暗如魔鬼,处处为他人着想,淡化自己。在我看来,他是平凡而伟大的人!

②诗歌体。举世混沌尔独醒,布衣微躯斥奸佞。横眉冷对刀光影,怒目直面血海情。笔走风雷鬼神惊,书卷狂飙世界新。一声呐喊醒万民,阴霾散尽玉宇清。

【设计意图】整合式阅读,利于对认知的整体把握。本篇课文安排的综述鲁迅的学习任务,本环节以思维导图的形式引领学生自主梳理与归纳,既习得了学习方法,又提升了对鲁迅的认知与了解。

问：面对具体的教学任务，我们应如何选择恰当的策略来推动教学实施，引领学生投入有效的语文学习呢？

答：教学策略的选择，要遵循语文教学的本质与规律。小学语文教学，我们可以从不同的文体特征、不同的学情起点、不同的语文要素等视角，做深入解读与剖析，选择与之匹配的教学策略，因材定策，因材施教。语文教学也将因此有效而精彩。

5-1 **教学论文**

文体意识观照下的阅读教学策略

一、文体意识的回归

(一)什么是文体

文体指的是文章的体裁,包括某种文体的结构形式、构成要素和语言表达等方面的特点。文体是一篇文章的整体风貌和个性特征。若把文章拟作人,文体便是文章的骨骼与气质。

(二)文体意识,一直"非主流"

1. 从教学传统看,文体意识一直在"千里之外",比较忽视根据课文体裁特点来安排课型或课文。以前是"讲读课文""阅读课文""独立阅读课文""读写例话""习作例文"等,现行教材分"精读课文""略读课文""选学课文"等,都是以"课型"取代"文体"。

2. 从教材编写看,文体意识属于"七八个星天外",主题单元组文的方式,冲淡了文体意识。比如,统编教材六年级上册第六单元以"大地与我们"为主题,安排了4类课文:《古诗三首》,说明文《只有一个地球》,人物通讯《青山不老》,现代诗《三黑与土地》。四种不同文体在同一单元。这种编排方式也许会给我们带来错觉:教学只需要落实某个主题,不必考虑所选课文的文体。

3. 从课标表述看,文体意识"犹抱琵琶半遮面",三个学段的表述中,罗列了具体的文体样式,但始终未见"文体"二字。

第一学段:阅读浅近的童话、寓言、故事,向往美好的情境,关心自然和生命,对感兴趣的人物和事件有自己的感受和想法,并乐于与人交流。诵读儿歌、儿童诗和浅近的古诗,展开想象,获得初步的情感体验,感受语言的优美。

第二学段:能复述叙事性作品的大意,初步感受作品中生动的形象和优美的语言,关心作品中人物的命运和喜怒哀乐,与他人交流自己的阅读感受。诵读优秀诗文,注意在诵读过程中体验情感,展开想象,领悟诗文大意。

第三学段:阅读叙事性作品,了解事件梗概,能简单描述自己印象最深的场景、人物、细节,说出自己的喜爱、憎恶、崇敬、向往、同情等感受。阅读诗歌,大体把握诗意,想象诗歌描述的情境,体会作品的情感,受到优秀作品的感染和激励,向往和追求美好的理想。阅读说明性文章,能抓住要点,了解文章的基本说明方法。阅读简单的非连续性文本,能从图文等组合材料中找出有价值的信息。

(三)终于转正,华丽回归

《人民教育》2013 年第 6 期专设"关注语文教学的文体意识"的话题。"编者按"提出:"自觉的文体意识不是单纯地具备某种文体知识,它是一种综合性语文素养。文体意识的培养不仅要清楚文体知识,更重要的是在语文实践中与体验、感悟、理解等语文素养相互链接、交叉、渗透,这样形成的文体意识,才能更好地帮助学生阅读、写作和表达交际。"这里,从语文素养的高度,提出了文体应在学生语文素养积累过程中发挥应用的价值。

文体意识逐渐回归,日益清晰:小学语文要根据文体的不同特征因文而教。这是一种"文体意识"。不同文体的文章,其组织形式、表达方法等各有不同的特点,应根据课文的文体、类别设计不同的教学思路和环节,采用不同的教学方式,获取不同的教学效果。要让文体意识成为一种语文素养在课堂上、在学生中渗透和生成。小学语文教学提倡"文体意识",但不是"文体教学",不能把小学语文课上成"文体分析课"。

二、以文体意识看课文特点

1. 文体的不同分类。汪潮教授认为,根据小学语文教材中课文的实际情况,可以从两个维度对课文进行文体分类。一是"文学文体",包括童话、寓言、神话、诗歌(儿童诗、古诗)、文言文、散文、小说等。二是"实用文体",包括记叙文、说明文、议论文等。这一文体分类的体系具有单一性的特点,符合文体分类的逻辑性。

周一贯先生认为,选入小学阅读教材的文体,从大处说有三类。一是文章作品的文体,主要有记叙文、说明文、议论文、应用文等。二是文学作品的文体,以"儿童文学作品"和"民间文学作品"为主(前者如儿歌、儿童诗、童话、寓言、儿童故事等;后者如民谣、民歌、神话、民间故事、民间传说等)。除这两部分以外,文学作品中的诗歌和散文,选入教材的不少。三是文言作品的文体,小学语文教材中最多的是古诗和少量的古词、古文。

2. 文体的不同特点。例如,记叙文的主要特点是记叙与描写;说明文以说明介绍为主;童话、寓言、神话都是故事,都有故事情节;诗歌,便是诗情画意,如歌而来。下文将具体阐述。

三、以文体特点定教学策略

遵照文体的不同特点,采取相应的不同的教学策略。在义体特点解读与教学策略之间,建立必然的联系。以下将选择小学语文教材中常见的几类文体,依次剖析其文体特点,以及依据文体特点而制定恰当的教学策略。

第一类 记叙文

小学阶段的记叙文大致有四种类型:记事、写人、状物、绘景。

1. 文体特点解构。同为记叙文,这四类文章也呈现出相同的文体特点。一是"六要素"或主题鲜明,记事写人文章大多有清晰的"六要素"(时间、地点、人物,事情的起因、经过与结果),而状物绘景文章大多有鲜明的描绘主题;二是记叙描写有顺序(时间为序、地点为序、观察为序等);三是主题特点有表现(或事、或人、或物、或景);四是运用基本款的表达方式(写人的外貌、动作、语言、神态等描写,状物绘景的整体描写、细节描写,以及常见的修辞手法等);五是含有一些特质要素,比如文章的风格,人称的使用,线索的推进等。

2. 教学策略建构。依据以上五项文体特点,记叙文的教学策略依次建构如下:一是把握大意,理解主题(记事写人,记的是怎样一件事,写的是怎样一个人;状物绘景,状的是有何特点的物,绘的是有何特点的景);二是梳理顺序,发现规律(梳理出事情发展顺序,梳理出状物绘景的描写顺序、整体感知,发现记叙文表达之规律);三是探寻特点,关注事件、人物、事物或景色,发现其特点,文本是从哪几个方面来写的;四是学习表达方式,并读写结合,学以致用;五是紧扣文本特质,发现语言风格,人称转换,或线索推进等。

3. 课例设计建议。例如,《为中华之崛起而读书》属于记事类记叙文。依据以上分析,该课的教学策略选择大致如下。一是把握大意,理解主题:第一,理解"崛起",感受"崛起"与"不振"的强烈对比;第二,了解志向由来,从"疑惑不解"到"体会含义"再到"铿锵有力"地表达志向。二是梳理顺序,发现规律:主要抓场景的转换,梳理脉络(车站,谈租界—租界,看租界—学堂,谈志向)。三是学习表达方式,读写结合。重点引导发现"对比描写"的方式,比如,"崛起"与"不振"的对比;肇事洋人、不幸女子、中国巡警、围观群众的对比;突出场景描写、淡化人物心理描写的对比,等等,其中第三小点可以组织练笔。

再如,《詹天佑》属于写人类记叙文。其教学策略选择大致如下。一是把握大意,理解主题:第一,明确用一件事来写一个人(修筑京张铁路);第二,感受人物特征(杰出的爱国工程师)。二是梳理顺序,发现规律:抓事情的发展,接受任务—工程实施—惊世创举;抓人物的特点,杰出、爱国(关键词)。三是学习表达方式,读写结合。把握关键三点:写人文章结构基础款,人物概述＋具体事例;从一个事例的多个方面反映人物品质;用典型的事例升华人物的形象。

第二类 说明文

小学阶段的说明文,大致有普通类、文艺类两种。

1. 文体特点解构。说明文的文体特点主要有四点:一是说明主题清晰,二是结构层次分明,三是说明方法多元,四是语言科学严谨。

2. 教学策略建构。依据四个文体特点,说明文的教学策略可依次建构如下:一是梳理内容与要点,二是理清层次和结构,三是学习说明的方法,四是感受语言的特点。

3. 课例设计建议。例如,《太阳》一课的教学策略可做如下设计。一是梳理内容与要点,先梳理,再归纳:太阳有远、大、热的特点;太阳与人类的关系密切。二是学习说明的方法,先了解方法:列数字、举例子、作比较;再感悟作用:借助比较等策略,感受说明方法的作用。三是感受语言的特点,先感悟语言特点:简洁明了,科学准确(大约,左右,估计……);再进行语言实践:依据相关信息,尝试运用某种说明方法来介绍事物的某个特点。

第三类 说理文

小学阶段的说理文不多,一种是以一件事说一个理的简单型说理文,像《鹿和狼的故事》;另一种是表达规范完善的说理文(即我们熟知的议论文),像《为人民服务》《真理诞生于一百个问号之后》等。

1. 文体特点解构。说理文的文体特点主要有三点:一是要论说什么理(论点),二是用什么来说理(论据),三是怎么层层说清(论证)。

2. 教学策略建构。依据三个文体特点,说理文的教学策略依次建构如下:一是发现并明确论点;二是梳理论据内容;三是感悟论证过程与方法。

3. 课例设计建议。例如,《真理诞生于一百个问号之后》的教学策略选择大致如下。一是发现并明确论点:明确题目就是论点,文章起始段落提出论点。二是梳理论据内容,明确三个事例(紫罗兰与试纸,提出"大陆漂移学说",睡觉时眼珠动态与梦);发现相似的语段结构(发现问题—不断质疑—得出结论)。三是感悟论证过程与方法:明确整体结构(提出观点—论证观点—重申观点);感悟事例论证(例证法);发现文题对应论证中突出"不断质疑"与论点中的"一百个问号"呼应。可以安排以"成功来自勤奋""细节决定成败"等为论点,拓展练笔。

第四类 散文

小学阶段适合儿童阅读的散文不少,比如《珍珠鸟》《走月亮》《父爱之舟》《匆匆》《白鹭》《月迹》等。

1. 文体特点解构。散文的文体特点主要有三点。一是结构上形散而神聚,二是语言上优美而凝练,三是意境上真挚而深邃。

2.教学策略建构。依据三个文体特点,散文的教学策略依次建构如下:一是梳理内容,探寻线索;二是品味语言,发现特色;三是感受意境,靠近作者。

3.课例设计建议。例如《珍珠鸟》一课,教学策略的选择必须尊重散文文体特点,可由课题切入,循序渐进,探秘形神,重点分三步。一是研读文本之"形":合作研读《珍珠鸟》,深度探究"鸟与人"的关系;二是感悟文本之"神":穿插式描写,凸显主旨"信赖创造美好的境界";三是细节彰显"形神合一":如何把穿插描写具体化。

第五类 故事

小学阶段的故事类文体,大致有童话、寓言、神话以及民间故事等。

1.文体特点解构。相同文体特点主要是故事性强,有具体生动的故事情节,包含人们想表达的祈愿、告诫或赞美等情感。当然它们也有个性化的文体特点。

童话的文体特点主要有三点:一是幻想艺术化,二是语言表达多用拟人、夸张和象征等手法,三是故事情节完整。

寓言的文体特点主要有三点:一是主题寓意明晰,二是形象艺术夸张,三是语言简洁明白。

神话的文体特点主要有四点:一是时间远古时代,二是故事神圣幻化,三是人物具有神性,四是语言想象神奇。

2.教学策略建构。故事类文体有相似的文体特点,必有相似的教学策略。比如学习复述故事或续编,感受语言的特别之处等。当然它们亦有各自特点的教学策略。

童话的教学策略大致为三点:一是激发想象,二是理解主旨,三是学习语言,开展多项训练,比如复述故事、想象说话、续编故事等。

寓言的教学策略大致为三点:一是揭示寓意其唯一性,二是感受形象,培养思维,三是语言实践,包括复述、补白、续编等。

神话的教学策略大致为四点:一是适当拓展延伸,二是学习复述故事,三是感受人物神性,点燃独特情感,四是发挥神奇想象,积累语言表达。

3.课例设计建议。例如,神话故事《盘古开天地》在感悟神话的"神"方面,在具体语段中可一方面感受想象的神奇:身体变化与天地的关系,另一方面可感受语言的神奇与合理,比如排比的句式展现故事场景的壮观神奇,相应的变化展现语言表达的神之合理,叙述的顺序展现语言表达的神之有序等。

再如,寓言故事《纪昌学射》教学策略可为四点。一是自由讨论:"射箭能手"应具备的能力(这是辨析的基础);二是质疑聚焦:这个故事重点在写什么(理清故事的内容);三是品读语言:故事怎么写纪昌苦练基本功(感悟语言的表达);四是明晰寓意:学好本领必须练好基本功(体会寓意唯一性,这也是寓言故事的思维)。

第六类 古诗文

小学阶段古诗文主要包括古诗、词、文言文。其中古诗数量最多,文言文其次,词最少。

1. 文体特点解构。古诗文是中华民族文化的瑰宝,历史源远流长。一是因为"古"而变得"难读",二是因"精"而变得"难解"。这是它们共同的文体特点。

古诗词的文体特点主要有四点:一是和谐的音韵,二是高度的概括,三是鲜明的意象,四是饱含的情感。

文言文的文体特点主要有三点:一是言文分离,二是语义难懂,三是精练扼要。

2. 教学策略建构。"古"字类文体,亦有教学策略。主要是,读通读顺,读出节奏与停顿;读懂读会,理解诗意或文意;熟读成诵,积累经典语言。

古诗词的教学策略大致有四点:读韵,会意,入境,悟情。

文言文的教学策略大致有三点:一是读通全文,把握停顿与节奏;二是理解内容,积累阅读方法;三是熟读成诵,拓展积累。

3. 课例设计建议。例如《闻官军收河南河北》一诗可借助"知人论世"策略来会意、悟情。《乡村四月》一诗紧扣"子规"一词感悟古诗意象的选择与巧用。再如《伯牙鼓琴》一文由"知音文化"贯穿始终,依托读通、读懂、读明等教学策略展开教学。

不同的文体,在结构表达上具有不同的"文体图式"排列。如果用植物形状做比喻的话,叙事性文章就像毛竹,一节一节按事情的发展顺序排列;说明性文章像梅花,许多花瓣围绕花心争相开放;议论性文章像紫藤,从一个节点出发长出无数细枝。了解这些文体图式,就能把握文章的结构,对不同文体的阅读理解和习作表达都是极为有利的。那么,梳理课文大意或脉络时,我们也可以采用"文体图示"来展开。比如,记叙文,可用竹节式、数轴式、鱼骨式;说明文,可用梅花式、集合式;议论文,可用枝干式、河流式;散文,可用跳跃式、曲线式;故事,可用情景式(情景图系列)。

以文体意识解读教材文本,以文体特点确定教学策略,始终把握语文教学的本真与特质,实现"用课文教语文"的华丽转身,帮助学生从文本学习中习得语言规律,提升语文素养。

基于学情特征的教学策略三招

"学习建议写得那么笼统,学生能开展有效的自学吗?"

"研读重点语段的环节,学生好像不感兴趣,实施不下去啊!"

一次公开课后,听课老师有这样的质疑。这些质疑,折射出老师们对"学情"的关注与反思。

什么是学情?简而言之,即学生的学习情况。具体来讲,学情主要包括四个方面的特征。第一,学生年龄特点。包括这个年龄段学生的思维特点,形象思维、抽象思维的发展情况;概括、推断、分析、归纳等思维能力的发展特点,以及注意的深度、广度和持久力等;第二,学生已有知识经验,已获得哪些知识,积累哪些生活经验;第三,学生学习能力,语文学习能力包括识字、朗读、阅读、表达、圈画、批注、质疑、思考等;第四,学生学习风格,包括学生个性和班级特点,活跃或沉闷,松散或严谨等。

一节未能关注学情的课,必定是失败的。学生只有真正学起来,教师所组织的教学才有真正的意义。课堂教学出现的困难或问题,大多数情况的症结在于教师,主要是我们的教学设计、教学实施,没有很好地考虑实际存在的学情特征。因此,我们不仅要考虑文本特点、达成目标、教师风格,更要考虑学情特征,并依据学情特征选择恰当的教学策略展开学习过程,培养学生语文思维与学习能力,促进语文素养的积淀与养成。笔者结合教学实践提出基于学情特征的教学策略三招。

第一招:"框架式"整体感知

在小学阶段的语文学习中,小学生的抽象思维力、信息提取力、内容概括力等都在萌芽阶段,需要教师给予呵护与培养。但我们会看到这样的教学现状,有的教学善于品好词佳句,但缺乏篇章结构视野,只见树木不见森林。其问题的核心在于未充分尊重学情特征,而采取较为片面、只重细节的教学策略,忽视了整体思维的培养。

基于以上现状,可采用"框架式"整体感知策略,重点建构整体思维、块状思维,而不是细枝末节,在课堂教学中变"只见树木不见森林"为"先观森林再赏树木",锻炼学生信息提取、内容概括等能力。

例如,《火烧云》一课,教师引领学生梳理课文大意,建构起框架式的认知结构,实现语文教学初读感知的整体意识的确立。从学生思维的角度看,学生抽象思维弱,概括能力弱,诸多能力尚在萌芽期,不要强求三年级学生用高于文本的语言来概括。从语言资源的角度看,可利用课文中的关键词"火烧云"与关键语句来梳理内容,整体感知,文本资源的利用,十分切实。从板书艺术的角度看,圆弧结构,类似天穹,上来、下去,有自然的顺序变化,留出主要空间给主要内容,展现火烧云的"变化",也暗示课文的详略处理。

再如《剃头大师》第一课时,教师结合"害人精"这一词语难点,引领学生从课文中提取相关信息进行整体感知与难点解读,形成了框架式的板书形式,体现了难点理解的三个层面和两种方法,为学生建构起完整而全面的认知结构,较好地锻炼了学生的思维力与学习力。

任何优秀作品的成功,首先来自整体设计,而非细节锻造。"框架式"整体感知策略的优势是显而易见的。从学生的思维发展来看,基于学情,呵护思维萌芽,有助于培养学生整体意识,培养信息提取能力、概括能力,以及抽象思维能力。从阅读与表达的关系来看,怎样的阅读就会带来怎样的表达,富有整体思维的阅读,将为富有整体架构力的表达打好基础。

第二招:"支架式"学习活动

在语文学习中,小学生所反映出来的注意的深度与广度尚弱,阅读自学能力尚弱,分析与归纳的能力也尚弱。但我们也经常看到这样的课堂现状,有的是一问一答,教师不忍放手,学生毫无空间;有的是笼统一问,教师不设台阶,学生难以登攀。基于以上情况,笔者提出"支架式"学习活动策略,在语文课堂中为学生搭设学习的支架,变笼统模糊为具体清晰,变难以登攀为步步为营。

例如,《绝句》一诗在落实"想象感受诗歌画面"语文要素时,教师搭设三个支架引导学生开展学习活动。第一个支架,想象单个景物的画面:黄鹂、翠柳、白鹭、青天;借助"读到( )这个词语,我仿佛看到了( )"这样的句式来表达。第二个支架,想象整体画面,借助"读到( )这句诗,我仿佛看到了( )"来表达。第三个支架,联系全诗与插图,整合画面,借助"诗人站在窗前,看到了( )"来表达。三个支架的搭设,实现了诗歌教学从单个画面到整体画面、从想象画面到表达理解的由浅入深的落实,引导二年级学生凭自己的能力,一步一步达到学习目标的高点。

再如,《我们奇妙的世界》一课,教师设计三步学习建议。第一步,默读课文第3至第8自然段,画出两到三处让你感受奇妙的句子;第二步,圈出句子中最能体现奇妙的词语;第三步,读一读句子,从中你体会到"( )很奇妙",把它写在句子旁边。这三步学习建议,便是为学生搭建了三个支架,引领学生从读到画,从画到读,从读到思,从思到写下体会,步步深入,逐步达成。

"支架式"学习活动策略,体现了美国心理学家、新行为主义学习理论创始人斯金纳提出的程序教学法的"小步子"原则,即把教学内容分成若干具有逻辑联系的"小步子";前一个小步是后一小步的铺垫,后一小步在前一小步基础上进行,两小步之间难度差尽可能小,学习者很容易获得成功并建立自信。"支架式"学习活动策略,与"小步子"原则一样,层层架构,化解难点,尽可能使学生每次都做出正确反应,无错误学习能增强学生自信心,激发积极性,增强记忆,提高效率。

第三招:"直观式"疑难突破

古人说,学贵有疑。学习本身是遇疑解疑、建构认知的过程。小学生以形象思维为主,抽象思维、理解能力均尚弱,基于这样的情况,课堂教学若是"空对空"便教出一片茫然,疑问重重;若是"深对深"便无法深入浅出,释疑无望。

例如,《火烧云》一课的教学中,教师问:"除了课文所描述的,火烧云还会有哪些色彩?"对于从未观察过火烧云的学生来说是一个巨大的困难,实在是缺乏生活经验来解开疑难。遇到此种状况,教师该如何作为呢?有心的教师早早地搜集了火烧云五彩斑斓的图片,找准时机提供给学生,组织学生观察并运用与课文中相似结构的词语形式来表达。学生的困难迎刃而解,而突破疑难的核心武器仅仅几张图片而已。大道至简,也正是"直观式"疑难突破策略的理念。

"直观式"疑难突破策略,其实是依据学习内容的特点,巧妙地利用教学资源,调动学生各种感官参与到学习探究中来,可以是"看",可以是"闻、摸",也可以是"玩",

从而突破疑难,建构新知。

例如,《肥皂泡》一课的学习中,学生提出的难理解的词语竟有七八个之多。教师组织了"玩肥皂泡"学习活动,组织学生在吹肥皂泡中仔细观察,尝试理解自己认为难理解的词语。在交流反馈环节,学生依据自己的观察所得,用自己的话解释了"玲珑娇软、光影零乱"等词语的含义,语言真切接地气,学习疑难迎刃而解。

回顾教育发展史,著名教育家夸美纽斯把"直观性"作为一项教学原则正式提出后,直观教学逐渐成为教育者有意识的教育行为。实物直观、模象直观、言语直观,三种直观教学类型在教学实践中得到了内涵的无限丰富。直观教学的运用,只要尊重学生学情特征,尊重思维发展特点,为解决疑难而设,必定会起到恰当而有效的作用。在小学语文教学中,"直观式"疑难突破策略更是可以变抽象为形象,变干涩脑补为清晰可见,变山重水复为柳暗花明。

小学阶段议论文教学策略

议论文在小学语文教材中所占篇幅极少,其中统编教材集中在六年级下册,有《为人民服务》和《真理诞生于一百个问号之后》两篇课文。《义务教育语文课程标准(2011年版)》在前三学段的目标与内容中并未谈及议论文教学,只在第四学段才提出明确的目标:"阅读简单的议论文,区分观点与材料,发现观点与材料之间的联系,并通过自己的思考,作出判断。"

显然,议论文不是小学阶段语文教学的主要任务,编者引入少量的议论文,意图在于对六年级学生进行议论文的启蒙教育,让学生初步认识议论文,为第四学段的学习做好铺垫与衔接。那么,小学阶段议论文的教学该如何实施呢?

一、准确把握教学特点

(一)教学目标以"小"为宜

在小学阶段,议论文篇目少,教学任务只是"启蒙",我们所制定的教学目标也应以"小"为宜,即引领学生初步认识议论文这种文体,初步感知它的三个要素,感受它的表达方式和基本语言特征。因此,小学阶段议论文教学目标主要在于初识议论文的一些文体特征:

文体定义	是一种剖析事物、论述事理、发表意见、提出主张的文体。
成文要素	通常由论点 、论据、论证三部分构成。
表达方式	以议论为主要表达方式，通过摆事实、讲道理、辨是非等方法，直接表达作者的观点和主张。
语言特征	观点明确、论据充分、语言精练、论证合理、逻辑严密。

（二）教学板块以"简"为宜

议论文有自己的文体特点,它不同于记叙文以形象生动的记叙来间接地表达作者的思想感情,也不同于说明文侧重介绍或解释事物的形状、性质、成因、功能等。记叙文以事感人,说明文以知授人,议论文则是以理服人。所以,小学议论文教学板块可以紧扣议论文的"理",根据三要素,实现"三问式"的简约风格——研读"论的什么理""拿哪些事例论""怎么论"。

简约清晰的板块,既符合议论文的文体特点,也体现语文教学的"删繁就简",避免学生产生越学越糊、越学越怕的境况,努力让学生对议论文有一次清晰明朗且富有好感的"人生初见"。

（三）教学方式以"议"为主

面对议论文的学习,小学生除了掌握了一些常规的阅读方法之外,其他符合议论文特点的、有针对性的阅读方法积累基本没有,可以视作零起点。基于此,小学议论文的教学更适宜采用"边读边议"的方式,在学生适度自学、研读的基础上,充分发挥教师的引领作用,组织学生在读读议议中逐步明晰议论文的文体特点。

二、合理实施教学策略

（一）浏览概述,厘清议论文本的文脉纲要

论点、论据、论证是议论文的三个要素。其中,论点与论据就是文本的"纲要",是文本内容的核心。论点如果是主干,论据就是树杈。厘清了文本的论点、论据,即透视了文本的"骨架",明晰了作者的意图,对议论文便会有一个清晰的认识。

譬如论点的捕捉,教师要善于把握议论文的文体特点,引领学生发现并明晰论点表述的特点与规律。如,《为人民服务》一文,文题即论点;《真理诞生于一百个问号之后》一文,文题和第一段均明确地提出了论点。通过这样的感知,学生会形成初知:大多数议论文的论点,会呈现在文章起始段或直接呈现在文题上。

遇到特殊情况,更要乘胜追击。有的议论文除了中心论点,还会有几个分论点。这样的分论点往往会出现在每一段的开头或结尾,如,《为人民服务》一文把"为人民服务"这个中心论点分解成"死的意义""不怕批评""团结互助"等几个分论点。教师要善于利用迁移,在学生发现中心论点的规律后,顺势而导,让学生寻找各部分

表达作者观点的关键句,提炼出关键词,形成分论点提纲。这样有的放矢,便能事半功倍。

同样,我们可以运用相近的教学策略,引导学生梳理文本的论据,发现规律:或并列呈现几个事例,或各段阐述一个论点。通过这样的梳理,学生对课文的主要内容以及框架有了大致的了解。这样的整体感知,紧扣文体特点,简洁高效。

(二)研读重点,初识论证过程的盎然理趣

在文体意识的观照下,让学生进一步去感悟作者的论述方法,即作者运用了什么材料、什么方法来阐述论点。这也是小学生初识议论文的基本目标。论证是有一定的理趣的。作者论证过程的展开、论证方法的巧用,以及语言表达的严谨与深刻,都含着表达的秘密与趣味。如何引领学生走进文本、发现其中的理趣呢?

小学语文教材中的议论文,其论证方法相对明显,以摆事实、讲道理、引名言等形式为主。教学实施中,可以依据文本的语言材料逐步推进。笔者在组织学生研读《为人民服务》第一个分论点"死的意义"时,做了如下的教学推进:

1. 引发思考。这段的四句话分别表达什么意思?作者最终想说的是什么?

2. 比较辨析。出示改写后的语段:"人总是要死的,像张思德这样为人民利益而死,死得其所。"与第2段原话比较,哪一段话更有说服力?在交流中重点明晰三点:一是了解引用法,知道引用司马迁的名言,令人信服;二是了解对比法,它突显了死的不同意义;三是了解举例法,明晰默默无闻、任劳任怨的张思德,是为人民利益而死,死得其所,重于泰山,这是"为人民服务"最好的例子,也表达出了作者内心的崇敬与深切的缅怀之情。

3. 再度比较。尝试交换本段中的句序,读一读,明晰句序是不可以调换的,感受作者的论证是环环紧扣、有序展开、逐步深入的,感受论证的严谨。

如上,笔者两度运用比较的策略,引领学生在比较中发现引用、对比、举例等基本论证方法,在比较中感受论证的严谨。这样的教学,从具体的语言材料入手,更多地去关注表达,感悟论证方法,让学生从看似枯燥的文本中,读出新鲜的东西,读出表达的特点,读出论证的理趣。

(三)独开视角,发现议论语言的个性魅力

面对议论文,学生往往不太喜欢,因为它似乎没有好词佳句,语言单调,或深刻难懂。其实,议论文的语言独树一帜,深刻理性,缜密精致,环环相扣,适合训练学生的逻辑思维能力与辩论表达能力。这就需要教师引导学生用新的标准、新的视角,去发现议论文语言的个性魅力。

魅力之一:语言严谨,多用关联词语。议论文的论证过程,会借助一定的言语形式,进行逐层的深入与推进。其中,关联词至关重要。如《为人民服务》一文"不怕批评"的语段中,出现了"因为……所以……""不管……都……"等多组关联词。教学中可组织学生反复比较,体会关联词在论证过程中起到的作用。之后让学生尝试运用关联词来论证一个论点,学习并实践,以促进学生理性语言思维的形成以及逻辑思维能力的发展。

魅力之二:用词精练,多用成语、格言。成语本身就具有精练、含义丰富的特点,成语的风格与议论的特色是极为契合的。如《真理诞生于一百个问号之后》一文用到的成语不下20个,像"司空见惯、追根求源、无独有偶"等成语,在衔接前后论据、表达作者思想的论证过程中,具有丰富的含义。几乎每个词教师都可以引导学生联系上下文来理解,在理解的过程中学生也自然地走进了论证的过程。再如,《为人民服务》引用了司马迁的名言——"人固有一死,或重于泰山,或轻于鸿毛",《真理诞生于一百个问号之后》引用了华罗庚的名言——"科学的灵感,绝不是坐等可以等来的"。正是这些引用,使得那些沉睡在时间长卷里的名言,再次发光发亮,再次获得丰富的解读与美好的传承。

小学阶段语文教材选入的议论文篇幅虽少,但文体特点突出;议论文教学的要求虽低,但初识目标明晰。每一个文本,都是感知文体特点、学习语言表达的宝贵资源,不容忽视。议论文教学,亦如此。

【备注】
　　此文发表于山西省教育厅主管、山西教育教辅传媒集团主办的《小学语文教学》(园地版)2015年第12期。

比较:让体悟表达与思维培养共舞

语言,是思维的物质外壳,是思维的载体和工具;思维总是由语言承载着进行交流,两者密不可分。叶圣陶先生指出:"语言与思维密切相关,语言说得好在于思维的正确。因此,锻炼思维至关重要。"语文教学,要注重语言的学习,也要重视思维的培养。下面,笔者结合阅读教学实际,谈谈如何运用比较策略,在引导学生探寻语言表达秘妙的同时,培养学生思维能力,优化其思维品质。

一、比较字符的特殊表达,培养思维的灵活性

灵活性,是思维品质之一,在语文学习中表现为善于从不同的角度思考所读的内

容,善于结合语境理解并运用不同的语言文字。阅读教学中,教师要善于挖掘文本中语言文字的训练点,借助比较等策略,引导学生发现语言表达的秘妙,培养学生思维的灵活性。

（一）关注标点符号

在语言文字的形式中,标点符号无疑是一种最特殊的形式,也是阅读教学中值得关注的训练点之一。有些课文中,会出现一些与标点符号的常态用法很不相同的现象。如,《"精彩极了"和"糟糕透了"》有这样一处:"七点。七点一刻。七点半。父亲还没有回来。我实在等不及了。"一位教师这样引导比较:请关注时间词后面的标点,有没有发现特别之处? 学生很快发现了两个"另类"的句号。教师再引导:一般情况下,此处怎么加标点? 学生交流后,出示语句:①七点。七点一刻。七点半。父亲还没有回来。我实在等不及了。②七点,七点一刻,七点半。父亲还没有回来。我实在等不及了。

通过比较与体会,学生明白了作者的用意:"我"正等待父亲归来并期待父亲的赞誉,所以觉得时间无比的漫长;心中那种度"分"如年的感受,通过这两个句号表达得淋漓尽致。之后再度启发学生思考:平时你有这样的体会吗? 这样的用法,可以用到何处? 举例说一说。

如上,紧扣"特殊"的标点符号,引导学生与原有的认知进行比较,细细体味,酌情运用,让学生对语言的表达之法有新的领悟,思维的灵活性也得到启迪与培养。

（二）关注遣词用字

在阅读教学中,我们经常会用"给它换个词"或"把这个词去掉"的方式,引导学生品悟语句中字词的含义,感知用词的新意与灵动。

如,《乡下人家》有这样一处,"若是在夏天的傍晚出去散步,常常会瞧见乡下人家吃晚饭的情景。他们把桌椅饭菜搬到门前,天高地阔地吃起来。"其中"天高地阔"一词形象而真切地描绘了乡下人家黄昏用餐的场面,意味深长,值得咀嚼。教学时,可以出示两个句子,引导学生比较品读。①他们把桌椅饭菜搬到门前,吃起来。②他们把桌椅饭菜搬到门前,天高地阔地吃起来。比较后,一位学生道出了自己的体会:一开始,我觉得"天高地阔"这个词语用得不对,"吃"怎么可以用"天高地阔"来形容? 但联系上下文后,我感受到这个词用得太贴切了,"天高地阔"真实地反映了乡村晚餐的舒适与惬意。有时我们去乡下,是可以端着饭碗,走东家串西家,那样自由地吃饭,真的是"天高地阔"呢!

这次比较的实施,很自然地运用了促进语文思维发展的一种策略——"顺应"。顺应,是指当原有思维结构不能包容新的思维要求时,学生会主动改变原有的思维结构,使思维结构向更高的水平发展。正如学生从认为"天高地阔"用得不对,到感悟

"天高地阔"用得贴切真实的这个过程。在顺应的过程中,学生对课文内容的感悟加深,思维的灵活性得到锻炼,同时也培养了结合语境来理解语言文字的良好语感。

二、比较句段的意绪表达,培养思维的深刻性

深刻性是思维品质的基础,表现在善于深入地思考问题,抓住事物的规律与本质。在阅读中,则表现在善于理解语言的深刻含义,善于把握语言表达的脉络,善于较快地抓住文本的中心意旨等。这就需要我们把引导学生理解与培养思维品质紧密结合起来,引领学生深入文本,比较揣摩,培养学生对语言敏锐的感知力、深刻的思辨力,在语言的品味与习得中逐步提升思维的深刻性。

(一)关注句子的意

文本中总有一些含义深刻的语句,我们要善于发现语句深处藏着的"意"——包括语句的意思、作者的情感以及表达的方法。面对这些语句,不妨采用逆向思维,改变原来的词序,进行深入的比较分析、整理概括,来发现语句表达的秘妙与规律,培养语文思维的深刻性。如,《慈母情深》有这样一处:"背直起来了,我的母亲。转过身来了,我的母亲。褐色的口罩上方,一对眼神疲惫的眼睛吃惊地望着我,我的母亲……"其中,"我的母亲"倒装且复沓的运用,饱含着儿子内心对母亲的爱与呼唤。怎样让学生更清晰地感知呢?一位教师是这样教学的,先出示以下语句:①我的母亲,背直起来了,转过身来了,褐色的口罩上方,一对眼神疲惫的眼睛吃惊地望着我……②背直起来了,我的母亲。转过身来了,我的母亲。褐色的口罩上方,一对眼神疲惫的眼睛吃惊地望着我,我的母亲……教师引导学生读后比一比,这两句话的表达有怎样的相同和不同之处?作者选择第2种表达的真正用意是什么?学生通过朗读、比较,发现:这两句的意思是相同的,但含着的情感是有差异的,第2句融入的情感更深厚、更真切。三次出现"我的母亲",分明是作者内心一次又一次对母亲的深情呼唤;倒装后,更突出了母亲在"我"心中的地位,突出了作者内心的愧疚、感动、感激,以及对母亲的心疼与爱。学生也从中感悟到,这种"倒装""复沓"的表达方法,可以运用到平时的语言表达中去,使语言富有深度且含有意味。这个过程,从同到异,由浅入深,从读到用,层层递进,逐步达到深刻与透彻,促进了语言习得,也促进了思维品质向纵深方向的发展。

(二)关注段落的序

叶圣陶先生《语文教学二十韵》这样写道:"作者思有路,遵路识斯真。"若能引导学生准确地把握作者的思路,弄清段落的序、全文的序,既能更好地把握文章的整体框架,又能训练思维的深刻性。如,《女娲补天》有这样一段:"天啊,太可怕了!远远的天空塌下一大块,露出一个黑黑的大窟窿。地被震裂了,出现了一道道深沟。山

冈上燃烧着熊熊大火,田野里到处都是洪水。"这段话围绕"可怕",先写"天空",再写"地",接着写"山冈"和"田野",最后写"人"的状况,极其有序地描写了灾难可怕的场面。如何引导学生发现有序表达的特点呢?我们可以打乱句序:天啊,太可怕了!地被震裂了,出现了一道道深沟。远远的天空塌下一大块,露出一个黑黑的大窟窿。许多人被火围困在山顶上,许多人在水里挣扎。山冈上燃烧着熊熊大火,田野里到处都是洪水。引导学生思考:这段话这样写是否恰当?通过反复比较,学生会发现:这样的表达杂乱无章,前后缺乏必然的关联。一段话只有按照一定的条理来表达,才会显得有序,才让人读得懂。经常进行类似的比较训练,学生便能带着这样的意识去阅读,养成整体观照的阅读思维与习惯;表达时也会注意语言的前后关联与逻辑关系,做到有序表达。在读写能力提高的同时,学生思维的深刻性也得到有效的训练。

三、比较篇章的风格表达,培养思维的独创性

独创性,是人类思维的高级形态,是根据一定目的,运用一切已知信息,独特地、新颖地且有价值地解决问题的过程中表现出来的思维品质。在语文学习中,有的学生能写出新颖独特的句子,有的能写出富有新意的习作,有的能对文章有独特的理解……这些都是思维独创性的表现。在阅读教学中,进行思维独创性的培养,可以从关注篇章的表达入手,逐渐渗透,不断提高。

(一)关注同一篇章的不同板块

在阅读教学中,可以就同一篇章中不同板块内容进行比较,明确"怎样写""为什么这样写",引领学生逐步明晰作者布局谋篇的独特用意并学以致用。

如,《用心灵去倾听》选了三个事例来记叙"我"与苏珊的交往过程,表达对苏珊善良心灵的赞美。教学中可引导学生思考:作者与苏珊的"电话"交往中一定发生了很多事情,而作者为什么选了这三个事例?在比较中,学生会发现作者选材的用心:第1个、第3个是交往的初次与最后,都有纪念意义;通过第2个事例"我的金丝雀死了",苏珊让"我"懂得了如何乐观地看待生命的结束,是"我"人生中第一次"生命"的教育,意义非凡。这样的比较过程,其实是点燃了独创性思维的火花,有助于学生明晰习作中如何在选材、组材上体现与众不同的新意,并将此表达方法运用到语言实践中去。

(二)关注不同篇章的风格特点

现行教材的编写已充分考虑篇章的比较阅读,教材中有同一主题不同作家的作品,有同一作家的不同作品,编者力图把原来看似孤立的、封闭的、静止的单篇,做开放的动态的多元的组合,让学生打开阅读视角,发现不同篇章中的同与异,让各种富

有新意、富有个性的文章,不断冲击学生的阅读认知,不断丰富阅读积累,助燃独创性思维的迸发与闪耀。

如,人教版四年级上册安排了"动物"单元,丰子恺的《白鹅》与叶·诺索夫的《白公鹅》为一组合,老舍的《猫》和《母鸡》为另一组合。学生在比较阅读中逐步发现这些作品,虽然是同"物"或同作者,但文章的情感、语言的风格、行文的结构、表达的手法等等,都彰显不同的风格特点,其间的个性之光熠熠生辉,这也照亮了学生独创性思维的发展空间,是对独创性思维形成的熏陶、感染与浸润,为学生今后的语文思维的飞跃式发展,打下了坚实的基础。

当然,灵活性、深刻性、独创性这三种思维品质的训练和培养往往是交叉或交融的,只不过是在某一阶段或某一状况下有所侧重而已。需要强调的是,在语文教学中要时刻注意,既要引导学生学习语言、积累语言,也要在其过程中,重视思维品质的训练与培养。

【备注】

此文发表于海峡出版社发行集团主管、福建教育出版社主办的《新教师》2016年第 4 期。

5-2 教学设计

散文:珍珠鸟

一、学习目标

以题目相似、内容相似的新旧文本阅读为依托,联系四年级上册教材中《猫》《母鸡》《白鹅》等描写小动物的文章,借助对比阅读的策略,发现并探究其异与同,感悟、学习《珍珠鸟》一文的写作特点,并学以致用。

1. 以小组合作的形式,形成学习任务单,并探究作者所描写的珍珠鸟的特点。

2. 以圈画比较的方式,发现文章"穿插描写"的手法及主旨表达的意图。

3. 以精读品味的方法,感悟"穿插描写"的细节构成,并展开语言实践。

二、课前准备

学生完成预习单。

三、预设流程

（一）初读:以学情为基点,交流深化

1. 板书课题,齐读课题。

2. 检查预习,反馈交流。

（1）朗读自评。根据自评,选不同语段考查。

（2）关注字音。选择预习单中典型的字音疑难,进行强调和正音。

重点:垂蔓、指甲、球儿、雏儿。

（3）词语理解。方式同上。注重方法:查阅工具书。

（4）课文大意。学生读一读预习单上完成的内容。酌情讨论。

3. 了解珍珠鸟。（微课视频）

（二）比读:以旧文为联系,发现异同

1. 同:比较文本,发现主题之同

根据预习单上的思考题,说说《珍珠鸟》与《猫》《母鸡》《白鹅》等文章的相同之处——都描写动物,写出了动物的特点。比如,《猫》重点写"性格古怪""小猫可爱"等特点,《白鹅》从"叫声、步调、吃相"写出"高傲"的特点。那么,课文中的珍珠鸟有哪些方面的特点呢?

我们一起来设计一张学习任务单。(用 Word,现场制作)

(1)小组合作,想一想写了哪几方面的特点?写在第一行。

外形	叫声	住处	活动范围	动作

(2)默读课文,从中圈出相应的一两个关键词,写在表格里。

(3)根据填写情况,连起来说说从文中读出来的珍珠鸟的特点。

组织交流反馈。板书:表现、特点。

2.异:对比语段,发现写法之异

(1)同桌互学圈画发现。

同样是写小动物,都写出动物的一些特点,那在内容安排上,有什么不同之处吗? 根据学情,指导用"重点圈画"法:同桌两人合作,一人画出《猫》一文中直接写猫的语段,一人画出《珍珠鸟》一文中直接写珍珠鸟的语段。然后比一比,看看能发现什么?

(2)借助交流,启发质疑。

选学生的课本进行展示,发现《猫》一文几乎全文都写猫,而《珍珠鸟》一文的一半语言写珍珠鸟,另一半在写"我"(行为、心理)。

再发现:这一半一半,是截然分开的吗? (写鸟,写"我",再写鸟,再写"我"……) 这样的写法,我们给它个称呼——(学生试答。板书:穿插描写)。

现在,你能提出让大家思考的问题吗? (作者用穿插描写的方式,仅仅向读者描述了珍珠鸟的特点吗? 有什么更妙的用意吗?)

(3)思考顿悟,明晰写法。

作者这样写,是为了表达他从中获得的生活的启示——(请学生板书,其他学生也认真抄写:信赖,往往创造出美好的境界)。

理解:此处的"信赖"是谁与谁的信赖? 此时"美好的境界"指什么?

小结:当我们需要用与事物接触交流的内容来表达生活启示的时候,就可以用一用穿插描写的方法。

(三)品读:以语段为范本,细节实践

1.关注语段。这样美妙的穿插描写,全文比比皆是。我们重点来欣赏一段,好吗? 大家看看,你觉得哪一段最让你怦然心动? (出示语段)

有一天,我伏案写作时,它居然落到我的肩上。我手中的笔不觉停了,生怕惊跑它。待一会儿,扭头看,这小家伙竟趴在我的肩头睡着了,银灰色的眼睑盖住眸子,小红爪子刚好被胸脯上长长的绒毛盖住。我轻轻抬一抬肩,它没醒,睡得好熟!还咂咂嘴,难道在做梦?

2. 同桌对读。读出对珍珠鸟的喜欢;读出"我"的好奇与享受。

3. 圈画品读。你觉得哪些词眼、句子写得最好?说一说。板书、小结:要把穿插描写写好,不仅要写两个方面,还可以写出他们的动作、神态、心理……

4. 练笔实践。

学习运用穿插描写的方法,借助动作、神态、心理等多个细节,试着写一段话,展现某一种境界。(二选一)

(1)"我"与珍珠鸟之间另外的某一个情景。(如,"我"在看书;"我"沉思时;"我"赏花时……)

(2)我与某种小动物之间的一个情景。

组织展评。朗读,评议:穿插描写如何?细节的描绘如何?

(四)选读:对比阅读类似文本,体会表达

1. 出示文本。快速浏览《小狮子爱尔莎》,思考:此文在写法上与《珍珠鸟》有什么相似之处?

2. 尝试表达。如果像《珍珠鸟》那样,用一句话来表达感受与启示:"信赖,往往创造出美好的境界。"你会把怎样的一句话,写在《小狮子爱尔莎》一文的最后:_____。

3. 课堂总结。说说收获。(对比阅读,发现特点与用意;学习穿插描写,表现两种事物之间的关系,或生活启示。)

四、板书设计

珍珠鸟　　　"我"

表现、特点　+　行为、心理

↓

穿插描写(动作、神态、心情……)

↓

信赖,往往创造出美好的境界。

散文:匆匆

一、设计意图

《匆匆》是现代著名作家朱自清的代表作之一,在淡淡的哀愁中透出作者心灵不平的低诉,诗意满贮,情感真挚,引人深思。本课时教学以感悟作者情感之"不能平"为主线,引导学生紧扣重点词句,自主发现,品味推敲,感情朗读,发挥想象,读写结合,真切地体会作者表达的思想感情,感受课文语言的诗意与精妙,领悟作者细腻独特的表达方法,在语文实践中掌握运用语文的规律。

二、学习目标

1. 有感情地朗读课文。随文理解"头涔涔、泪潸潸、赤裸裸"等词语。
2. 抓住重点句段,感受语言的优美,领悟作者独特的表达方式,积累运用语言。
3. 在细致品读中,感悟时光匆匆短暂、一去不复返,体会作者表达的思想感情,懂得珍惜时间。

三、课前准备

教师:搜集朱自清先生文学创作方面的资料;制作多媒体课件。
学生:背诵课文第一段;通过查找、阅读等方式了解朱自清。

四、预设流程

(一)诵读首段,回顾谈话

1. 背诵语段。这节课,我们继续品读朱自清先生的《匆匆》。上节课,我们欣赏到了如诗如歌的第一段。来,我们一起背一背——("燕子去了,……为什么一去不复返呢?")
2. 回顾特点。我们知道,这一段作者用对比的手法,写出了时间的特点是——(学生回答)"一去不复返"(板书:一去不复返)。

(二)叩问心灵,悟读"匆匆"

那么,想到日子一去不复返的时候,作者又是怎样的心情和感受呢?请快速浏览第2~4段,找找能表达、反映作者心情和感受的词语。
组织交流。(板书:头涔涔、泪潸潸、不能平)

1.解读"头涔涔、泪潸潸"。

（1）理解"头涔涔、泪潸潸"的意思。请学生大致说说意思。

（2）联系语段理解。"我"究竟为什么会感到"头涔涔而泪潸潸"呢？自己再读读第2段，体会体会。学生自己读文，教师巡视了解。组织交流，引导学生重点解读以下两处。

①"我的手确乎是渐渐空虚了。"

理解：确乎、空虚。

他手里曾经有什么呢？（八千多日子）八千多日子，算一算，多少年？（24年）24年的时间应留下什么？（作为，成绩，成就）有吗？是啊，空虚了，渐渐空虚了！谁来读读这一句？（指导学生有感情朗读）

②"像针尖上一滴水滴在大海里，……没有声音，也没有影子。"

"溜去"，为何不用"过去"？（说明时间过得飞快，想抓也抓不住）

怎样"溜去"？从"针尖上一滴水"体会：短暂，渺小，微不足道；从"没有声音，也没有影子"体会：什么都没留下（渐渐空虚）。朗读这两句。

交流后，小结：曾经属于自己的八千多日子，像"针尖上一滴水"，已经从我手中飞快地溜去，我的手里渐渐空虚了，什么都没留下！想到这些，——我不禁头涔涔而泪潸潸了！指名有感情朗读。

（3）联系语段品悟。那么，让"我"感到"头涔涔而泪潸潸"的八千多日子，是如何一天一天从我手中溜去的呢？自己读读第三段，哪个句子最让你有所感受有所思考，就画一画，读一读。

学生自由读，之后组织交流。

预设一："洗手的时候……便从凝然的双眼前过去。"洗手，吃饭，默默，就在这一个又一个不经意之间，日子便悄然而逝啊！

预设二："我觉察他去的匆匆了，伸出手遮挽时，……从我脚边飞去了。"体会心情：着急，很想挽留；却无法挽留，百般无奈。教师范读。学生学读。

预设三："等我睁开眼和太阳再见，这算又溜走了一日。我掩着面叹息。但是新来的日子的影儿又开始在叹息里闪过了。"引导读好两处"又"字，感受作者内心的着急、遗憾。

（4）在朗读中进行语言拓展训练。

时间是无形的，但在作者的笔下，我们如此清晰地看到了日子那匆匆的身影，触摸到了他那匆匆的脚步，写得多么传神啊！老师和大家一起来读一读第三段。我读"什么时候"，大家读"日子怎样了"。（师生有感情对读）

之后展开语言拓展训练。

于是——

当我漫步街头的时候,日子_____

当我与人闲聊的时候,日子_____

_____的时候,日子_____

（5）组织交流并小结。日子,在平凡的生活里匆匆。在我的叹息里,他决然地匆匆;在我遮挽时,他无情地匆匆。可我呢? 只会"茫茫然跟着旋转",只会"掩面叹息"。想到这些, ——我不禁头涔涔而泪潸潸了! （师生齐读）

2. 解读"不能平"。

过渡:面对逃去如飞的日子,"我"一次次叩问自己的心灵,那不只是"头涔涔而泪潸潸"的感觉,"我"心中更强烈的感受就是—— "不能平"!

（1）怎样的心情是"不能平"? （不平静,不甘心,不能让自己满意）

（2）为什么"我"心中"不能平"? 请自己读读第四段,可以用文中的语句说一说。组织交流,指导有感情朗读。

预设要点一:理解"徘徊""痕迹""游丝样的痕迹""这一遭"等词语。

预设要点二:比较理解前后两个"赤裸裸"的含义。

预设要点三:体会反问句的作用。在交流中,老师出示:我留着些什么痕迹呢? 我何曾留着像游丝样的痕迹呢?

那如果老师这样读,你觉得合适吗? （老师读:"我没有留着一些痕迹。""我不曾留下像游丝样的痕迹。"）

交流:为什么不合适? （作者在扪心自问,重重地敲打自己的心扉,是深深的自责啊,多么强烈的感情!）指名有感情朗读。

3. 借助资料感悟。

当时朱自清24 岁。50 岁那年,他因病辞世。他的一生,只有两个"八千多日子"。在写下《匆匆》之后的"八千多日子"里,朱自清先生留下了什么呢? （课件出示）

1922 年和俞平伯等人创办《诗》月刊。

1923 年发表长诗《毁灭》以及《桨声灯影里的秦淮河》等优美散文。

1927 年写下《背影》《荷塘月色》等脍炙人口的名篇。

1931 年发表《欧游杂记》。

1937 年发表散文《语义影》。

他一生的主要著作有:《雪朝》《踪迹》《背影》《欧游杂记》《你我》《伦敦杂记》《经典常谈》《诗言志辨》《新诗杂话》《标准与尺度》《语文拾零》《论雅俗共赏》《朱自清文集》《朱自清古典文学论文集》《朱自清序跋书评集》《朱自清散文选集》《朱自清全集》……

教师深沉有力地叙述：

朱自清先生说，生活中每一刹那有每一刹那的意义与价值！他要"一步一步踏在泥土上，打下深深的脚印"！

此时，你想说什么？（学生自由交流）

（三）拓展阅读，升华认识

朱自清先生用卓越的成就，告诉自己，告诉我们，他没有白白走这一遭！他把握了生活中的每一刹那，让他的时间、他的生活、他的生命，熠熠生辉，光彩有力！

1. 阅读链接。我们该如何把握今天、对待明天呢？课本上为我们链接了《明日歌》。端起书，我们一起来读一读。（学生齐读）读了《明日歌》，你懂得了什么？（交流）

2. 自我赠言。此时，你想送怎样的一句话给自己，提醒自己要珍惜时间呢？（全体学生写一写）之后，组织交流。

3. 朗读回味。关于珍惜时间，朱自清先生写下《匆匆》，送给自己，也送给了我们。在文章最后，他这样问道——（引导学生齐读课文最后一段）你聪明的，告诉我，我们的日子为什么一去不复返呢？

同学们，让这个"为什么"永远在我们的心头回响，相信你会用一生的时间做出最好的诠释！

4. 作业布置。

（1）摘录课文中自己喜欢的语句段落。

（2）仿照课文第三段的写法写一段话。

（3）课外阅读朱自清的经典散文《春》《背影》《荷塘月色》等。

五、板书设计

匆　匆

头涔涔　泪潸潸　不能平

一去不复返

记叙文：开国大典

一、学习目标

1. 读准生字，读通课文，理清课文脉络，了解课文记叙的顺序和主要内容。

2. 重点学习典礼的主体部分，初步了解场面描写的方法。

3. 抓住重点词句，回顾苦难历史，体会人们热爱新中国、热爱领袖的思想感情。

二、预设流程

（一）读画揭题，据文解题

1. 在我们课本上，有这样一幅插图（课件出示）。这是我国著名的现代油画家董希文的作品。画家用画笔与色彩，描绘了这永驻史册的一幕——开国大典。今天我们就来学习这一课，看看作者又是如何用语言文字来记录这神圣的一刻的。一起读课题——开国大典。

2. 学写"典"字。

"典"是生字。在第五组"遨游汉字王国"学习中，大家已经了解了"典"的来历。我们一起写一写。（教师范写并讲解：这是一册一册的书籍，十分重要，所以要把它们庄重地安放在搁板上，搁板要长一些，支撑的脚左右要平稳）请大家在作业纸上工工整整地写两个。

给"典"字组个词：典礼、字典、典故。这里的"典"是——典礼。课题是什么意思？读读课文第一段，里面有一句话就解释了课题的意思。

谁知道了题目的意思？（1949 年 10 月 1 日，首都北京的天安门广场上举行了盛大的开国典礼）

（二）初读课文，理清脉络

1. 大家已经预习过课文了。读读词语，酌情正音。

擎着红旗　直奔会场

按动电钮　瞻仰国旗

中华人民共和国中央人民政府

中国人民政治协商会议

2. 理清脉络。课文很长。阅读篇幅较长的文章，大家不用慌，不用怕，我们可以边读边梳理。

（1）方法示范。课文讲"开国大典"，最主要的内容肯定是——（主席宣告新中国成立）。课文哪些段落讲了这样意思？（第5~10自然段）用词语概括一下过程（宣告、典礼、大会）。

前面第1~4自然段主要讲什么？（会场）这两个内容之间，是用怎样一句话衔接的？（交流出示）

（2）小结并运用。所以，阅读较长篇幅的文章，我们可以看看课文哪些段落讲同一个意思，再看看两个意思之间有怎样的连接语。用这样的方法，完成下面两块内容，可以在书上画出语句，写一写。之后，组织交流。

段　落	内　容	按照大典进行的顺序记叙
1~4	会场	
5~10	宣告	
11~13	阅兵式	
14~15	游行	

下午三点整，会场上爆发出……

毛主席宣读公告完毕，阅兵式开始。

阅兵式完毕，已经是……

（3）梳理记叙的顺序。我们看，课文围绕开国大典，先写（会场），再写（主席庄严宣告），接着写（阅兵式），最后写（群众游行）。课文记叙的顺序就是——大典进行的顺序。（把它记下来）谁能看着表格，连起来说说主要内容？（课文按照开国大典进行的顺序，先写了会场的布置，再写毛主席庄严宣告，接着写阅兵式，最后写群众游行）

（三）重点品读，感悟写法（场面描写）

1. 梳理场面。既然是"开国大典"，接下来我们重点关注典礼中"宣告"这个板块。请大家默读第5至第10自然段，想一想：这个板块又写了哪些场面？分别用一个词概括（这些词就在语段中，你可以直接圈出来）。

组织交流，板书：宣告　升国旗　鸣礼炮　宣读

2. 聚焦研读。再仔细读一读，这四个场面中，哪一处场面描写让你觉得精彩或很感动？

预设一：这庄严的宣告，这雄伟的声音，使会场三十万人一齐欢呼起来。这庄严的宣告，这雄伟的声音，经过无线电的广播，传到长城内外，传到大江南北，使全中国人民的心一齐欢跃起来。

（1）读一读，说说学习体会。

既写了现场，又写了全国各地——这叫"以点带面"。理解"长城内外""大江南北"

的代表意义。朗读。

既写了现场群众的"欢呼",也写出了全国人民的"欢跃"。"欢呼"和"欢跃"能否调换?为什么?交流并朗读。

(2)写一写,实践场面描写。

这庄严的宣告,这雄伟的声音,经过无线电的广播,传到_____,_____

_____

(用词参考:　奔走相告　相拥而泣　喜极而泣　涌上街头

欢呼雀跃　掌声如雷　万众欢腾　欢声笑语

敲锣打鼓　载歌载舞　锣鼓喧天　鞭炮齐鸣

人流如潮　人声鼎沸　喜气洋洋　欢天喜地)

(3)激情朗读。引导发现"这庄严的宣告,这雄伟的声音"用了两遍,比较:如果只用一遍呢?(用两遍,更有气势,排山倒海般的气势,更能表达人民激动、兴奋、欢跃的心情,也表达出人民对领袖的热爱。从侧面描写衬托毛主席独特的、魅力四射的领袖风采)写作的时候,为了表达的需要,就可以重复使用。齐读。

预设二:毛主席亲自按动连通电动旗杆的电钮,新中国的国旗——五星红旗徐徐上升。三十万人一齐脱帽肃立,一齐抬起头,瞻仰这鲜红的国旗。五星红旗升起来了,表明中国人民从此站起来了。

(1)联系历史,品读用词。

"一齐":可以换成"一起"吗?是什么在无声地指挥人们,一齐欢呼,一齐欢跃,此时又一齐脱帽,一齐肃立,一齐瞻仰?(期盼、幸福、激动、兴奋、热爱、憧憬)

"站":一个"站"字,包含着什么?让我们翻开史册,回顾那一段不堪回首的中国苦难史——(微课播放)

1840年,鸦片战争爆发。无能腐败的清政府与英国议和,签订了中国近代史上第一个不平等条约《南京条约》。中国第一次向外国割地、赔款,开始沦为半殖民地半封建社会,华夏子民从此受尽了压榨与凌辱。1860年,英法联军的铁蹄踏进紫禁城,一把火烧毁了独一无二的皇家园林——圆明园。国家主权被人肆意践踏,普通百姓的生命朝不保夕！ 1937 年,日本帝国主义发动全面侵华战争。日寇烧杀抢掠无所不为,南京大屠杀,30 万同胞遇难……刻骨铭心的过去,真可谓暗无天日,民不聊生。危难之际,毛主席领导全中国人民奋起反抗,终于迎来了曙光。

（2）联系体会,深悟用词。此时此刻,你一定对这个"站"字有了更深的体会,说一说。语言拓展:

五星红旗升起来了,中国人民从此不必_____

五星红旗升起来了,中国人民从此可以_____

（3）感情朗读,明晰写法。学生朗读语句。老师评议:这是扬眉吐气的站,洗净屈辱的站,满怀自豪的站,世界瞩目的站。一个看似简单的"站"字,用得极为精妙,让我们感受到当时的场面并不简单,并不平凡,是那样的振奋人心,是那样的激情昂扬！ 看来,场面描写中的用词,也十分重要。（板书:用词精妙）

（四）总结写法,积累语段

1. 总结写法。同学们,开国大典虽然离我们已 70 多年了,但那种激情、那份欢跃、那份幸福,我们依然可以从课文的场面描写中,真真切切地感受到。这要感谢作者清晰的记叙和精彩的描写。课文中接下来的阅兵式、群众游行等场面描写,也十分出色。我们下节课再来品读。

2. 积累语段。让我们把课文中精彩的场面描写的语段,摘抄下来,积累下来。

三、板书设计

开国大典　　　典

宣　告
升国旗
鸣礼炮　　场面描写　　以点带面
宣　读　　　　　　　　用词精妙

小古文:雪

冬日严寒,木叶尽脱,阴云四布,弥漫天空,飞鸦千百成群,未暮归林。夜半,北风起,大雪飞。清晨,登楼远望,山林屋宇,一白无际,顿为银世界,真奇观也。

一、文本解读

《雪》是一篇小古文,以寥寥五十余字,描绘冬日雪景,篇幅短小,浅近易懂。文章以时间顺序为明线,细致描写了雪前、雪时、雪后之景象;以前后对比为暗线,比照景象变化,赞叹"一白无际,顿为银世界"之"真奇观也"。

在语言表达上,本文"意白文不白",颇具特色。一是"木叶尽脱""未暮归林""顿为银世界""真奇观也"等语句,充满了浓浓的文言之韵味;二是重在写景,文中运用大量的四字语词以及两处三字语词,描绘冬景特点——雪前之"寒"、雪时之"飞"、雪后之"奇",读起来节奏错落,朗朗上口,嘤嘤有韵。

对三年级学生来说,此文可谓小古文学习的课外拓展之佳作。三年级学生对写景的文章已有一定的阅读基础,如,在阅读《雷雨》《美丽的小兴安岭》等课文中,积累了一定的阅读方法,知道写景之文会通过一定的顺序、一些细致的描写来突出景物特点等。

三年级学生阅读此文的价值在于:一是初步感受小古文短小精悍、语言凝练、古韵悠悠、朗朗上口的特点;二是感悟小古文写景的方法,感受文中四字、三字等语词错落有致的节奏与韵味,在反复诵读中悟得古文魅力。

二、设计理念

主要体现两个"尊重"原则。一是尊重文体特点。小古文教学以读为主线,以读贯穿全文,以"三读"之策略,层层深入,逐步推进,读好节奏、读懂文意并适度迁移,培养阅读小古文之能力,激发学习小古文之兴趣。二是尊重年段学习规律。尊重学情差异,设计适合三年级学生学习的任务,实施符合学情特点的学习策略,借助自学、对学、群学等策略,借助设置阶梯、分层练习等方式,充分调动学生的阅读期待,激发学习的主动性,从而习得语言、内化语言,进一步丰厚语文素养。

三、学习目标

1.通过自读、听读,借助四字、三字语词的数字格式,读出小古文的节奏。

2. 通过品读、对读、赏读,读懂小古文的表达特点与语言韵味。

3. 通过诵读,积累语言;在文白互换、练笔体验中感悟小古文魅力。

四、预设流程

(一)一读,读好节奏

1. 文句猜谜。登楼远望,山林屋宇,一白无际,顿为银世界,真奇观也。(打一自然现象)

2. 调动积累。联系生活与学习,调动对"雪"的语言积累。问:看到"雪",你想到了哪些词语或诗句?

3. 朗读文本。组织自由朗读、同桌互读等,读通课文,读好停顿。之后,教师范读,请学生仔细听读,圈画出自己与老师读法不同之处;组织交流,集体正音,读好语句。

4. 抓特色语词,读好全文节奏。引导发现文本中较多的四字、三字语词,集中试读并发现它们不同的数字节奏格式(2/2,2/1),从而读好全文的节奏。

【设计意图:尊重学段特点,趣味为先,亲和为情,以猜谜、谈话等方式激发阅读期待、调动阅读积累。充分发挥学生阅读的自主性,自读、互读中锻炼朗读能力、解决问题的能力。教师指导,贵在学习最需处、最疑处。借助听读比照、特色语词数字格式发现等方式,巧妙点拨与引导,推进学习走上新一阶。】

(二)二读,读出意蕴

1. 整体把握。引导学生找到表示时间的词语(夜半、清晨),发现课文表达之序:时间顺序。

2. 逐层品读。

朗读并思考:课文描写了冬天的哪些景物,它们各有怎样的特点?圈出描写景物的词语,用波浪线画出描写其特点的语句。

同桌对读:一生读景物词语,一生读相应描写特点的语句,感受景物特点。

3. 个性赏读。

你最喜欢哪一句的描写?读一读,说一说。随机把握两点:

(1)联系上文理解"真奇观也"。①理解"奇观";②"奇"在何处?用文中语句解答;③读出"真奇观也"的无限赞叹。

(2)比较发现四字、三字词语搭配的错落有致的节奏感。

冬日严寒,木叶尽脱,阴云四布,弥漫天空,飞鸦千百成群,未暮归林。夜半,北风(忽)起,大雪(纷)飞。清晨,登楼远望,山林屋宇,一白无际,顿为银世界,真奇观也。

【设计意图:尊重文体特点,尊重学习规律,尊重学生个性,体现阅读层次感,从整体到局部再到整体,引导学生始终以读的方式去发现文本的表达特点,梳理文本表达顺序,感受景物特点,联系上下文理解中心语词,发现文本语词搭配出的节奏感等,层层深入又简约轻快,感受小古文之内在意蕴,渐入读文佳境。】

（三）三读,读至内化

1.全文诵读,设阶背诵。自由练习背诵,考虑学生差异,设置辅助背诵的多元形式阶梯,比如,板块记忆法(雪前、雪时、雪后);细节记忆法(什么景物 + 什么特点);同伴互助法(同桌对读对背);填空记忆法(遮住部分语句语词练习背诵)等。

2.文白互换,文言体验。设计分层作业,供学生选择练习。之后组织交流。

（1）选择《雪》中的一句话,用自己的话写写它的意思。

（2）从《雷雨》一文中选择 1~2 句,学习课文中四字词语或三字词语的形式,改写成小古文的样子,一句即可。

雷 雨

满天的乌云,黑沉沉地压下来。树上的叶子一动不动,蝉一声也不叫。

忽然一阵大风,吹得树枝乱摆。一只蜘蛛从网上垂下来,逃走了。

闪电越来越亮,雷声越来越响。

哗,哗,哗,雨下起来了。

雨越下越大。往窗外望去,树啊,房子啊,都看不清了。

渐渐地,渐渐地,雷声小了,雨声也小了。

天亮起来了。打开窗户,清新的空气迎面扑来。

雨停了。太阳出来了。一条彩虹挂在天空。蝉叫了。蜘蛛又坐在网上。池塘里水满了,青蛙也叫起来了。

（3）回想其他三个季节(春、夏、秋)或曾经欣赏过的自然现象(风、雾、雨、云……),选择一种,学习课文中四字词语或三字词语的形式,写一句小古文。

（预设笔者与孩子们一起练笔的下水之作:“午后,狂风起,木叶飞,雨点撒。阴晦沉沉,雨幕垂垂,目之所及,一派茫茫然也。”“春日暖柔,木叶尽发,绿意满目。三月,东风徐,纸鸢舞,儿童急走,笑语频传,真乃赏心之乐也。”）

【设计意图:语言学习,不仅需要体会、发现与感悟,更需要习得与内化,这样才能真正达到课标所提出的“理解与运用祖国语言文字”的理念。内化需要一定的方式。本环节主要预设“背诵、文白互换”两种方式。在方式的实施方面,充分尊重学情,尊重差异,体现自主性、选择性学习原则,设计了有一定层次的方法与练习,引导学生选择适合自己的方法进行练习,从而使每一个孩子都充分经历语言内化与习得的过程,在体验中感悟小古文的魅力。】

小古文:性缓

性　缓

一人性缓。冬日共人围炉,见人裳尾为火所烧,乃曰:"有一事见之已久。欲言恐君性急,不然又恐伤君。然则言是耶? 不言是耶?"人问何事,曰:"火烧君裳。"其人遽收衣而怒曰:"何不早言!"曰:"我道君性急,果然。"

性　刚

有父子俱性刚,不肯让人。一日父留客饮。遣子入城市肉。子取肉回,将出城门,值一人对面而来,各不相让,遂挺立良久。父寻至见之,谓子曰:"汝姑持肉回,陪客饭。待我与其对立在此。"

一、文本解读

《性缓》《性刚》两则小古文均选自《笑林广记》,文白夹杂,浅显有趣,文体特点相似:有巧妙的"笑点"设置,有对人物的行为、语言等描写,读来妙趣横生。对高段学生来说,虽属于课外阅读文本,但他们已有阅读文言文的经验积累。故,借助自学、互学、共学,自读、趣读、比读等方式,一能读懂,二能读出文言笑话的文体之妙来。若通过两则文言笑话的对比阅读,达到进一步激发学生自主阅读积累小古文的功效,便是幸甚至哉、欣慰至哉!

二、学习目标

1. 能借助阅读注释、合作学习等方式,自学文本,疏通文意,读通课文。
2. 紧扣文本之"笑点",品读语言,初步感受文言笑话之趣味与特点。
3. 拓展文本,通过小组合作、比较阅读,进一步感悟笑话的文体特点。
4. 能结合语境,适度进行语言实践。

三、预设流程

(一)自读文意
1. 揭示课题。交流学习古文的方法。
2. 组织互学。建议:借助注释,理解课文大意;根据理解,试着读通课文;合作展示,一人读文,一人说大意。
3. 集体交流。

（1）指名交流:朗读,说说大意。

（2）考一考:课文中出现5次的"人"分别指谁?

4.小结方法。通读全文。

【设计意图:学习经验乃上佳之敲门砖。调动学习积累,顺势而为,合作互学,把握大意与关键。】

（二）扣读笑点

1.再次互学。画出"笑点"的相关语句,与同桌说说此处为何好笑。

2.组织交流,明确笑点。

预设一:"有一事见之已久。欲言恐君性急,不然又恐伤君。然则言是耶? 不言是耶?"

预设二:"我道君性急,果然。"

3.透过其语言的描写,发现人物形象之特点。

4.再读全文:分角色朗读;填空式背诵。

【设计意图:展开聚焦式互学,深读文本,发现特点,朗读背诵,初步感知文言笑话的文体特点与趣味。】

（三）比读特点

1.借助注释,自学《性刚》。

2.再扣"笑点",组织共学。

学习活动:

（1）"笑点"何在,为何可笑? 画出相关语句后,在组内交流自己的理解。

（2）比较阅读:在"笑点"的写法上,《性刚》与《性缓》有何异同之处? 请各抒己见,组长整理好准备汇报。

篇名	异	同
《性缓》		
《性刚》		

反馈,交流。

3.自然小结,发现文言笑话之文体特点。

【设计意图:顺势引入相似文本,借助比读与共学,深度发现文言笑话的异与同,共品其笑,共悟其味,趣哉美哉。】

（四）语言实践

生活中的人们,各有各的性子。有的性缓,有的性刚,也有的……他们是否也会闹出笑话呢? 组织练笔。

　　学习活动：联系生活，学着《性缓》《性刚》两则文言笑话的样子，通过描写人物的语言或行为，来刻画人物特点，巧妙布置笑点。（可以用白话写，也可以挑战自我，尝试用文言写）

　　之后，组织交流，发现表达上的优点。

　　自然结课。

　　【设计意图：生活即语文。调动生活积累，尝试文体特点，选择文白试写，自主开放，亲身体验，实现最美最实之迁移。】

　　四、板书设计

性　缓

语言　　　　　　反　常

———————————————→　笑点

动作　　　　　　夸　张

问：最近因工作之需要出几份阅读测评卷，尝试了好几稿都不太满意，感觉：文本选择与命题内容无从着手，阅读题型比较单一，总体缺乏阅读命题的指导性理念……在此，期待能得到您的指点与分享。

答：关于阅读测评的命题，我也处于摸索状态。荣幸的是，1998年至今我一直参与县区域语文学科期终检测的命题工作。20余年的探索，使我在命题理念、题型设计、测评标准等层面积累了一些经验。由此撰写的研究论文在《教学月刊》发表，同年《人大复印资料·小学语文教与学》予以转载。供你参考。

6-1 教学论文

基于教材文本的阅读测评题型解析

——以六年级教材为例

　　最近浏览了一些小学语文阅读测评题,发现两个特点:一是阅读材料主要是教材文本与课外文本的累加,题量与分值权重基本各占 50%；二是关于教材文本的测评题偏重"记忆、积累",把"理解、运用"的测评几乎都放在课外文本上。其中第二个特点似乎在向学生宣布:对于课文,只需要背诵精彩语段、记忆人物特点即可,不需要深刻理解,也不需要研读其表达方法以及实践运用……若这样的测评题泛滥,那我们的语文课堂学习不觉让人担忧了。

　　《义务教育语文课程标准(2011 版)》指出,语文课程评价应该突出评价的诊断和发展功能。因此,阅读测评既要发挥其诊断功能,也要突出其"以评促学"的发展功能。我们要在测评中诊断学生的学习情况,引导学生从题型中发现阅读的方法,锻炼阅读能力,拓展阅读认知,激发其深入学习的积极性与主动性。

　　那么,如何充分利用教材的文本资源,编写具有诊断与发展功能的阅读测评题呢? 笔者以人教版六年级语文教材为例,谈一谈实践心得。

一、"了解运用"型:内化语文知识,淡化概念突出运用

　　《课程标准》在"评价建议"中指出:语文知识学习重在运用,其概念不作为考试内容。小学阶段的语文知识,主要包括汉语拼音、句式修辞、标点符号、工具书使用常识、文化常识等等。语文知识的学习,主要在阅读教学与运用练习中进行,均要借助具体的语言材料展开。学生通过对具体语言案例的阅读和感悟,了解语文知识的大致概念与用法,然后经过实践运用内化为语文能力。因此,关于语文知识的阅读测评题的编写,主要突出两个基本要求:一是提供具体的语言案例;二是不测知识概念,侧重学习运用。

【案例 1】

阅读语句,根据提示写句子。

1.《草虫的村落》:我看见测气候者忙于观察气象,工程师忙于建筑设计……各

种不同的工作,都有专门的虫子担任。(提示:这个句子中"……"表示什么? 请根据这种用法,用上"……"写一句话。)

2.《这片土地是神圣的》:印第安人喜爱雨后清风的气息,喜爱它拂过水面的声音,喜爱风中飘来的松脂的幽香。(提示:相同的句式连续出现三次或更多次,就是"排比"。你也试着写一句。)

题1的测评核心是考查学生对省略号基本作用的了解及其运用。该题避免了简单粗暴的做法——让学生直接写出省略号的作用——其作用很多学生能意会但无法正确言传,而是站在学情角度,引导学生从语句的阅读中了解感悟省略号的作用,鼓励学生把意会的东西用具体的语句表达出来。

题2的测评重点是对排比句的了解及模仿运用。该题没有让学生判断句子的修辞方法,而是充分尊重教材的特点——教材中从未出现过修辞的概念,因此用提示语解释什么是"排比",并鼓励学生模仿运用。

以上两道测评题,涉及不同的语文知识,凸显了语文知识类题型的评价要求,淡化知识概念的考查,突出语言案例的分析,让了解与运用紧密结合,充分尊重教材与学情,促进学生对语文知识的进一步学习与内化。

二、"联系理解"型:联系相关文本,理解含义丰富积累

《课程标准》指出:阅读的评价,要综合考查学生阅读过程中的感受、体验和理解……精读的评价,重点评价学生对阅读材料的综合理解能力。如何来考查学生的理解能力呢? 方式有很多,最常用的是要求学生直接写出语句的含义。这种方式,适用于含义极其深刻的语句,比较适合初中学段的学生。对于小学生来说,更倾向于用另一种形象的语言来解释语句,这是一种接近于类比推理的思维形式。那么,教师在编写理解类的阅读测评题时,是否也应顺势而为呢?

【案例2】

1."跟着一阵阵湿润的山风,跟着一缕缕轻盈的云雾,雨,悄悄地来了。"这句话出自《_____》这篇课文,"悄悄地"一词写出了雨的特点。这不禁让我想起了唐代诗人杜甫在《春夜喜雨》中的诗句: _____,_____。

2.阅读《月光曲》语段:"皮鞋匠静静地听着。他好像面对着大海,①月光正从水天相接的地方升起来。②微波粼粼的海面上,霎时间洒满了银光。③月亮越升越高,穿过一缕一缕轻纱似的微云。忽然,海面上刮起了大风,卷起了巨浪。被月光照得雪亮的浪花,一个接一个朝着岸边涌过来……"文中加序号的三处语句,分别与下面哪个诗句的意境相似呢? 在相应的(　)里填上句子序号。

(1)当时明月在,曾照彩云归。　　　　　　　(　　)

（2）江天一色无纤尘,皎皎空中孤月轮。　（　　）

（3）滟滟随波千万里,何处春江无月明?　（　　）

这两道题有异曲同工之妙,都用到了古诗句。题1借助教材文本《山雨》(六年级上册)中的语句来进一步理解《春夜喜雨》(六年级上册)中的"随风潜入夜,润物细无声"。这种方式把同册教材中的文本联系起来,既考查了学生对古诗的理解情况,也渗透了古诗句在现实的具体语境中的运用意识。可谓一举两得。题2借助学生陌生的古诗句,加深他们对文本语言的理解。在古今文句的推敲、联系、比读中,学生不仅理解了语句含义,更体会到了月景在不同作者笔下的不同,既深化了理解,又丰富了语言的感知与品味,可谓一举多得。

这两道题给了我们这样的启发:理解类的阅读测评题,首先要体现学生的年龄特点,尽可能趣化形式,调动学生的积极性;其次须尊重学生的思维方式,顺势而为,可以借助相应的文本资源,帮助学生建立联系,促进文本理解与语言积累。

三、"渗透学法"型:探寻内在关联,深读文本习得方法

古人说,授之以鱼不如授之以渔。在阅读教学中,教师应非常注重学习方法的渗透与指导,以促进学生阅读能力的发展。《课程标准》指出,阅读的评价要关注学生的阅读兴趣与价值取向、阅读方法与习惯。那么,阅读测评题中是否也可以渗透阅读方法的指导呢? 我们先来阅读一则案例。

【案例3】

1.阅读《跨越百年的美丽》的片段:居里夫人的美名,从她发现镭那一刻起就流传于世,迄今已经百年。这是她用全部的青春、信念和生命换来的荣誉。①她一生共得了10项奖金、16种奖章、107个名誉头衔,特别是获得了两次诺贝尔奖。她本来可以躺在任何一项大奖或任何一个荣誉上尽情地享受,但是,她视名利如粪土,②她将奖金捐赠给科研事业和战争中的法国,而将那些奖章送给6岁的小女儿当玩具。③她一如既往,埋头工作到67岁离开人世,离开她心爱的实验室。直到她身后40年,她用过的笔记本里,还有射线在不停地释放。著名科学家爱因斯坦说过:"在所有的世界著名人物中,玛丽•居里是唯一没有被盛名宠坏的人。"

思考:文中有3个标上序号的句子。其中,能解释文中的"信念""视名利如粪土""盛名"这三个词语的句子,分别是(　　)(　　)(　　)。

2.阅读《草虫的村落》片段:我的目光顺着僻静的小路探索,我看到"村民们"的劳动生活了。它们一队队不知道从什么地方来,一定是很远很远的地方吧? 现在它们归来了,每一个都用前肢推着大过身体两三倍的食物,行色匆匆地赶着路。是什么力量使它们这么勤勉地奔忙呢?

思考:文中哪一句话具体解释了"勤勉地奔忙"的意思?用"___"画出来。

这两道题,亦有异曲同工之妙:渗透了"联系上下文理解词句"之方法。理解课文的重要词句,是阅读测评中不可或缺的一项。平时阅读,学生会采用多种方法理解词句,查阅工具书、请教他人、联系上下文等。其中,最锻炼个体阅读能力的便是联系上下文,但也是学生普遍较弱的一项能力,因为很多学生的阅读习惯是依赖工具书,依赖教师与同学。而在这样的测评题中,在明晰的答题提示中,学生会再次投入文本进行阅读,反复品味、反复推敲,直至找到答案为止。

如此独立的静默的探寻,是对学习方法的一次深度体验,比以往集体学习氛围中的任何一次均要深刻。这样的练习必将促进学习方法在学生思维认知中内化与吸收,使学生在今后的阅读中自觉地使用。因此,在测评题的编写中,教师不妨考虑巧妙渗透阅读方法,这样的测评才真正利于学生阅读能力的发展。

四、"发现写法"型:循文悟道思质,探寻发现表达方式

汪潮教授在《小学语文教材研读》一书中这样论述:课文解读就是要解读课文的文、道、质。"文"就是课文表现或反映客观事物的语言文字,"道"就是课文的思想内容,"质"就是连接"文"与"道"的成文法则,表达方式。就一篇课文而言,必须从文入手悟道,从质入手解析文,再从道入手把握文,从文入手把握质。可见,"质"是阅读教学的核心目标。感悟文本的表达方式,是阅读教学的关键,也应成为编制阅读测评题的一个重要导向。

【案例4】

1.阅读《我的伯父鲁迅先生》"谈水浒"片段,思考:在与"我"的交谈中,伯父肯定说了不少的话,但作者为什么只写下这一句——伯父摸着胡子,笑了笑,说:"哈哈!还是我的记性好。"

2.阅读《卖火柴的小女孩》片段:第二天清晨,这个小女孩坐在墙角里,两腮通红,嘴上带着微笑。她死了,在旧年的大年夜冻死了。新年的太阳升起来了,照在她小小的尸体上。小女孩坐在那儿,手里还捏着一把烧过了的火柴梗……

思考:下面两个语句,文章为什么用了第二种写法?

(1)她死了,冻死了。

(2)她死了,在旧年的大年夜冻死了。

《课程标准》指出,精读的评价,要考查体会重要词句表情达意的作用,考查对文章表达方法的了解领悟。这两道测评题,均指向了文章中重点词句的表达方式,重点在于让学生在比较中体会其表情达意的作用。这与阅读教学的目标是一致的。这样的测评,会引导学生再一次品读文章,仔细咀嚼看似平常的语句中所含着的作者用

意:题1中的语句能更好地突出伯父的幽默以及对后辈的良苦用心,题2中的语句则更能凸显小女孩命运的悲惨,饱含着作者凝于笔尖的对小女孩的深切同情以及对黑暗社会的极度无奈与痛恨。

阅读教学是学生与教师、教科书编者、文本之间对话的过程。具有"发现表达方法"功能的测评,无疑能再一次引领学生与教材文本、作者展开对话。其间,学生所探寻到的不仅仅是测评题的答案,更多的是文本的"质"以及"质"的魅力。这样的阅读体验将引导学生进行更深的阅读、更深的思索、更深的探寻。

五、"阐述观点"型:提取关键信息,高度整合表述感受

阅读是运用语言文字获取信息、认识世界、发展思维、获得审美体验的重要途径。《课程标准》指出,精读的评价要重视评价学生的情感体验和创造性的理解。因此,阅读测评题应为学生创设独立开放的空间,引导学生深度思考、确立观点、有序阐述,把自己从文本中获取的关键信息、获得的阅读体验以及创造性理解淋漓尽致地表达出来。

【案例5】

1.读读这些课文是用怎样的语言来评论人物的。

(1)《一夜的工作》:这就是我们的总理。我看见了他一夜的工作。他是多么劳苦,多么简朴!

(2)《跨越百年的美丽》:在所有的世界著名人物中,玛丽·居里是唯一没有被盛名宠坏的人。

(3)《智慧之光》:是什么力量让玛丽亚和江雪如此机智勇敢呢? 显然,仅仅有爱心是不够的,还需要将爱心、勇气和智慧融于一身。

思考:

(1)你喜欢第几种评论的方式及语言? 为什么?

(2)试着用你喜欢的方式,给下列作品(《卖火柴的小女孩》《鲁滨孙漂流记》《汤姆·索亚历险记》)中的一位主要人物写评论语。

2.阅读《凡卡》结尾处"写信封寄信"片段,思考:凡卡写的这封信,爷爷能收到吗? 请联系这个片段的描述,把你的观点和理由清楚地写下来。

题1的设计,整合了教材文本资源,引导学生发现文本评论的特点,然后学习这样的表达方法去阐明自己的阅读感受,表述对文本人物的理解。这样的设计,既指向了文本秘妙,又凸显了表达特色,在学生阐述观点之前充分给予了方法的指导,让人有欣喜与温暖之感。题2的设计,给学生一个更大的空间,引导学生依据问题,从文本中收集相应的信息进行整理与概括,确定观点,呈现理由,有序表达。对学生来说,

这是一次阅读挑战,更是一次独立阅读与表达的完美体验。

　　阅读是学生的个性化行为。阅读教学应引导学生钻研文本,在主动积极的思维和情感活动中,加深理解和体验,受到情感熏陶,获得思想启迪,享受审美乐趣。"阐述观点"型的阅读测评题,为学生创设了钻研文本、加深体验的开放空间,引领学生有所思、有所感、有所悟,享受阅读乐趣,体验完整表述观点的快乐。

　　以上,依据《课程标准》阐述了几种阅读测评题型的设计理念与编写策略,其中案例均为笔者原创,旨在与同仁分享与探讨:如何使阅读评价更加完善,使呈现在学生面前的阅读测评题更好地整合教材文本资源,更好地发挥诊断与发展的功能。这值得我们深度研究。测评的形式可以多元,途径可以多元,但理念始终如一:阅读评价,以评促学,以评价促发展,促进学生阅读能力的再发展,促进学生语文素养的新发展。

【备注】

　　此文发表于中国核心期刊数据库收录期刊《教学月刊(小学版)》2018年第1-2期;中华人民共和国教育部主管、中国人民大学主办的《复印报刊资料/小学语文教与学》2018年第5期予以转载。

6-2 原创测评卷

五年级上册阅读测评 -1

一、阅读与辨析（用√或 × 表示；有错的在原句上改正）

1. "孩子，不要埋怨我在你生病时的冷漠。因为，总有一天，你要离我远去，独立面对生活。"这句话中的关联词"因为"用得很恰当。　　　　　　　（　　）

2. "我国发现过一头近四万公斤重的鲸，约十七米长，一条舌头就有十几头大肥猪那么重。"这句话用到的说明方法是"举例子"和"列数字"。　　　（　　）

3. 《最后一分钟》表达了 1997 年 7 月 1 日香港回归之时中国人民积聚心中、喷涌而出的爱国情怀。　　　　　　　　　　　　　　　　　　（　　）

4. 有人说，《落花生》一文中全家吃的是"花生"，品的是"人生"。　（　　）

二、阅读与积累

1. 在"遨游汉字王国"的综合性学习活动中，我知道了汉字演变有多种字体，如：_____、_____、_____、_____等。而且，每个汉字都有不同的性格与风韵，如，刘湛秋写道："'轻'字使人有飘浮感，'重'字一望而沉坠。"我也会用自己的语言，来描绘我喜欢的一个汉字："_____"字_____。

2. 陈寿说"一日无书，_____。"台湾作家_____在《窃读记》一文中这样表达阅读的滋味：_____。而《走遍天下书为侣》一文更是道出了书与我们的关系：一本你喜爱的书就是一位朋友，也是_____。现在，我想说：一本好的书就是_____，也是_____。

3. 在遥远的古代，漂泊在外的游子善于用诗句来表达浓浓的思乡之情。如王安石在《泊船瓜洲》一诗中这样写道：_____，_____。再如"_____，行人临发又开封"两句，则道出了唐代诗人_____的情思。清代词人纳兰性德的"风一更，雪一更，聒碎乡心梦不成，故园无此声"，文中的"故园无此声"，我是这样理解的：_____

_____

三、阅读与理解

（一）开国大典（选段）

接着，毛泽东主席宣布："中华人民共和国中央人民政府在今天成立了！"

这庄严的宣告，这雄伟的声音，_____。这庄严的宣告，这雄伟的声音，经过无线电的广播，传到_____，传到_____，使_____。

接着，升国旗。毛主席亲自按动连通电动旗杆的电钮，新中国的国旗——五星红旗徐徐上升，三十万人一齐脱帽肃立，一齐抬起头，瞻仰这鲜红的国旗。五星红旗升起来了，表明中国人民从此站起来了。

升旗的时候，礼炮响起来。每一响都是54门大炮齐发，一共28响。起初是全场肃静，只听见炮声，只听见国旗和许多旗帜飘拂的声音，到后来，每一声炮响后，全场就响起一阵雷鸣般的掌声。

1. 按课文内容填空。

2. 梳理内容，发现特点。

（1）这个选段一共描写了哪几个场面？请用小标题的形式简洁地概括出来。

（2）现在，我选择"_____"这个场面读一读。我发现这段场面描写有这样的特点：_____

（注：写出一点即可，若发现第二点可酌情加分。）

3. 阅读链接与拓展。

回顾"一代伟人毛泽东"单元，从《青山处处埋忠骨》一文，我看到了_____
_____的毛泽东；从《毛主席在花山》一文，则看到了_____
_____的毛泽东。在《七律·长征》一诗中，我最喜欢这两句：_____
_____，_____。因为这两句_____。

（二）萤火虫与蜗牛

①萤火虫与蜗牛，对于从小在农村长大的我来说是再熟悉不过了。小时候，每逢盛夏夜晚在室外纳凉时，随处可见尾部荧光一闪一闪的萤火虫四处飞舞。我们兴味无穷地捉了一只又一只装在小瓶里玩耍。在我看来，萤火虫真是小得可怜，而且实在笨拙，总是被我们非常轻易地逮住。而田间地头随处可见的蜗牛呢，相对于萤火虫来说已是一个庞然大物了。而且蜗牛比萤火虫机敏多了，一旦有什么危险，立马就把头缩进了硬壳里。我以为，萤火虫与蜗牛各有各的世界，是没有任何联系的。

②当我看到一则有关萤火虫与蜗牛的资料时，不由大吃一惊。资料上说，萤火虫竟然是食肉小甲虫。而它的食物就是蜗牛。我迷惑了□萤火虫看起来那么小巧□柔

弱和笨拙□怎么对付得了蜗牛呢□而蜗牛是那么敏感和警惕□它的很多天敌常常拿它无可奈何□又怎么可能会被小小的萤火虫吃掉呢□及至看完全文□我才恍悟□

③原来,萤火虫的头顶有一对颚(è),弯拢来就成为一把钩子,钩子上有一条沟槽,那东西细小得像头发,很尖利。萤火虫捉蜗牛时,先用颚在蜗牛的肉体上轻轻地敲敲,最多也就敲五六次,而蜗牛根本未把弱小的萤火虫放在眼里,对其冒犯并不在意,甚至觉得被敲打几下如同按摩一样还很舒服。它不知道,萤火虫的这种敲打就是向它注射一种毒液。蜗牛就在毫无警觉的情况下被麻痹,直至失去知觉。当蜗牛被毒倒后,萤火虫再敲它几下,注射另外一种液体,使蜗牛的肉变成流质,然后用管状的嘴喝下去。而一只蜗牛,可以供不少萤火虫吃上好几天。

④萤火虫的胜利,不仅是因为它有致命的毒液,更得益于它一副弱小的能迷惑对手、使对手放松戒备的躯体。面对精明的蜗牛,萤火虫的弱小不是劣势,反而成了一种得天独厚的优势。萤火虫的故事启示我们:_____
_____。

⑤也许有人会嘲笑蜗牛,(   )不少人又何尝不像这蜗牛?他们常常不容易败给表面强大的较量者,不容易败在十分重大的问题上,却会轻易败给看似弱小的对手,败在一些看似无关紧要的细节上。(   )他们对前者不敢轻视,对后者却容易放松警惕。蜗牛的教训告诫我们:越是看起来不堪一击的对手,看似无足轻重的细节,越是不可疏忽大意或掉以轻心。

1.根据意思,从短文中找出相关的词语写下来。

(1)具有特殊优越的条件。(   )

(2)不得已,没有办法。(   )

(3)对某个事物兴趣很高,或沉醉其中。(   )

(4)形容高而大的事物。(   )

2.按要求阅读相关语段,完成练习。

(1)读第①段,联系下文想一想:作者主要想表达的意思是_____(选填序号)。

A.萤火虫与蜗牛,对于从小在农村长大的我来说是再熟悉不过了。

B.我以为,萤火虫与蜗牛各有各的世界,是没有任何联系的。

(2)在第②段的□里,填上恰当的标点符号。

(3)读读第③段,概括出描写萤火虫吃掉蜗牛过程中最关键的动作2~3个:____
_____;再用上这几个动词,把这段话的意思概括地写下来:_____

(4)读第④段,把你从中得到的启示,写在段中的横线上。

(5)读第⑤段,在段中的(   )里填上恰当的关联词。

3.品析词句。

他们常常不容易败给表面强大的较量者,不容易败在十分重大的问题上,却会轻易败给看似弱小的对手,败在一些看似无关紧要的细节上。

问:句中"看似"一词,可以去掉吗？为什么？

五年级上册阅读测评 -2

一、判断下列说法是否正确,对的打"√",错的打"×"

1. 唐朝诗人张籍《秋思》一诗中出现的地名"洛阳""开封",均属河南。 （　　）

2. "五岭逶迤腾细浪,乌蒙磅礴走泥丸"用夸张的手法表现了红军战士面对千难万险的革命乐观主义精神。 （　　）

3. 《圆明园的毁灭》一文详写了昔日的辉煌、略写了毁灭,有同学评价说此文是"主次颠倒、文题不符",也有同学说"辉煌比毁灭好写,所以作者这样写"。 （　　）

4. 《"精彩极了"和"糟糕透了"》一文中"七点。七点一刻。七点半。"这句话中的句号,用得很不一般,足以表现"我"等待时焦急而又耐心的心理。 （　　）

二、阅读短文,完成练习

（一）走遍天下书为侣（节选）

所以,我愿意坐在自己的船里,一遍又一遍地读那本书。<u>首先我会思考,故事中的人为什么这样做,作家为什么要写这个故事。然后,我会在脑子里继续把这个故事编下去,回过头来品味我最欣赏的一些片段,并问问自己为什么喜欢它们。我还会再读其他部分,并从中找到我以前忽略的东西。做完这些,我会把从书中学到的东西列个单子。最后,我会想象作者是什么样的,他会有怎样的生活经历……</u>这真像与另一个人同船而行。

一本你喜爱的书就是一位朋友,也是一处你随时想去就去的故地。从某种意义上说,它是你自己的东西,因为世上没有两个人会用同一种方式读同一本书。

1. 选文画线的语句主要写了"我"读书的_____。请照样子用两字或三字词语分别概括出来,写在相应的格子里。

首先	然后		还	做完这些	最后
思考					

2.照样子,写出你自己对书的感受与理解。

一本你喜爱的书就是一位朋友,也是一处你随时想去就去的故地。从某种意义上说,它是你自己的东西,因为世上没有两个人会用同一种方式读同一本书。

一本你____的书就是_____,也是_____。从某种意义上说,它是你自己的东西,因为_____。

3.拓展积累:填写名言,趣味辨字。

(1)读书破万卷,_____。(作者:_____)

(2)读书有三到,谓_____。(作者:_____)

(3)通过"遨游汉字王国"综合性学习,我们知道汉字在几千年的历史中,字体发生了很大变化。你能辨析下面"书"的繁体字——"書"的字体吗?请写在相应的(　)里。

（　篆书　）（　　　）（　　　）（　　　）（　　　）

(二)梅花魂(节选)

离别的前一天早上,外祖父早早地起了床,把我叫到书房里,郑重地递给我一卷白杭绸包着的东西。我打开一看,原来是那幅墨梅,就说:"外公,这不是您最宝贵的画吗?"

"是啊,莺儿,你要好好保存!这梅花,是我们中国最有名的花。旁的花,大抵是春暖才开花,她却不一样,愈是寒冷,愈是风欺雪压,花开得愈精神,愈秀气。她是最有品格、最有灵魂、最有骨气的!几千年来,我们中华民族出了许多有气节的人物,他们不管历经多少磨难,不管受到怎样的欺凌,从来都是顶天立地,不肯低头折节。他们就像这梅花一样。一个中国人,无论在怎样的境遇里,总要有梅花的秉性才好!"

1.这两段话主要写了_____。

2."秉性"的意思是_____。文中哪一句话诠释了梅花的"秉性"?请用"_____"画出来。

3.中华民族的历史上,涌现了许多有气节的人物。请选择一位人物,用上"不管……不管……"具体写出他的可贵事迹与秉性。

4."梅"是坚强、正气的象征,古今文人墨客均为之称颂。王冕在《墨梅》诗中表达了梅花之志:不求人夸颜色好,_____。毛泽东主席在《卜算子·咏梅》一词中这样赞叹:俏也不争春,只把春来报。_____,她在丛中笑。

（三）鸟儿的指南针

不少鸟儿有迁徙的习性,迁徙的距离少则几百千米,多则数千千米。在如此漫长的迁徙旅途中,它们为何不会迷路呢? 科学家很早就推测,鸟儿体内有导航系统可以感知地球磁场,指挥鸟儿按照正确的路线迁徙。

鸟儿体内的导航系统究竟是什么? 多年来没有确切的答案。近年来,澳大利亚科学家戴维·基耶斯认为,他们可能找到了鸟儿导航之谜的谜底。他们研究发现,鸟儿的耳朵内藏有铁质小球,它就如同指南针一样可以帮助鸟儿导航,让鸟儿始终不会偏离正确的路线。

鸟儿耳内的指南针不止一个,而是有数千个,这些指南针一起帮助鸟儿辨别方向。我们不仔细看,还真难在鸟的头部发现它的耳朵,这么小的耳朵能装得下那么多指南针吗? 我们不用担心,因为这些指南针特别微小,不过是直径只有20纳米的小铁球,3000个这样的小铁球一个接一个地排列起来也只有头发丝那么粗。铁球状的指南针存在于鸟儿耳内的毛细胞中。这些毛细胞不仅可以帮助鸟儿听到声音,而且可以感知地球磁场的变化。

对于鸟儿耳内微小铁球的作用,研究人员还不敢完全肯定。基耶斯表示:"我们在多种鸟儿耳中都发现了这些小铁球,但是哺乳动物的耳中却没有这样的小铁球。我们并不完全清楚这些神奇铁球的作用,需要更多的时间来找到答案。"

耳内的指南针只是鸟儿导航系统的一部分,它们对远距离导航起重要作用,以便鸟儿在远飞时大方向不会出错。鸟儿在方圆几十千米乃至近到几十米的范围内活动时,耳内小铁球只起辅助作用,鸟儿要想顺利地找到巢穴和捕食地,则得依靠视觉系统来导航,它们得看日光和周围的标志物来识别方位。

1. 阅读短文,选择正确的选项,把序号写在相应的（　　）里。

（1）本文是（　　）,主要介绍了鸟儿指南针的（　　）（　　）（　　）等。

A. 说明文　B. 记叙文　C. 童话　D. 形状　E. 大小　F. 作用　G. 距离

（2）鸟儿耳内的指南针有（　　）个。

A. 一个　B. 数百个　C. 数千个　D. 数万个

（3）鸟儿的指南针存在于耳内的毛细胞中。这些毛细胞的作用是（　　）（　　）。

A. 帮助听到声音　B. 帮助寻找食物　C. 帮助寻找巢穴　D. 感知磁场变化

（4）下面（　　）（　　）这几个数据范围内,耳内小铁球只起辅助作用。

A. 20米　B. 20千米　C. 200千米　D. 2000千米

2. 下面语句各运用了什么说明方法? 写在相应的（　　）里。

（1）鸟儿耳朵内的铁质小球,如同一个指南针一样可以帮助鸟儿导航。（　　）

（2）3000个这样的小铁球一个接一个地排列起来也只有头发丝那么粗。（　　）

（3）这些指南针特别微小,不过是直径只有 20 纳米的小铁球。　　（　　）

3. 情境对话:遇到这种情况,你会怎么说? 请联系短文写一写。

小林说:读了这篇文章,我知道了,鸟儿的导航系统就是耳内的指南针,鸟儿飞行全靠了耳内的指南针呢!

我说:＿＿＿＿＿＿＿＿＿＿＿＿＿＿＿＿＿＿＿＿＿＿＿＿＿＿＿＿＿

五年级下册阅读测评 -1

一、阅读与辨析(用√或 × 表示;有错的,在原句上改正)

1. "路漫漫其修远兮,吾将上下而求索。"这句话的书写是正确的。　　　（　　）

2. "怪生无雨都张伞"中的"怪生"是"怪不得这孩子"的意思。　　　（　　）

3. 被鲁迅先生称为"史家之绝唱,无韵之离骚"的著作是汉代司马迁所著的《史记》。　　　　　　　　　　　　　　　　　　　　　　　　　　　（　　）

4. "入木三分"可以形容书法笔力强劲,也可比喻见解、议论十分深刻。　（　　）

5. 学习《临死前的严监生》一文之后,同学们认为严监生"吝啬抠门"或"节俭持家",我觉得这两种理解都可以。　　　　　　　　　　　　　　（　　）

二、阅读与积累

1.【美景共赏】老舍先生在《草原》一文中,这样写道:那些小丘的线条是那么柔美,就像只用＿＿＿＿＿＿,不用＿＿＿＿＿的中国画那样,到处＿＿＿＿,轻轻流入云际。季羡林先生在《＿＿＿＿＿》一文中这样赞美:走过任何一条街,抬头向上看,家家户户的窗子前都是＿＿＿＿、＿＿＿＿。

2.【童趣共品】唐朝吕岩《牧童》一诗中,最能体现童趣的是这两句:"＿＿＿＿＿＿＿＿＿＿＿＿＿,＿＿＿＿＿＿＿＿＿＿"。而梁国杨氏子回答孔君平的这句话:"＿＿＿＿＿＿＿＿＿＿＿＿＿"更是智趣共生,让人拍案称妙。

3.【名著共读】《景阳冈》选自＿＿＿＿所著的《＿＿＿＿＿》;《猴王出世》选自＿＿＿＿所著的《＿＿＿＿＿》;再加上《＿＿＿＿》和《＿＿＿＿》,并称为"中国四大古典名著"。其中, 课文中武松、美猴王、王熙凤这三个人物中, ＿＿＿＿＿＿＿＿＿＿＿这个人物给我留下了深刻的印象, 因为＿＿＿＿＿＿＿＿＿＿＿＿＿。 另外, 我也积累了不少与名著人物有关的歇后语, 比如: ＿＿＿＿＿＿＿＿＿＿＿＿＿＿＿＿＿＿＿ （写一句）。

4.【利弊共辨】在"走进信息世界"的综合性学习活动中,我们知道:网络提供了很多便利,比如_____、_____(请列举两个,用四字词语概括);我们也知道:若使用不当,网络也会带来坏处,比如_____、_____(请列举两个,用四字词语概括)。

三、阅读与理解

（一）

爸爸告诉我,骆驼很怕狼,戴上了铃铛,狼听见铃铛的声音,就不敢侵犯了。

我的幼稚心灵中却充满了和大人不同的想法,我对爸爸说:"不是的,爸!它们软软的脚掌走在软软的沙漠上,没有一点点声音,您不是说,它们走上三天三夜都不喝一口水,只是不声不响地咀嚼着从胃里倒出来的食物吗? 一定是拉骆驼的人,耐不住那长途寂寞的旅程,才给骆驼戴上了铃铛,增加一些行路的情趣。"

爸爸想了想,笑笑说:"也许,你的想法更美些。"

1.以上语段选自课文《_____》,此文是小说《_____》的序言,作者_____。

2.关于骆驼戴上铃铛的用途,爸爸与"我"有不同的看法。请你用简洁的语言概括,每处不超过 10 个字。

爸爸认为,骆驼戴上铃铛是为了_____;而"我"认为,骆驼戴上铃铛是为了_____。

3.读了这三个语段,你的脑海有没有浮现出骆驼队行进在沙漠上的画面? 请试着写一写:

冬阳下,一支骆驼队正缓缓行进,那样_____,那样_____,那样_____。

（二）

起初,小嘎子精神抖擞,欺负对手傻大黑粗,动转不灵,围着他猴儿似的蹦来蹦去,总想使巧招,下冷绊子,仿佛很占了上风。可是小胖墩儿也是个摔跤的惯手,塌着腰,合了裆,鼓着眼珠子,不露一点儿破绽。两个人走马灯似的转了三四圈,终于三抓两挠,揪在了一起。这一来,小嘎子可上了当:<u>小胖墩儿膀大腰粗,一身牛劲儿,任你怎样推拉拽顶,硬是扳不动他。</u>小嘎子已有些沉不住气,刚想用脚腕子去钩他的腿,不料反给他把脚别住了。胖墩儿趋势往旁侧里一推,咕咚一声,小嘎子摔了个仰面朝天。

1.这个语段主要借助_____描写来刻画人物形象。从"_____"(写出 2~3 个)等词语中,可以感受到_____这个人物的形象特点是_____
_____。

2.文中画线的句子,没有具体写小嘎子如何"推拉拽顶"。请你结合语段并展开想象,用上这四个动词,把这个情景写出来。

（三）挑水肥的人
林清玄

昔时乡间有一种专门挑水肥的人,他们每隔一星期会来家里"担(dān dàn)肥",也就是把粪坑的屎尿挑到田野去施肥,因此我们常会和他们在田间小路不期而遇。

小孩子贪甜恶(è wù)咸,喜香怨臭,很讨厌水肥的味道,我们只要看见挑水肥的人走近,就捏着鼻子往反方向逃走,跑很远了才敢大口呼吸。

有的挑水肥的人喜欢捉弄孩子,远远地就说:"香的来了,要闻香的孩子赶紧来喔!"那语调好像他就要挖一块分给人闻香一样。

有一次,我与爸爸同行,不巧遇到挑水肥的人,我不敢跑开,只好捏着鼻子把头别到一边去,好不容易熬到水肥的味道错身而过。

爸爸立刻叫我立正站好——每次他有什么严重的教训总是叫我们立正站好——然后他严肃地问我:"为什么遇到担肥的人捏鼻子转头?"

□因为真的很臭嘛□我委屈地说□

□他们挑肥的人难道不会臭吗□

我说□大概会吧□

爸爸说□他们忍着臭□帮我们把水肥倒在田里□我们应该感谢他们呀□知不知道□

我点头说:"知道。"

爸爸忽然以一种十分感性的语调说:"这担肥的人,在家里也是人的儿子,也是他儿子的爸爸,我们应该尊重人、疼惜人,以后你在田里遇见他们,不可以把头转开,不可以捏鼻子,知道吗?"

"可是真的很臭呀!"

爸爸说:"你可以深呼吸、憋住气,等他们走过再呼吸呀!"

后来,我每次遇到担肥的人,总是深呼吸、憋住气,想到他们也是人子,也是人父,就感觉那样的憋气使我有一种庄严之感。

我后来肺活量大,可能与那深呼吸和憋气有关。

现在,父亲虽然过世了,但他那一天对我说话的情景还历历在目,讲完话,我们一起在夕阳下的田园漫步回家,田园流动着金黄色的光到如今还照耀着我……

1.给文中加点的两个多音字选择正确的读音,打"√"表示。

2.在文中"□"里填入恰当的标点符号。

3. 联系上下文, 理解词语的意思。

不期而遇: _____

错身而过: _____

历历在目: _____

4. 文章第 4 段至第 14 段, 主要讲了一件什么事? 请你用一两句话简要概括。

_____

_____

5. 读文章最后一段, "我们一起在夕阳下的田园漫步回家, 田园流动着金黄色的光到如今还照耀着我……" 这种写法称作_____(选一选: ①借景抒情; ②借物喻人)。为什么说 "田园流动着金黄色的光到如今还照耀着我"? 其中含着怎样的意思? 请你写出自己的理解。

五年级下册阅读测评 -2

一、阅读辨析测试站(用√或 × 表示)

1. 面对黄河, 唐朝诗人李白不禁赞叹道: "九曲黄河万里沙, 浪淘风簸自天涯。" ( )

2. 人们把 "地满红花红满地, 天连碧水碧连天" 这样的对联称为 "顶针联"。 ( )

3. 当代作家赵丽宏《与象共舞》一文描述了泰国象与人和谐共存的温馨场景。 ( )

4. "孔指以示儿曰: '此是君家果。'" 这句话中的 "儿" 是 "儿子" 的意思。 ( )

5. 点燃烽烟、驿使传书、投漂流瓶等都是古代人民传递信息的方式, 而当莫尔斯发明电报、贝尔发明电话、电子计算机和因特网诞生之后, 整个世界迅速变成了 "地球村"。 ( )

二、阅读积累展示台

1. 唐朝诗人_____在《牧童》一诗中这样写道: 草铺横野六七里, 笛弄晚风三四声。其中 "铺" "弄" 两字都运用了_____手法, 分别写出了_____;
_____。 像这样带有数字的古诗, 我还能写出两句: _____, _____。

2. 在这册语文书里, 我欣赏到了我国众多当代作家的作品, 有老舍的《_____》,

有_____的《自己的花是让别人看的》,还有选自林海音《_____》的《冬阳·童年·骆驼队》。这些作品,让我百读不厌。

3. 当我从《小兵张嘎》中知道顽皮机灵的小嘎子最终成为一个名副其实的八路军战士的时候,我不禁想起了《传家宝》中的这句话:_____,无志空长百岁。当同学郁闷烦忧时,我愿意为他(她)读俄国诗人_____的小诗:假如生活欺骗了你,不要_____,也不要_____,_____,相信吧,那快乐的日子就会来到。

三、阅读能力练习场

(一)"凤辣子"初见林黛玉

这熙凤携着黛玉的手,上下细细地打量了一回,便仍送至贾母身边坐下,因笑道:"天下真有这样标致的人物,我今儿才算见了!况且这通身的气派,竟不像老祖宗的外孙女儿,竟是个嫡亲的孙女。怨不得老祖宗天天口头心头一时不忘。只可怜我这妹妹这样命苦,怎么姑妈偏就去世了。"说着,便用帕拭泪。贾母笑道:"我才好了,你倒来招我。你妹妹远路才来,身子又弱,也才劝住了,快再休提前话。"这熙凤听了,忙转悲为喜道:"正是呢,我一见了妹妹,一心都在她身上了,又是喜欢,又是伤心,竟忘记了老祖宗,该打该打。"又忙携黛玉之手,问:"妹妹几岁了?可也上过学?现吃什么药?在这里不要想家,想要什么吃的,什么玩的,只管告诉我。丫头老婆们不好了,也只管告诉我。"

1. 这个片段选自我国古典文学名著《_____》,作者是_____。被称为"中国四大古典文学名著"的另三本分别是《水浒传》《_____》《_____》。

2. 人物形象品读。

(1)选文中有三处地方能体现出王熙凤的神态变化,请把关键词语摘录下来,再说说你的理解。

(　　　　　　　)→(　　　　　　　　)→(　　　　　　　　)

从这三处神态变化中,我读出了王熙凤_____的特点。

(2)有人说,王熙凤是个八面玲珑、极会说话的聪明人。文中哪句话最能显示她的这一特点?请用"____"画出来。

(3)"妹妹几岁了?可也上过学?现吃什么药?"当你读到王熙凤这一连串的三个问句时,产生过疑惑吗?请联系上下文,说说你从三个问句中读懂了什么。

_____

(4)读完选文,我发现选文在刻画人物形象方面,用得最多的是_____描写,另外,还用上了_____描写和_____描写。

（二）深海探险的壮举

在人类直接进入深海探险的历史中　最重要　最精彩的事件发生在 1960 年 1 月 23 日

那年,阿·皮卡尔已经 76 岁了。他对自己设计的"的里雅斯特"号深潜器充满信心。自 1953 年与小皮卡尔一起探险以来,他对儿子的深海探险精神与技术也十分信赖。这一次,他决定由小皮卡尔和勇于探险的沃尔什一起去实现这前无古人的深海探险伟业。

那天,天公不作美,也许是苍天要考验这艘已经被施放到太平洋马里亚纳海沟上方宽阔的洋面上的深潜器,洋面上掀起 5 米高的大浪,让人进退维谷。（　）小皮卡尔和沃尔什没有任何畏惧,他俩下了最大的决心,抱着必胜的信念,一定要深潜到马里亚纳海沟去探个究竟!

上午 7 时许,深潜器开始缓缓下潜。由于阳光在海水中很快衰减,不久深潜器就被黑暗笼罩。这两位勇士透过舷窗看到,在那没有阳光的世界里,呈现出众多的水下"繁星"。这种不时闪烁着的色彩缤纷的奇妙的光芒,让人百看不厌。（　）但下潜到 9000 米时,突然出现意外,舷窗外的玻璃"咔嚓"响了一下。也就是说,压力达到 91 兆帕斯卡时,玻璃出现了裂缝。小皮卡尔非常清楚,一旦玻璃碎裂,他们恐怕就没有生还的机会了,但是他相信父亲的设计。

他们继续下潜。经过 6 个多小时的下潜,这艘重 150 吨的"的里雅斯特"号深潜器终于第一次把人类带到了世界大洋的最深点——马里亚纳海沟。

在深度为 10916 米的洋底世界里,海水温度才 2.4 摄氏度。这两位探险家在这里进行了 20 分钟的科学考察。他们亲眼看到了呈黄褐色的洋底土壤,这是硅藻软泥。（　）然而在探照灯的照耀下,他们却发现了类似比目鱼的鱼在游动,看到了一些小生命在活动,其中有一只大约长 2.5 厘米的红色的虾,正在绕过舷窗自由地遨游。（　）

小皮卡尔和沃尔什怀着胜利的喜悦,乘坐"的里雅斯特"号于 16 时 56 分漂出水面。为了庆祝这一重大成就,华盛顿向全世界发表了正式文告,艾森豪威尔总统亲自给两位深海探险者授勋。

毕生从事深海探险事业、"的里雅斯特"号的设计者阿·皮卡尔,这一年已经 76 岁了。当他欣闻儿子在马里亚纳海沟探险成功之后,百感交集,眼睛里充满了幸福的泪水……

1. 根据短文的内容,选择正确的答案(填序号)。

（1）第一段空白处的标点符号,最恰当的是（　）。

A. , , 。　　B. , , !　　C. , 、。　　D. , 、!

（2）这次深海探险伟业的完成者是（　　）和（　　）。

A.阿·皮卡尔　B.小皮卡尔　C.沃尔什　D.艾森豪威尔

（3）短文中提到的世界大洋的最深点——马里亚纳海沟位于（　）。

A.太平洋　B.大西洋　C.印度洋　D.北冰洋

（4）两位探险家乘坐"的里雅斯特"从下潜到漂出水面共耗时约（　）。

A.6小时　B.7小时　C.9小时　D.10小时

2.以下4句话是从文中抽取出来的，请把它们归还到原位（把句子的序号填在文中的括号里）。

A.之后，一路下潜都很顺利。

B.这两位探险家证实了，在大洋深处，即使在世界大洋中最深的海域依然存在着生命。

C.他们原以为在如此巨大的高压环境下，任何生物已无法生存。

D.面对这严峻的场面，38岁的小皮卡尔此时深切地体会出父亲常提起的"忍耐"的意义。

3.联系上下文，理解下列词语的意思。

（1）进退维谷：_____

（2）百看不厌：_____

4.课文的开头与结尾都提到了阿·皮卡尔"已经76岁了"，这样写，在全文的表达上起到的作用是_____。反复提到阿·皮卡尔的年龄，是为了_____

_____。

5.当阿·皮卡尔欣闻儿子探险成功的消息时，百感交集，眼睛里充满了幸福的泪水。当时他心中会是怎样的"百感交集"呢？请用两三句话写一写。

6.阅读这样的文章，你得到的最深切、最真切的感悟是什么？请用一句话概括。

六年级上册阅读测评 -1

一、判断下列说法是否正确，对的打"√"，错的打"×"

1."竭泽而渔"既能比喻一时之计，也可以形容百年大计。　　　　　（　　）

2. "不落窠臼、别具一格、独具匠心"等词语,都可以形容设计很独特。（ ）

3.《最后一头战象》《狼王梦》《跑进家来的松鼠》都是沈石溪的作品。（ ）

4. "头发约莫一寸长,显然好久没剪了,却一根一根精神抖擞地直竖着。"这句话中"精神抖擞"一词,既写出了头发的状态,也暗示了人物的内心世界。（ ）

5. "人类生活所需要的水、森林、生物、大气等资源,本来是可以不断再生,长期给人类做贡献的。"这句话中的"本来"一词,用得很确切,不能去掉。（ ）

6. 俄国作家列夫·托尔斯泰的《穷人》一文中,桑娜和她的丈夫用无私的爱谱写了一曲人间真情之歌。（ ）

二、积累与理解

1. 有所_____,纤毫必偿;有所期约,_____。

2. _____,当春乃发生。这是唐代诗人_____的名句。

3. "伯牙鼓琴,志在高山,钟子期曰:'善哉,_____兮若_____！'"这里的"志"是_____的意思,"善"是_____的意思。

4. "_____,俯首甘为孺子牛。"这句话的作者是____。他原名_____。本册语文书中的《_____》一课也是他的作品。

5. "拾一片落叶,细数精致的纹理,我看到了它蕴含的生命的_____,在它们走向泥土的途中,我加入了这短暂而_____的仪式。"读到这一句,我不禁想起了龚自珍的诗句:_____,化作_____。

三、阅读课文片段,回答问题

（一）

1935 年 11 月 16 日

不久外面就黑起来了。我觉得这黄昏的时候最有意思。我不开灯,又沉默地站在窗前,看暗夜渐渐织上天空,织上对面的屋顶。一切都沉在朦胧的薄暗中。我的心往往在沉静到不能再沉静的时候,活动起来。我想到故乡,故乡的老朋友,心里有点酸酸的,有点凄凉。然而这凄凉并不同普通的凄凉一样,是甜蜜的,浓浓的,有说不出的味道,浓浓地糊在心头。

1. 这段话选自_____写的《_____》。

2. "薄暗"的意思是_____。这里的"薄"念【báo bó】(打√表示)。

3. 作者为什么觉得"这黄昏的时候最有意思"?

（二）

一阵风把腊烛吹灭了。月光照进窗子,茅屋里的一切好像披上了银纱,显得格外清幽。贝多芬望了望站在他身旁的兄妹两,借着清幽的月光,安起琴健来。

皮鞋匠静静地听着。他好像面对着大海,①月亮正从水天相接的地方升起来。②微波粼粼的海面上,霎时间洒满了银光。③月亮越升越高,穿过一缕一缕轻纱似的微云。忽然,海面上刮起了大风,卷起了巨浪。被月光照得雪亮的浪花,一个接一个朝着岸边涌过来……皮鞋匠看着妹妹,月光正照在她那恬静的脸上,照着她睁得大大的眼睛。她仿佛也看到了,看到了她从来没有看到过的景象,月光照耀下的波涛汹涌的大海。

兄妹俩被美妙的琴声陶醉了。等他们苏醒过来,贝多芬早已离开了茅屋。他飞奔回客店,花了一夜工夫,把刚才弹的曲子——《月光曲》记录了下来。

1. 第一段中有几处错别字,请你圈出来,并改在下面的横线上。

_____

2. 文中加"＿"的三处语句,分别与下面哪个诗句的意境相似呢? 请在下面相应的(　　)里填上句子的序号。

(1)当时明月在,曾照彩云归。　　　　　(　　)

(2)江天一色无纤尘,皎皎空中孤月轮。(　　)

(3)滟滟随波千万里,何处春江无月明? (　　)

3. 读一读,写一写。

(1)月光照进窗子,茅屋里的一切好像披上了银纱,显得格外清幽。

(2)他好像面对着大海,月光正从水天相接的地方升起来。

这两个语句中,第_____句用了比喻手法,它把_____比作_____。请你也用上比喻手法,写写文中提到的"微风"或"巨浪": _____

_____

四、阅读短文,回答问题

挺起你的胸膛

①七十多年前,一位挪威青年男子漂洋来到法国,他要报考著名的巴黎音乐学院。考试的时候,_____他竭力将自己的水平发挥到最佳状态,_____主考官还是没能看中他。

②身无分文的青年男子来到学院外不远处一条繁华的街上,勒紧裤带在一棵榕树下拉起了手中的琴。他拉了一曲又一曲,吸引了无数人的驻足聆听。饥饿的青年男子最终捧起自己的琴盒,围观的人们纷纷掏钱放入琴盒。

③一个无赖鄙夷地将钱扔在青年男子的脚下□青年男子看了看无赖□最终弯下腰拾起地上的钱递给无赖□说□先生□您的钱丢在了地上□

④无赖接过钱,重新扔在青年男子的脚下,傲慢地说:"这钱已经是你的了,你必须收下!"

⑤青年男子再次看了看无赖,深深地对他鞠了个躬,说:"先生,谢谢您的资助!刚才您掉了钱,我弯腰为您捡起。现在我的钱掉在了地上,麻烦您也为我捡起!"

⑥无赖被青年男子出乎意料的举动震撼了,最终捡起地上的钱放入了青年男子的琴盒,然后灰溜溜地走了。

⑦围观者中有一双眼睛一直默默关注着青年男子,是刚才的那位主考官。他将青年男子带回学院,最终录取了他。

⑧这位青年男子叫比尔·撒丁,后来成为挪威小有名气的音乐家,他的代表作是《挺起你的胸膛》。

1. 在第 1 段的"＿＿＿＿"上,填上一组恰当的关联词。

2. 给第 3 段的"□"里加上合适的标点符号。

3. 写出与下列词语的意思相近的词语。

竭力——（　　　）　聆听——（　　　）　身无分文——（　　　　　）

4. 读一读,思考:

（1）文中哪三个词写出了无赖对青年的态度? 请在文中圈出来。

（2）主考官为什么最终录取了这位青年男子?

5. 短文第 2 段至第 7 段讲了一件什么事? 请用一两句话写下来。

六年级上册阅读测评 –2

一、判断下列说法是否正确,对的打"√",错的打"×"。错的语句,请在原句上改正

1.《给诗加"腰"》一文中,"轻风扶细柳,淡月失梅花"出自苏东坡之口。 （　　）

2. "高山流水琴三弄,明月清风酒一樽。"人们用"高山流水"比喻知音难觅或乐曲高妙。 （　　）

3. 我们学过的《自己的花是给别人看的》《怀念母亲》都是季羡林的作品。 （　　）

4. 我国是一个诗歌的国度。最早的诗歌总集是《唐诗三百首》。 （　　）

二、日积月累，灵活运用

1. 根据下面提示的主题，写出与之相应的诗句（必须是从六年级上册语文书里阅读积累的）。

（1）对故乡的思念：_____

（2）对大自然的赞美：_____

（3）对乡村的描写：_____

2. 照样子，按要求，写写句子。

（1）我看见测气候者忙于观察气象，工程师忙于建筑设计……各种不同的工作，都有专门的虫子担任。（这个句子中"……"表示什么？请根据这种用法，用上"……"写一句话。）

（2）印第安人喜爱雨后清风的气息，喜爱它拂过水面的声音，喜爱风中飘来的松脂的清香。（相同的句式连续出现三次或更多次，就是"排比"。请你试着写一句。）

三、阅读课文片段，回答问题

（一）

这山中的一切，哪个不是我的朋友？我热切（   ）地跟他们打招呼：你好，清凉的山泉！你捧出一面明镜，是要我重新梳妆吗？你好，汩汩的溪流！你吟诵（   ）着一首小诗，是邀我与你唱和吗？你好，飞流的瀑布！你天生的金嗓子，雄浑（   ）的男高音多么有气势。你好，陡峭的悬崖！深深的峡谷衬托你挺拔的身躯，你高高的额头上仿佛刻满了智慧。你好，悠悠的白云！你洁白的身躯，让天空充满宁静，变得更加湛蓝（   ）。喂，淘气的云雀，叽叽喳喳地在谈些什么呢？我猜你们津津乐道的，是飞行中看到的好风景。

1. 写出与文中加点的词意思相近的词语，写在（ ）里。

2. 请用一句话概括出这段话的意思。（字数控制在15字以内）

_____

3. 让我们来品读这一段。

（1）作者写打招呼用到了哪几种不同的句式？请你用"＿＿"各画出一句。

（2）在"打招呼"中，你是否发现其实作者写出了不同事物的特点？请你根据这段话，用一两个词概括出它们的特点。（每处不超过5个字）

山泉_____ 瀑布_____

悬崖_____ 云雀_____

4. 请你学着作者的写法（用上两种句式、写出事物特点），试着与下面的一个"朋友"打招呼。

落花 落叶 石头 阵雨 松鼠 青松 月色

（二）

就在伯父去世那一年的正月里,有一天,是星期六的下午,爸爸妈妈带我到伯父家里去。那时候每到周末,我们姐妹三个轮流跟着爸爸妈妈到伯父家去团聚。这一天在晚餐桌上,伯父跟我谈起《水浒传》里的故事和人物。不知道伯父怎么会知道我读了《水浒传》,大概是爸爸告诉他的吧。老实说,我读《水浒传》不过囫囵吞枣地看一遍,只注意紧张动人的情节;那些好汉的个性,那些复杂的内容,全搞不清楚,有时候还把这个人做的事情安在那个人身上。伯父问我的时候,我就张冠李戴地乱说一气。伯父摸着胡子,笑了笑,说:"哈哈! 还是我的记性好。"听了伯父这句话,我又羞愧,又悔恨,比挨打挨骂还难受。从此,我读什么书都不再马马虎虎了。

1. 请你从两个不同的角度,给这段话的意思各列一个小标题。

小标题1: _____ 小标题2: _____

2. 文中有两个加点的词语"囫囵吞枣""张冠李戴"。巧的是,文中的一些语句分别解释了这两个词的意思。请分别用"____"和"～～～"画出来。

3. 思考并回答:

伯父摸着胡子,笑了笑,说:"哈哈! 还是我的记性好。"

在与"我"的交谈中,伯父肯定说了不少的话,但作者为什么只写下这一句?

4. 阅读知识拓展:

（1）文中的"伯父"就是_____先生。他的著作(或文章)有_____、_____等。他的名言令我印象最深的是:_____

（2）《水浒传》中的主要人物有_____、_____等。这部著作与《_____》《_____》《三国演义》合称为"中国四大古典名著"。

四、阅读短文,回答问题

玩具也要越界

人们通常认为,女孩喜欢烹饪和打扮,男孩喜欢运动和建筑。逛逛玩具商店,艳粉色的芭比娃娃和深蓝色的玩具冲锋枪无不散发出这样的信息。但是,心理学家指出,孩子在三四岁之前选择玩具时大部分都没有显示出性别偏好:男孩也喜欢穿上艳丽的戏服(这有助于培养创造力),女孩也喜欢搭积木(这有助于培养空间想象力)。直到读小学,在父母、同龄人、市场营销人员等的推动下,孩子的心里才被注入性别差异的世俗陈规:"那个玩具不是我们女孩玩的,是他们男孩玩的。"

现在,这个现象逐渐受到重视,玩具生产商开始正视应该给予男孩、女孩选择玩具的均等机会。世界玩具业巨头美国美泰公司首次推出芭比娃娃建筑套装玩具;美国孩之宝公司推出一套专为女孩设计的玩具弩弓,还有专为男孩设计的烘焙玩具炉灶;乐高玩具公司推出专为女孩设计的"朋友"系列积木。

①不过到目前为止,市面上所有这些玩具的颜色还是带有性别倾向:粉色调的是女孩玩具,蓝色调的是男孩玩具。②尽管如此,这些转变获得了心理学家的高度肯定。

③玩具将对孩子的心理塑造产生非常广泛而正面的影响。④伴随建筑类玩具成长会激发女孩对工程技术类学科的兴趣,打破相关领域长期被男孩垄断的局面。⑤同样,女孩味十足的玩具也可能有助于培养男孩的创造激情。⑥看来,家长在给孩子挑选玩具时要换换思路了。

1. 选一选,填序号。

(1)短文中"偏好"一词读(   );"差异"一词读(   )。

① piān hǎo ② piān hào ③ chā yì ④ chà yì

(2)这篇短文主要写了(   )。

①玩具越界是不可能做到的事,玩具公司的努力是杯水车薪。

②玩具越界符合孩子心理塑造的需要,玩具公司以及孩子家长都应重视。

③三家玩具公司的设计很有创意,值得在玩具业推广。

④孩子对玩具的性别偏好是与生俱来的,我们不可能改变这个现实。

(3)短文中"这个现象"指的是(   )。

①玩具生产商开始正视应该给予男孩、女孩选择玩具的均等机会。

②孩子在三四岁之前选择玩具时大部分都没有显示出性别偏好。

③在父母、营销人员等的推动下,孩子的心里被注入性别差异的世俗陈规。

(4)短文中最后两段的6句话已分别标上序号。哪几句话说明了"玩具越界"的益处? 这几句话分别是(   )。

2. 选择短文中提到的玩具中的一种,请你结合读了此文的收获,谈谈对这种玩具的看法。

①美国美泰公司:芭比娃娃建筑套装玩具;

②美国孩之宝公司:专为女孩设计的玩具弩弓;

③美国孩之宝公司:专为男孩设计的烘焙玩具炉灶;

④乐高玩具公司:专为女孩设计的"朋友"系列积木。

我选择第_____种玩具,谈一谈。

五、走进"课外书屋"

同学们,在六上语文书里,"课外书屋"出现了两次,它给我们推荐了许多优秀的文学作品,如《根鸟》《窗边的小豆豆》《小海蒂》《第七条猎狗》《小战马》《红脖子》《荒野的呼唤》《海狼》《孤岛野犬》《赤鸟》等。这10本书,你读过哪几本? 请你从中选择一本,用3~6句话,简介这本书的主要内容。

我读过《＿＿＿＿＿＿》。它主要写了＿＿＿＿＿＿＿＿＿＿＿＿＿＿

＿＿＿＿＿＿＿＿＿＿＿＿＿＿＿＿＿＿＿＿＿＿＿＿＿＿＿＿＿＿＿＿＿

＿＿＿＿＿＿＿＿＿＿＿＿＿＿＿＿＿＿＿＿＿＿＿＿＿＿＿＿＿＿。

六年级下册阅读测评-1

一、课文回顾,判断正误

1. 客家民居、傣家竹楼均被誉为"世界民居奇葩"。 （ ）

2. "人非生而知之者,孰能无惑。"这句话出自《两小儿辩日》一文。 （ ）

3.《为人民服务》是毛泽东在追悼张思德会议上做的演讲,是一篇议论文。 （ ）

4. "弈秋,通国之善弈者也"中的"通国""善"分别是"全国""喜欢"的意思。（ ）

5. "谁道人生无再少? 门前流水尚能西! 休将白发唱黄鸡。"表达了诗人苏轼感慨时光流逝、时不我待的悲观心态。 （ ）

二、经典诗文,日积月累

1. 操千曲而＿＿＿＿＿＿,＿＿＿＿＿＿而后识器。

2.＿＿＿＿＿＿瞳瞳日,总把＿＿＿＿＿换＿＿＿＿＿。

3.＿＿＿＿＿下月轮,殿前拾得＿＿＿＿＿。

4. 使卵石臻于完美的,并非＿＿＿＿＿,而是水的＿＿＿＿＿。

5.＿＿＿＿＿须纵酒,＿＿＿＿＿好还乡。

6.＿＿＿＿＿如相问,＿＿＿＿＿在玉壶。

以上六行诗文中,我最喜欢的是第＿＿行。它的作者是＿＿＿＿＿。我喜欢的理由是: ＿＿＿＿＿＿＿＿＿＿＿＿＿＿＿＿＿＿＿＿＿＿＿＿＿＿＿

三、阅读课文片段,完成练习

(一)

居里夫人的美名,从她发现镭那一刻起就流传于世,迄今已经百年。这是她用全部的青春、信念和生命换来的荣誉。①她一生共得了 10 项奖金、16 种奖章、107 个名誉头衔，特别是获得了两次诺贝尔奖。她本来可以躺在任何一项大奖或任何一个荣誉上尽情地享受，但是，她视名利如粪土，②她将奖金捐赠给科研事业和战争中的法国，而将那些奖章送给 6 岁的小女儿当玩具。③她一如既往，埋头工作到 67 岁离开人世，离开她心爱的实验室。直到她身后 40 年，她用过的笔记本里，还有射线在不停地释放。

著名科学家爱因斯坦说过："在所有的世界著名人物中，玛丽·居里是唯一没有被盛名宠坏的人。"

1. 文中有 3 个标上序号的句子。其中，第（　）句进一步解释了居里夫人的"信念"；第（　）句话具体地解释了居里夫人"视名利如粪土"；第（　）句话具体地解释了居里夫人的"盛名"。

2. 请用一句话表达出你读了这个片段后对居里夫人的认识或赞美：

<hr>

（二）

凡卡把那张写满字的纸折成四折，装进一个信封里，那个信封是前一天晚上花一个戈比买的。他想了一想，蘸一蘸墨水，写上地址：

"乡下 爷爷收"

然后他抓抓脑袋，再想一想，添上几个字：

"康司坦丁·玛卡里奇"

他很满意没人打搅他写信，就戴上帽子，连破皮袄都没披，只穿着衬衫，跑到街上去了……前一天晚上他问过肉店的伙计，伙计告诉他，信应该丢在邮筒里，从那儿用邮车分送到各地去。邮车上还套着三匹马，响着铃铛，坐着醉醺醺的邮差。凡卡跑到第一个邮筒那儿，把他那宝贵的信塞了进去。

过了一个钟头，他怀着甜蜜的希望睡熟了。他在梦里看见一铺暖炕，炕上坐着他的爷爷，耷拉着两条腿，正在念他的信……泥鳅在炕边走来走去，摇着尾巴……

1. 选择正确的答案，把相应的序号填在（　）里。

（1）这篇文章的作者是（　）。

①列夫·托尔斯泰　②契诃夫　③安徒生　④马克·吐温

（2）"打搅""蘸墨水""一铺暖炕"这三个词语中加点字的正确读法应是（　）。

① rǎo zhàn pù　② rǎo zhài pū　③ jiǎo zhài pū　④ jiǎo zhàn pù

2. 请从以下两个问题中选择一个回答。

（1）凡卡写的这封信，爷爷能收到吗？请联系这个片段的描述，把你的观点和理由清楚地写下来。

（2）最后一段，作者较为具体地描述了凡卡做甜蜜的梦。你认为作者这样写有什么用意?

▲我选择回答第(　　)个问题:

_____

_____

四、阅读短文,完成练习

人生的极昼

　　如果给你一个选择题　　让你选择　　南极考察人员在南极生存的最大威胁是什么　　冰川　　寒冷　　还是食物　　极昼

　　相信很少有人选择极昼。毕竟在大家的意识里,在南极,皑皑的冰川、极度的寒冷和急缺的食物一定是考察人员面临的最大挑战。但事实上,南极考察人员的最大挑战并不在于这些,而是那里的极昼。

　　所谓极昼,就是太阳终日都出现在地平线上的一种自然现象,一般只会出现在夏季和冬季。当南极出现极昼时,北极就是极夜,反之一样。

　　一位南极科考专家说,在南极,每当出现极昼时,没有了黑暗,也就没有了日期,工作人员连续几十天都生活在金灿灿的阳光下,人的生物钟一下子就彻底紊乱了,你**困顿**,你疲倦,但除了昏迷,你怎么也睡不着。因为人们都习惯了在夜晚的黑暗中睡觉,一旦失去了黑暗,那四周皑皑白雪和灿烂阳光交织折射出的亮度让人很难闭上眼睛,(_____)你能睡着几分钟,也犹如在煎熬。因此在南极,遭受雪崩和意外伤害的人数,远没有被极昼造成伤害的人员多。极昼让人筋疲力尽,让人精神焦虑,让人神经系统紊乱,让人在整个南极大陆无处藏身,焦虑,烦躁,让人疯狂。

　　为了度过极昼期,考察人员做过很多尝试,包括加厚帐篷,增强帐篷内的阴暗度,甚至实验过在冰川和积雪下穴居等,但结果都不理想。凡是到过南极经历过极昼的人,他们最大的愿望就是能够见到夜色,见到黑暗,这是他们生命的渴求。

　　渴求黑暗,黑暗成了生命的急需。如果没去过南极,是怎么样也体会不到的,说来也**匪夷所思**。但事实上,在我们每个人的生命里都经历过极昼现象,有时苦难像皑皑白雪一样直刺你的眼,有时幸福又像灿烂阳光一样紧逼你的内心。所以对待人生中的那些坎坷、磨难,**抑或**好运、甜蜜,都应该泰然处之,它们共同构成了生命的昼夜,缺一不可。

　　1.选择正确的答案,把相应的序号填在(　　)里。

　　(1)第1段的空白处,合适的标点符号应该是(　　)。

　　①,:?、、、? 　②,:,、、、? 　③,:?、、? 　④,,?,、、?

　　(2)与文中加点的词语"困顿、匪夷所思、抑或"意思相近的一组是(　　)。

①困倦、不可理解、或者　②困惑、所思所想、或许　③劳顿、无法思考、另外

（3）文中的"（_____）"上，应填的关联词语是（　　）。

①既然　②虽然　③即便　④不管

（4）极昼现象一般只会出现在冬季和（　　）。

①春季　②夏季　③秋季

（5）在极昼现象中，人们怎么也睡不着是因为人们（　　）。

①考察工作压力大　②不适应极寒气候　③习惯了在家里睡觉　④习惯了在黑暗中睡觉

（6）在南极经历过极昼的人，他们最大的愿望是（　　）。

①见到可爱的企鹅　②见到美丽的冰川　③见到黑暗的夜色　④见到温暖的阳光

2. 读句子，再仿写：

事实上，在我们每个人的生命里都经历过极昼现象，有时苦难像皑皑白雪一样直刺你的眼，有时幸福又像灿烂阳光一样紧逼你的内心。

事实上，在我们每个人的生命里都经历过极昼现象，有时_____

_____，有时_____。

3. 作者通过记叙南极极昼现象中人们的遭遇和渴求，要告诉我们人生的道理：

_____。

4. 读到这里，我发现这篇短文的写法与六年级下册语文课本中的《_____》这篇课文极为相似。

六年级下册阅读测评 –2

一、诗词与名言

1. 背一背，填一填。

（1）本是同根生，_____？

（2）_____？门前流水尚能西！

（3）_____，种德者必养其心。

（4）使卵石臻于完美的，_____，_____。

2. 写一写关于节日的古诗句。

清明：_____，_____。

　　春节：_____,_____。

二、发现与运用

　　1. 我们先来读读作者们是用怎样的语言来评论人物的。

　　（1）《一夜的工作》一文中,作者何其芳这样评论:这就是我们的总理。我看见了他一夜的工作。他是多么劳苦,多么简朴!

　　（2）《跨越百年的美丽》一文中,科学家爱因斯坦这样评论:在所有的世界著名人物中,玛丽·居里是唯一没有被盛名宠坏的人。

　　（3）《智慧之光》一文中,作者这样评论:是什么力量让玛丽亚和江雪如此机智勇敢呢? 显然,仅仅有爱心是不够的,还需要将爱心、勇气和智慧融于一身。

　　问:你喜欢第几种评论的方式及语言? 为什么?

　　2. 试着用你喜欢的方式,用一两句话评论下列作品中的一位主要人物。

　　《卖火柴的小女孩》《凡卡》《鲁滨孙漂流记》《汤姆·索亚历险记》

　　我选择《_____》,我给(谁)_____写下这样的评语:_____

三、阅读短文,完成练习

（一）两小儿辩日

　　孔子东游,见两小儿辩日,问其故(　　　　)。

　　一儿曰:"我以(　　　　)日始出时去(　　　　)人近,而日中时远也。"

　　一儿以日初出远,而日中时近也。

　　一儿曰:"日初出大如车盖,及日中则如盘盂,此不为远者小而近者大乎?"

　　一儿曰:"日初出沧沧凉凉,及其日中如探汤,此不为近者热而远者凉乎?"

　　孔子不能决(　　　　)也。

　　两小儿笑曰:"孰(　　　　)为汝(　　　　)多知乎?"

　　1. 解释文中加点字的意思,写在相应的(　)里。

　　2. 文中有两个画线的句子。请选择一句,用自己的话把它的意思写下来。

　　3. "孔子不能决也。"你对这篇文章里孔子的表现有什么看法? 请写一写。

（二）为人民服务（节选）

　　①人总是要死的,但死的意义有不同。中国古时候有个文学家叫作_____

的说过:人固有一死,＿＿＿＿＿＿＿＿＿＿,＿＿＿＿＿＿＿＿＿。为人民利益而死,就比泰山还重;替法西斯卖力,替剥削人民和压迫人民的人去死,就比鸿毛还轻。张思德同志是为人民利益而死的,他的死是比泰山还要重的。

②(＿＿＿＿)我们是为人民服务的,(＿＿＿＿＿),我们如果有缺点,就不怕别人批评指出。不管是什么人,谁向我们指出都行。只要你说得对,我们就改正。你说的办法对人民有好处,我们就照你的办。"精兵简政"这一条意见,就是党外人士李鼎铭先生提出来的;他提得好,对人民有好处,我们就采用了。(＿＿＿＿)我们为人民的利益坚持好的,为人民的利益改正错的,我们这个队伍(＿＿＿)一定会兴旺起来。

1. 按课文内容填空,写在文中"＿＿＿"上。

2. 在文中(　　)里,写上恰当的关联词语。

3.《为人民服务》这篇文章是 1944 年 9 月 8 日＿＿＿＿＿＿同志在中共中央警备团追悼＿＿＿＿＿＿同志会议上做的演讲。这是一篇议论文。选文中的两段,围绕"为人民服务"这个中心论点,各表达了一个分论点。其中,第①段的论点是＿＿＿＿＿＿＿＿＿＿＿＿＿＿＿＿＿＿＿＿＿＿＿;第②段的论点是＿＿＿＿＿＿＿＿＿＿＿＿＿＿＿＿＿＿＿＿＿＿＿＿＿＿＿。

（三）月夜蝉声

1927 年 7 月　朱自清在清华园写下了名篇　荷塘月色　其中有句云　这时候最热闹的　要数树上的蝉声与水里的蛙声　但热闹是它们的　我什么也没有

上世纪 30 年代初,有位姓陈的读者写信给他,认为"蝉子夜晚是不叫的"。朱自清向周围的同事询问,大多数同事同意这位读者的说法。朱自清写信请教昆虫学家刘崇乐。几天后,刘拿出一段抄文,对朱说:"好不容易找到这一段!"这段抄文说:在平常夜晚,蝉子是不叫的,但在一个月夜,他却清楚地听到它们在叫。朱自清恐怕那段抄文是个例外,便在复读者信中表示:以后散文集再版,将删去"月夜蝉声"的句子。

此后一两年,朱自清常常于夜间出外,在树间聆听。不久,他竟然两次在月夜听到了蝉的叫声。

抗战初期,那位陈姓读者在正中书局出版的《新学生月刊》上发表文章,引用了朱自清的复信,还征引了宋代王安石的《葛溪驿》:"缺月昏昏漏未央,一灯明灭照秋床。病身最觉风露早,归梦不知山水长。坐感岁时歌慷慨,起看天地色凄凉。鸣蝉更乱行人耳,正抱疏桐叶半黄。"谓历代注家对尾联多有不疑。

朱自清鉴于昆虫学家的抄文、自己的亲身经历和王安石诗句中的遭遇,在散文集再版时,终于没有将"月夜蝉声"的语句删除。他认为认识事物有一个繁复的过程,而成见有时对人的束缚也极为强大。

此事的经过,朱自清 1948 年在《关于"月夜蝉声"》一文中,有总结性的论述。为月夜蝉声,他琢磨了 20 年。

1. 标点使用和词语理解。

(1)在第一段的空白处加上合适的标点符号。

(2)写出下列词语的近义词。

聆听(　　) 鉴于(　　) 繁复(　　) 束缚(　　)

(3)短文中的"尾联"指的是《葛溪驿》诗中的哪几句? 在文中画出来。

2. 理解短文。

(1)读文中画线的两句话,写下你的理解。

朱自清在复读者信中表示"以后散文集再版,将删去'月夜蝉声'的句子",是因为_____;但他后来"在散文集再版时,终于没有将'月夜蝉声'的语句删除",是因为_____

_____

(2)"为月夜蝉声,他琢磨了 20 年。"课文结尾的这一句,有怎样的含义? 结合短文,写下你的理解与体会。

_____

_____。

3. 阅读拓展。

在六年级下册课本里,我们读过朱自清的名篇《_____》、林清玄的《_____》、老舍的《_____》以及丰子恺的《手指》等。这些都是我国现当代作家的名作。在课余,你还读过哪些中国现当代作家的作品? 比如:_____的《_____》。

问： 我发现这几年里"微课"成为教研热点了，越来越多的老师把"微课"这个新鲜事物融进课堂教学。那么，微课的开发与实施，我们需要注意些什么，有哪些操作性较强的攻略吗？

答： 微课，因需而热。在教育教学过程中，我们可以借助微课实施先学再教，促进学生主动学习，从而改变学教方式，让学生学会学习。我们的研究，最好从小切口入手，做聚焦式探索，形成实践经验，从而辐射到其他层面，举一反三，多元获益。

7-1 课题研究

小学经典古诗文微课程体系建设的研究

一、研究的背景

随着新一轮课程改革的不断深入、教育科技的高速发展,"微课程"正以崭新的姿态步入人们的视野,进入学生的学习生活,并日益受到广大教育工作者、学生的欢迎。笔者所在的逸夫小学自 2007 年开始进行省级教研类课题"古诗文诵读校本课程的开发与研究"的立项研究,至今已在课程设置、内容设计、教学实施、学习评价等方面获得了一定的成效,但也呈现出一些不足,主要有课程编排随意性较强,缺乏较为科学的体系设计。因此,基于校本课程再优化、再细化的需要,基于学生自主学习、改变学教方式的需要,笔者提出课题"小学经典古诗文微课程体系建设的研究"。

本课题研究的意义与价值,主要在以下三个方面。

1. 进一步完善校本课程系统。在已有的古诗文诵读校本课程研究的基础上,进一步开发"促进生本学习、促进兴趣发展、促进素养提升"的微课程的开发,以深化古诗文诵读校本课程的内涵,丰富其形式与外延。

2. 促进古诗文的自主学习。为学生提供更加生动形象的、简短精悍的、极具针对性、富有选择自由度的课程资源,使学生在校、在家,以及在任何地方,都可以利用网络随时随地进行自主学习,真正把学习融入生活,让古诗文诵读成为生活的一种习惯。从而促进学生文化素养的有效发展与提升,成为善于学习积累、善于自我修养的"腹有诗书气自华"的优秀少年。

3. 切实解决古诗文教与学过程中的问题。主要分以下两个层面。

(1)强化重难点解决的针对性。以往的古诗文校本课程实施类似于日常课堂教学,教学流程按部就班,导入、诵读、理解、背诵、巩固一步不少。而且,重点、难点不够突出。微课程的实施,可以根据学习需要确定内容的安排,增强针对性,切实并着力解决教师教学、学生学习中的重难点。

(2)增加课程学习的灵活度。以往古诗文的教学方式相对单一,以教师讲授为主;内容呈现方式以文本为主,很少有变化;学习地点基本限于学校课堂。微课程的实施,可以实现多元的、丰富的教与学方式、内容呈现方式,学习地点可以从校内延伸至校外及家庭,灵活度因此而提升。

4.促进学教方式的改变,优化教学研究方式,提升教师课程建设力。在原有的古诗文校本课程积淀的基础上,学校教师可以与时俱进,用古诗文微课程为研究范本,从而迁移到学校其他学科及门类的课程开发与研究中。

二、课题研究的设计

(一)课题研究的目标

1.通过调研、分析、研讨等方式,设计并建设具有一定操作性的、较为完善的小学经典古诗文微课程体系。

2.通过梳理、整合、实践等方式,开发小学经典古诗文微课程的内容体系、实施体系与评价体系。

3.借助学校、家庭、社团及网络媒介等平台,深化小学经典古诗文微课程的实施与开展,优化并丰富古诗文校本课程。

4.通过小学经典古诗文微课程建设,充分实践"以生为本、以学为本"的课改理念,促进学教方式的转变,丰厚学生古诗文的积淀与素养。

(二)研究的主要内容

1.小学经典古诗文微课程的内容体系。

2.小学经典古诗文微课程的实施体系。

3.小学经典古诗文微课程的评价体系。

(三)研究的重点难点

1.重点:小学经典古诗文微课程的内容体系。在现有校本课程的知识体系、形式载体的基础上,如何通过有效的途径进行研究,从而确定符合学生学情的内容体系,解决学习中的疑难问题,激发学生兴趣,引领学生更好、更深地学习。

2.难点:小学经典古诗文微课程的实施体系与评价体系。微课程要借助网络实施,如何取得家长信任、转变教师观念,确定恰当的学习途径,是值得深入思考的问题。课程的实施是需要评价来保障的。在更为自由、开放的微课程实施中,如何确定贴近学情的、操作性较强的、利于激发积极性的评价方式,也是值得探究的问题。

(四)研究的方法

1.行动研究法。基于课题实际问题解决的需要,古诗文微课程内容体系、实施体系以及评价体系,均需要边研究边实践,边反思边改进,逐步解决在研究中存在的或出现的主要问题,以不断改进研究策略,顺利推动研究进程。

2.调查研究法。在本课题涉及的"内容体系""实施体系""评价体系"等方面,需要通过书面问卷或口头回答问题的方式,了解学生、教师的需求、认识、建议或看法,以促进内容、实施、评价等体系的有效确定,真正体现生本、学本之理念。

3. 数据分析法。在调查研究环节,必须通过对课题相关因素及数据的周密分析,找出古诗文教与学中师生需求的共性特点,找到教学与学习的规律,从而形成更科学、更合理的课题研究策略。

4. 经验总结法。微课程对学校来说,是一个新生事物。在研究的整个历程中,必须通过对课题研究并结合实践活动中的具体情况,有序地进行归纳与分析,形成阶段性的研究经验,使之系统化、理论化,日积月累,丰厚古诗文微课程的研究成果。

三、课题的实施

(一)基于学习需求,梳理知识要点,形成微课程之内容体系

1. 认真调研,寻找疑难。针对现行语文教材的古诗文篇目,通过学生问卷、教师问卷、座谈交流等方式,了解在古诗文教学中,教师教学、学生学习两个层面所存在的古诗文学习疑难问题。比如,面向学生层面的问卷中,提问:在这一册教材的古诗文中,你认为最难学懂的是哪一首(篇)?在这首诗中,你认为哪个知识点你最想了解?面向教师层面的问卷与座谈中,提问:在你所任教的语文教材古诗文中,哪一首(篇)学生疑惑最多?在这首诗中,对哪个知识点学生质疑最多或教学困惑最大?

课题组通过逐册逐篇进行的问卷与座谈,初步了解了古诗文教学(学习)过程中存在的疑难问题,并保存了来自教学、学习一线的问卷材料,以备下一步深入分析与梳理。表1为四年级学生问卷的汇总情况(部分)。

表1 "古诗文学习疑难点"学生问卷汇总(部分)

册序 单元	诗词题目	学生提出的疑难问题	提及 人数	关注度 分析
四上-2	《题西林壁》	怎么理解"不识庐山真面目,只缘身在此山中"这两句诗?	76人	★★★
四上-2	《游山西村》	怎么理解"山重水复疑无路,柳暗花明又一村"这两句诗?	68人	★★★
四上-6	《送元二使安西》	为什么说"西出阳关无故人"?	62人	★★★
四下-6	《渔歌子》	诗人为什么说"斜风细雨不须归"?	56人	★★★
四上-2	《游山西村》	"莫笑"一词怎么理解?前两句诗歌表达了诗人怎样的心情?	45人	★★
四下-1	《独坐敬亭山》	诗题的"独"字怎么理解?	42人	★★
四上-6	《黄鹤楼送孟浩然之广陵》	诗题中的"黄鹤楼""广陵"分别在哪里?	25人	★
四下-1	《忆江南》	《忆江南》有三首,课本上为什么单选这一首?	11人	★
疑难问题关注点的分析	在四年级古诗词中,疑难点的落脚点在诗句或字词的理解、诗词饱含的情感等占80%及以上,个别专有用词的了解以及诗词的拓展延伸等方面占50%及以下。这些疑难点均可作为四年级微课设计的重点与突破点。			

2. 精心梳理,形成清单。在深入调研的基础上,课题组集中优秀师资力量,根据问卷、研讨等第一手材料,进行逐册分析、整理、汇编,形成各年级古诗文学习疑难知识点清单。清单上注明"年级、单元编号、知识点编号、知识点目标名称、知识点描述、目标类型(了解、理解、掌握、运用)、关联知识点编号"等项目,要求每一个知识点都有十分清晰的来源、准确的描述、科学的目标定位,以及与相关知识点的联系等。部分疑难问题见表2。

这样具体、细致的梳理与操作,有利于教师对古诗文学习疑难点的准确把握,以及对学段相关文本、相关知识的了解,以保证每一个微课制作过程中有较为科学的、准确的、适切的目标定位。

表2　古诗文学习疑难知识点清单（部分）

年级	单元编号	知识点编号	知识点名称	知识点目标描述	目标类型(了解、理解、掌握、运用)	关联点编号
四上	02	0201	《题西林壁》	理解"不识庐山真面目,只缘身在此山中"这两句诗所蕴含的哲理。	理解	
四上	02	0202	《游山西村》	了解这首诗的写作背景。	了解	0203
四上	02	0203	《游山西村》	从"山重水复疑无路,柳暗花明又一村"中,体会诗人的心情转变	体会	0202
四上	06	0601	《黄鹤楼送孟浩然之广陵》	理解诗题中出现的"黄鹤楼"与"广陵"这两个地名的相对位置,为理解诗意做好铺垫。	理解	
四上	06	0602	《送元二使安西》	体会送别诗所蕴含的离别之意和送别之情。	了解	

3. 科学归类,形成体系。以上逐册梳理的古诗文学习疑难点,从探索微课制作规律的角度去看,依然是散乱而独立的;如果只是这样呈现,便不利于形成微课制作的备课攻略与规律要点,不利于形成有一定参考意义和迁移价值的理论或经验。于是,在此基础上,课题组再度集结优秀师资力量,根据疑难知识点的清单,进一步分析、梳理、整合并归类,找寻众多疑难点的共性特点的内容体系。在目前的研究历程中,课题组将小学古诗文学习疑难点的内容体系主要归为以下三大类。

（1）字词推敲类。主要是关于诗句中的经典字词的品析。比如,古诗文中"之"所代表的不同意思,王安石"春风又绿江南岸"中"绿"的巧妙运用等,都是学生最想了解的内容。这类内容的品读,可以引导学生通过对古诗文中个别经典字词的推敲、琢磨、品味,发现古诗文独特的魅力,激发学生主动探索古诗文奥妙的求知欲。

通过梳理与归类,我们可以发现古诗文中的经典用词,妙笔生花,确实值得含英咀华,细细品读。如表3所示,这些疑难点,是古诗文的"诗眼"所在,扣住了诗眼,便把握了诗歌的灵魂与意蕴。同时表册的呈现也让教师把握了古诗文微课制作的切入点,有助于教师在深入思考"字词推敲"类微课教学过程中富有共性特点的策略与方法,有利于教学目标的有效达成。

表3　古诗文字词推敲类知识点

年级	单元编号	知识点编号	相关诗题	知识点目标描述	目标类型（了解、理解、掌握、运用）	关联点编号
四下	06	0601	《乡村四月》	体会"才""又"二字的简洁与传神,联系生活实际,用"才""又"进行练习。	运用	
五上	02	0201	《泊船瓜洲》	掌握"绿"字的妙用,初步体会古诗中的炼字艺术。	掌握	0202 0203 0204
五下	02	0202	《牧童》	掌握"铺""弄"两字的表达效果。	掌握	0201 0203
五下	02	0204	《舟过安仁》	掌握作者是如何通过动词来表现儿童的稚气、聪明的。	掌握	0205
五下	02	0207	《清平乐·村居》	掌握"卧"字的妙用,初步体会古诗词中的炼字艺术。	掌握	0206
六上	06	0602	《春夜喜雨》	抓住"喜"字读诗悟诗,用一个"好"字赞美"雨",喜意逼透。	理解	
六下	07	0709	《浣溪沙》	理解词中人生之"再少",理解诗人年轻乐观心态。	理解	

（2）修辞创作类。主要是关于古诗创作中的修辞运用、创作手法的感悟。比如,"对偶""比喻""拟人""反诘""夸张"等修辞手法,"借景抒情""直抒胸臆""一语双关"等表达手法,以及诗歌"意象"的运用、"意境"的创设,等等。学生通过品读、比较、发现,感悟古诗文写作手法的精妙,感悟古诗文创作的魅力;同时,又能从写作的角度学习读诗品诗,学习鉴赏,学习迁移运用,进一步提升古诗文学习能力,进一步丰厚古诗文素养,慢慢走向"腹有诗书气自华"。

古诗文中修辞运用、创作手法的教学,需要呈现一个螺旋上升的序列,通过梳理与归整,便更清透明晰:课题组教师对小学阶段经典古诗文中的写作手法有了清晰的、整体的了解,对年段教学目标的把握也形成了更清晰的认识。比如,同样是"借景抒情"的写作手法,在四年级与六年级的微课教学中将呈现不同的深度:四年级的微课目标,着眼于"赏景知情";六年级的微课目标,便是"赏景知情,知人悟心"。这对知识点的整体梳理,密不可分。(如表4所示)

表4　古诗文修辞创作类知识点

年级	单元编号	知识点编号	相关诗题	知识点目标描述	目标类型（了解、理解、掌握、运用）	关联点编号
四下	01	0103	《忆江南》	了解词的特点,读出词的节奏感韵律感。	掌握	
五上	02	0204	《泊船瓜洲》	写景抒情的表达方式。	理解	0201 0202 0203
五上	02	0209	《长相思》	本词融写景与叙事于一体的表达方式,拓展了解同类古诗词。	理解	0207 0208 0210
五下	02	0201	《牧童》	理解古诗中数字虚指的用法以及表达效果。	理解	0202 0203
六上	06	0601	《诗经·采薇》	了解情景反衬手法巧妙运用。	了解	
六上	06	0603	《西江月·夜行黄沙道中》	从视觉、听觉和嗅觉三方面描写,写出风光,表达诗人的喜悦。	理解	
六下	07	0702	《鸟鸣涧》	紧扣"静",了解动静结合的描写方法。	了解	
六下	07	0705	《石灰吟》	采用象征手法,借物喻人,托物寄怀。	理解	
六下	07	0706	《竹石》	紧扣"咬"字,理解这首诗借物喻人的手法。	理解	
六下	07	0710	《卜算子·送鲍浩然之浙东》	理解词中妙喻,构思别致,又语带双关。	理解	

（3）内容拓展类。主要是与古诗文相关的诗歌或诗句的拓展与积累,有的侧重于内容题材的相近,有的侧重于写作手法的相通,有的侧重于同一作者的作品赏析,有的则侧重于风格迥异的诗作比较与品读。通过一首诗的学习,可以得到"群诗阅读"的体验与积累,促进学生内在素养的丰厚。(如表5所示)

古诗文的学习,在于理解,更在于积累。内容拓展疑难点的归类,旨在通过一首诗的教学,实现"举一反三"良好的迁移与拓展,丰富学生古诗文的积累。同时,教师能依据归类情况查找资料,搜集相关诗作;依据学情特点,删减与梳理,形成"诗歌拓展资料库",以备后期备课与制作的查询与使用。

表5 古诗文内容拓展类知识点

年级	单元编号	知识点编号	相关诗题	知识点目标描述	目标类型（了解、理解、掌握、运用）	关联点编号
五上	02	0203	《泊船瓜洲》	拓展了解以"月"为意象的同类古诗。	了解	0201 0202 0204
五上	02	0205	《秋思》	理解诗中"秋风"这一意象的作用，拓展了解关于"秋风"的古诗。	理解	0206
五上	02	0206	《秋思》	了解"叙事抒情"，拓展积累同类写法的古诗。	了解	0205
五上	02	0207	《长相思》	以本词为例，掌握"词"这种文学体裁和相关知识。	掌握	0208 0209 0210
五上	02	0208	《长相思》	以本词为例，了解纳兰词的特点与诗作。	了解	0207 0209 0210
五下	02	0205	《舟过安仁》	以本诗为例，拓展了解"田园儿童"类古诗。	了解	0204
六上	06	0604	《天净沙·秋》	拓展了解同曲牌名作品《天净沙》。	了解	0605
六下	07	0702	《鸟鸣涧》	了解王维"诗中有画"的其他作品。	了解	

（二）基于技术研讨，制作微课视频，确立微课程之核心载体

1. "微课示例"制作。

课题组慎重地对待第一个"微课视频"的制作，因为它的质量直接影响课题后续的研究，直接影响其他的微课制作水准。为此，课题组实施了"三步法"：

（1）确定内容。课题组集体商议确定四年级下册教材中李白的《独坐敬亭山》一诗，疑难问题知识点是"'独'的理解"。一个"独"字贯穿全文，既是作者当时身形的"独"，更是作者心境的"独"，一字双关；尤其是心境之"独"，含义深刻，值得深入品读。

（2）集体备课。借助"1+1"的备课模式，由课题组成员、县名师主备，由课题组组长、市名师、"微课学科指导"老师审稿修改，确定微课讲稿从诗中字词、作者境遇、同类诗作等三个层面，逐层解读，环环相扣，达成目标；课题组成员集体研讨，梳理出该学习疑难知识点的"知识结构图"。

理解《独坐敬亭山》诗题中"独"字的含义

从诗句中的"尽""孤""闲"等字,理解"独"之含义。

从诗人创作本诗的时代背景资料里,了解"独"之心境。

从诗人同类诗句中,进一步理解"独"之情感。

这样的知识结构图,清晰地呈现出微课的主要目标与板块;之后,再具化环节内容,形成具体、流畅的微课讲稿。

（3）视频制作。在微课 PPT、图像资源剪辑、讲课录音等工作完成后,由"微课技术指导"老师负责音频、视频的合成工作;之后,在县教育技术中心老师的指导下,该微课视频在视频时长、屏幕比例、码流量等技术上做了进一步规范与完善。最后,此微课视频范例通过市级、省级审核,成功上传至"浙江微课网"。

2."微课实践"系列。

借助"微课首例"制作的经验,课题组成员分成两个小组,开展微课视频的制作与实践。通过集体备课、研讨、修改、解疑等一系列流程,目前已形成四至六年级"古诗文学习疑难微课视频"系列,共 22 个;内容涉及"字词推敲""修辞创作""内容拓展"等多个层面的学习疑难知识点。

为保证微课实施的有效性,课题组根据每一个微课的知识点,编写了"学习任务单""微练习"等,以便教师教学或学生自学之用。

（三）基于教学反思,提炼备课经验,形成微课备课"五简攻略"

2015 年 10 月,课题组成员制作的"小学经典古诗文微课视频"系列,上传到"浙江微课网"参加验审;11 月喜讯传来,该微课视频系列成功通过省级验审,正式成为"浙江微课网"公开微课资源,供广大教师、学生点击使用。

在微课制作的整段历程中,课题组成员深深感受到:微课质量的核心是备课。只有依据知识点,依据学情,教师进行准确的目标定位,对文本进行合理的解读,对教学过程设置有效的推进步骤,才能真正保证微课质量,促进学生的学习。为此,课题组成员召开了以"回眸·反思·提炼"为主题的备课经验研讨会。经过交流分享、梳理归纳,形成了"小学经典古诗文微课程备课之五简攻略",具体如下。

1.目标设定宜简要。在古诗文的常规教学中,由于时间长、教学内容多,教学目标往往涉及字词理解、感情朗读、意境感悟等多个方面。而微课的教学设计,重在解决某一个知识点,那么其教学目标的设定必须简要、集中,直指知识点的学习或疑难问题的解决,切不可犯"天女散花"般大忌。以下列举几则微课的目标设定。

《春夜喜雨：“喜”从何来》：扣住“好”字研读，发现渗透在字里行间的“喜”意，感悟并理解。

《秋思：“秋风”之意象》：理解诗中“秋风”这一意象的作用，拓展了解以“秋风”为意象的同类古诗。

《泊船瓜洲：“钟山”情》：了解古诗写作背景，感悟作者与第二故乡“钟山”之间的深厚情感。

《黄鹤楼送孟浩然之广陵：地理位置》：借助地图，了解“黄鹤楼”和“广陵”的相对位置。

2. 微课导入宜简短。由于微课教学时间短，不能像常规课那样娓娓道来，所以微课导入要快速而简短，直入正题，要富有生动性、吸引力。比如，设置疑问，引入悬念，也可以用生活相关的现象或问题引入，可以用小故事引入，用图片引入，等等，力求新颖，有趣，有感染力，与题目相连紧密，快速切题，把学生的注意力快速地吸引过来。以下列举一二。

《黄鹤楼送孟浩然之广陵：地理位置》：读了诗题，同学们一定发现了诗题中有两个表示地方的词语。对，就是“黄鹤楼”和“广陵”。这两个地方，一个是李白送别的地方，一个是孟浩然即将要去的地方。那么这两个地方在哪儿？它们的相对位置又是怎样的呢？接下来，我们来了解这两个地方。

《诗经采薇：杨柳雨雪之情味》：短短一首诗，共16字，却写了两种景物，分别是哪两种？对，是依依的杨柳、霏霏的大雪。那么，诗歌为什么要描写这两种景物，究竟有何用意呢？

3. 环节推进宜简洁。在古诗文常规教学课堂中，教学环节的设计往往偏重师生间的交流、互动，再交流点拨，循环推进。而微课教学不存在实际意义的互动，教师要考虑的是如何有效促进学生的学，如何帮助学生直击重点，攻克难点，辨清知识点，能在最短的时间内获得最高的学习效率，达到事半功倍的效果。因此，微课教学环节的推进宜简洁明了，用尽可能少的环节，达成教学目标。教师必须根据学情，对知识点做二次备课，做必要的选择与取舍，确保环节的精简，确保重难点的解决。纵观我们设计的微课，大部分设置2~3个环节，由浅入深，由表及里，推进教学，达成目标。以下列举二三：

《泊船瓜洲：“绿”之妙用》设置了三个环节：①理解诗句之意；②了解改字之事；③读悟改后之味。

《送元二使安西：离别意送别情》设置了三个环节：①读诗句，想画面；②看地图，知距离；③拓诗句，明别离。

《春夜喜雨：喜从何来》的三个环节：扣读“好”字，明晰：①“好”在适时；②“好”

在润物;③"好"在滋长。

4.语言表述宜简明。经典古诗文的解读中,有专业精到的诗评风格,也有满含术语的学术气息。但我们的古诗文微课教学的受众,是屏幕对面的小学生。语言,是教学交流的重要凭借。小学生所喜好的语言,是通俗易懂、浅近简明的,因此微课教学的语言应该走"简明之风",而切忌堆砌辞藻、故作高深。同时,微课讲解时,语言精练,声音响亮,抑扬顿挫,思路清晰,尽可能富有童趣,贴近学生;要控制语言速度和语言留白,对接小学生思维的流速,使学生思维参与到学习中来,用学生能接受的语言方式把知识点讲解透彻。我们来欣赏"简明风格"微课语言的几则典型案例。

简洁干练型:人生自古重离别,古代社会由于种种原因,人们是重视定居而难得远行的,因为前途和生命安全都很难预料。老师还搜集了一些送别的诗句:莫愁前路无知己,天下谁人不识君;孤帆远影碧空尽,唯见长江天际流;又送王孙去,萋萋满别情。

——《送元二使安西:离别意送别情》

幽默风趣型:这一场春雨,随风潜入夜,是随着和风,轻轻悄悄而来,它选择了一个不妨碍人们工作和劳动的时间,在人们呼呼酣睡的夜晚无声地细细地下,默默地滋润万物。诗句中的"潜入夜"与"细无声"相配合相呼应,拟人化的手法,写出了春雨的"好",适时,润物,默默而至,密密而下。用今天的话说,就是——做了大好事,却很低调。

——《春夜喜雨:"喜"从何来》

优美抒情型:月亮本是无情物。可作者久立月色下,遥望故乡路,不禁抬头质问此刻唯一与他相伴的朋友:明月啊,你究竟什么时候才能陪伴着我回归故里呢?是啊,春风吹过江南已不知多少次,江南的田野山川也不知绿了多少回,如今春风依旧,明月依然,自己却依旧未能回到久别的家乡,梦中的故园。这满满的乡愁,大概也唯有明月看得见,能明白了……

——《泊船瓜洲:月之意象》

贴近生活型:"雨雪"就是下雪。"雨雪霏霏"又是怎样一番景象?是啊,冰天雪地,白雪茫茫。在我们现代小孩子看来,雪预示着赏雪景、打雪仗,那是尽情玩耍的快乐啊!而在古诗里,岑参感叹道:山回路转不见君,雪上空留马行处;韩愈说,云横秦岭家何在,雪拥蓝关马不前。可见,在古代征人的眼里,雪却是凄凉、萧瑟,以及无边无际的哀愁与悲苦。

——《诗经·采薇:"杨柳""雨雪"之情味》

5. 课件设计宜简约。毋庸置疑,这是一个读图的时代,小学生也喜欢缤纷多彩的图片。但是,古诗文教学重点在于培养学生的理解力、想象力。因此,古诗文微课的课件制作,忌花哨,忌多种图片的呈现;应结合古诗意境,以辅助理解、激发想象为原则,配以合适的图片、优雅的音乐,以及适度的文字字幕,形成课件呈现的简约之风。这样的课件设计,符合小学古诗文学习心理与规律,我们不能仅仅为取悦受众而违背教与学的规律。

(四)基于学习成效,全方位实施,构建多维立体化的实施体系

任何课程的有效实施,必须有多个要素的保证,如时间、地点、人员、途径等。基于"经典古诗文微课程实施体系的基本框架",课题组在以下四个方面做了一定的探索。

1. 时间菜单。每个年级每学期的古诗文篇目有四至六篇,一般分成两个单元,时间相对集中于某两周。在广泛征集教师、学生及家长意见的基础上,初步形成校内外"微课学习时间菜单",引导学生根据自己的学习需要,充分利用日常课堂、午间一刻、社团活动时间,以及学生在家休闲的时间,开展古诗文微课程的学习。同时,也把微课视频推荐给相关教师,作为教师在古诗文课堂教学的参考、补充或核心资料。

2. 全员介入。充分利用学校、家庭及社会资源,让教师、家长等成为古诗文微课程学习的引领者、督促者、指导者,也可以发展学有余力的学生加入微课程引领者的行列,让他们带动更多的学生参与微课程的学习。学校通过校讯通告知家长微课开放情况,建议家长和孩子一起登录网络了解,有兴趣的可以和孩子一起学习,对现有微课视频提出建议和意见,以促进课题组对微课做进一步的改进。

为此,课题组专门设计了"小学经典古诗文微课程建设的研究"用户评价表"教师版""家长版""学生版"三个版本,广泛征求意见与建议。家长版评价表如表6所示。

表6　家长评价表

家长姓名	
微课 初感	1. 您知道微课吗？　（　　　　　） 2. 您的孩子是否在网上观看过学校的微课？（　　　　） 3. 您是否支持学校使用"微课"进行教学？（　　　） 4. 您认为学校开发微课对孩子的语文学习有帮助吗？（　　　） 5. 您觉得您的孩子会喜欢学校研发的微课吗？　（　　　　）
观看 感受	建议您和孩子一起认真观看1~2个学校研发的"微课"视频，并谈谈：你们一起观看的是哪个微课视频？微课视频的时间，您和您的孩子能坚持学习吗？您觉得教师讲课的语速语调适中吗？……
我的 建议	您觉得学校开发"微课"可行吗？哪些地方还需改进？…… 谈谈您的建议。

通过广泛征集，课题组收获了不少具有一定建设性的意见与建议。一位六年级学生家长在评价表中这样写道：我和孩子一起看了沈老师的《天净沙·秋》和《天净沙·秋思》，在两个微课视频中，录音有噪声，但画面清楚，而且讲解清楚，对孩子的学习应该很有帮助。视频录制有些有噪声，影响学习，能更清晰些就更完美了。

一位五年级学生的家长，对微课提出了较为专业的看法与建议。他这样写道：在某些课文的难点、重点教学中，可以采用微课进行教学。唯一值得商榷的是：微课是单方面的教学，重点、难点在微课中已经呈现，就学生而言，缺少了思考和互动的时间，变成单方面知识的接受，这样的学习效果是否最佳呢？总的来说，"微课"应该是不错的想法，但基于目前教育的局限性，比如孩子的作业量，孩子不能自制地玩电脑游戏，家长时间不确定，也不能保证坚持每天学习。

在教师层面的用户评价中，课题组收到了更为专业的观课感受与改进建议。六年级语文组教师这样写道：许多微课对我都有帮助，短短几分钟就能将一个知识点图文并茂地展现出来，适合学生进行个性化的深度学习，也可多次回放，让没有掌握该知识的学生掌握并巩固。如《春夜喜雨："喜"从何来》，抓一"喜"字从几方面来详细阐述，并补充资料，让孩子们从没有一个"喜"字的诗中，感受到诗人的喜悦之情。微课程视频中的讲解很到位，对我的教学很有帮助。一能促进学生自主学习，为学生提供了自主学习的环境，是学生课外作业的个性阅读和学习的最好载体，是传统课堂教学的一种重要补充和拓展。二能促进教师提高专业水平发展，加深了老师对教材知识内容的进一步理解，备课时充分研究学情，做到了课堂无学生，心中有学生，教学语言更简明扼要，逻辑性强，易于理解，同时，开拓了教师的视野。

五年级语文组教师就"改进建议"提出了自己的思考：学校开展微课程还需要资金与技术的支持。学校研发的微课视频还需要统一标准，比如片头一致，讲课的音频一致等,让所有视频呈现"系列"状态。微课程不仅给我们带来了一种全新的课堂教学资源组织方式,更向我们展示了一种全新的教学理念、教学思想、教学方式和教学方法,它紧紧围绕着课堂教学和网络教学相结合的"混合式"教学模式,那微课程如何才能和学科教学深度融合呢? 这是需要我们努力的重点。

另外,学校四至六年级的部分学生也认真填写了用户评价单。其中,除了肯定微课视频的优点之外,也提出了一些真实的宝贵的建议。比如,一位六年级学生写道:既然是微课,那么有的微课就应该开门见山、直奔重点,而不必在一开始说太多不大相关的话。

来自教师、家长、学生的诸多建议,为微课制作、后期改进注入了更多新鲜的看法与思想,使得我们的微课更加贴近教学需求、学习需求,更加符合学习者的求知欲、接受力。

3.学习平台。经典古诗文微课视频,除了上传"至浙江微课网"之外,课题组也将资源放入学校网站、学校公共邮箱、班级博客、班级邮箱等,尽可能使微课视频的打开更快捷、更方便,为学生的学习打开全方位的途径与通道,让学生在校、在家,甚至在其他地方,都能开展学习活动。

(五)基于实施效度,构建微课程教与学的"双面评价"体系

微课制作的主要目的在于改进教学,促进学习。因此,课题组重视微课实施过程中的评价体系的建构,充分关注教师的教学、学生的学习,借助"评价表"的形式进行学期评价,以评促教,以评促学,收获微课实效。

1.对教师教学的评价。主要关注微课程制作参与率、微课程内容使用率、微课程实施改进策略的优化、学生学习情况的引领与测评素质。(如表7所示)

表7　教师教学评价表

项目		自评	校评
准备 (30%)	1.认真钻研古诗文微课程,进行知识点的梳理与分类。		
	2.制定明确合理科学的微课程教学目标,重点难点突出。		
	3.设计微课程教学过程,教学设计思路清晰。教学内容科学合理,深度、容量恰当。		
实施 (30%)	4.积极参与微课程视频的制作。		
	5.微课程制作中,教师语言准确、生动、富有感染力,视频图像清晰稳定,衔接自然。		
	6.微课程教学面向全体学生,关注个性差异,注重引领学生进行微课程学习。		

续 表

项目		自评	校评
评 价 （30%）	7. 有微课程教学的改进与优化策略。		
	8. 精心设计微课程作业。作业目的明确，符合微课程特点、学生特点。作业量适当。		
	9. 教师微课程使用率达到百分之九十以上。有对学生的微课程学习的测评方案。		
特色风格 （10%）	10. 体现教师教学特色与风格，有值得他人学习借鉴之处。		
总分与总评			

2. 对学生学习的评价。形成"参与度、掌握度、运用度"三度兼顾的评价体系。主要关注：学习次数、学习参与度、学习后测验等。（如表 8 所示）

表8　学生学习评价表

项目		自评	师评
学习参与度 （30%）	1. 能积极主动参与微课程学习，每学期学习不少于 8 次。		
	2. 能主动预习相关古诗文。		
	3. 微课程学习中，认真学习，善于思考，并大胆质疑，表达自己的想法。		
学习掌握度 （30%）	4. 能独立自觉完成微课程作业，书写整洁，作业正确率达 90% 以上。		
	5. 遇到困难能主动向老师或同学请教。		
	6. 能自觉复习微课程学习成果，反思并改进学习方法。		
学习运用度 （30%）	7. 一学期积累背诵诗词不少于 15 首。		
	8. 能将微课程中学到的方法运用到课外的古诗学习中。		
	9. 在日常生活中运用相关诗句，提高语文素养。		
我还有这样的优点（10%）			
总分与总评			

对学生学习方面的评价方式有：①常态式。重点做好学生日常在校、在家的学习情况的记录。根据记录情况，适度打分或评级。②作业式。针对年级段微课学习内容，设计简单的学习反馈作业，检查学生学习情况的同时，了解微课的设计是否合理，便于改良。③竞赛式。针对年级段的学习情况，开展有主题、有目标的竞赛活动，核定学生的成绩。④建议式。鼓励学生针对平时的学习体验，对现有的古诗文微课程资源库提出富有建设性的意见与建议，以促进微课程的改进与优化。根据学生建议

的价值,适当打分或评级。

通过以上基于教师教学、学生学习的双面评价,促进教师改进学教方式的理念与实践,促进学生自学能力的提升,激发学生主动学习古诗文的兴趣与热情,较为有效地促进学与教的方式的改进。

四、课题研究的成效

小学经典古诗文微课程体系建设的研究,促进了教师教学理念的更新。课题组教师通过学习、研讨、实践,锻炼并积累了微课制作的备课与技术经验,为下一步的深入研究打下了基础。同时,该研究也促进了学教方式的转变,拓展了课堂学习的外延,促进学生对新形式学习方式的兴趣的提升,激发主动学习古诗文的热情,促进了古诗文素养的提升。主要成效如下。

(一)形成了微课程之"三大体系"

"三大体系"即:内容体系、实施体系、评价体系。对微课程建设的后续发展有借鉴意义。

(二)提炼了微课程备课之"五简攻略"

"五简攻略"为:一,目标设定宜简要;二,微课导入宜简短;三,环节推进宜简洁;四,语言表述宜简明;五,课件设计宜简约。该攻略立足微课程的特点,以"简"为核心理念,五个要点既独立又关联,道出了微课程备课的核心准则与标准,对小学语文微课程的备课指导,有一定的借鉴意义与推广价值。

（三）构建了"多维立体化"课程实施体系

小学经典古诗文微课程从时间、地点、人员、途径等多个层面,保证课程的有效实施,切实推进,全员参与,收到了实效。课题组制作的"小学古诗文微课程用户评价表",分别有"教师版""学生版""家长版",有一定的原创价值。适合在微课程实施中,广泛而理性地征集来自教师、家长、学生的诸多建议,为微课的后期改进注入更多新鲜的看法与思想,使得微课更加贴近教与学的需求,更加符合学习者的求知欲、接受力。

（四）构建了"基于教与学"的"双面评价体系"

微课程建设"教师教学评价表""学生学习评价表"有积极的原创价值。一是对教师教学的评价。主要关注微课程制作参与率、微课程内容使用率、微课程实施改进策略的优化、学生学习情况的引领与测评素质。二是对学生学习的评价。形成"参与度、掌握度、运用度"三度兼顾的评价体系,主要关注学习次数、学习参与度、学习后测验等。

（五）成功进驻"浙江微课网",微课系列省内推广

"小学经典古诗文之学习疑难微课程" 22 个原创微课视频,成功通过浙江省教育技术中心的审核,正式登陆"浙江微课网",成为省级公开微课资源,供广大教师学生收看。

【备注】

本课题 2017 年获评湖州市优秀教科研成果一等奖,浙江省优秀教科研成果三等奖。

7-2 微课文稿

春夜喜雨:"喜"从何来

知识点目标:诗题中的"喜"字未在诗里露面,扣住"好"字研读,发现渗透在字里行间的"喜"意,感悟并理解。

引子(朗读):

春夜喜雨

[唐]杜甫

好雨知时节,当春乃发生。

随风潜入夜,润物细无声。

野径云俱黑,江船火独明。

晓看红湿处,花重锦官城。

一、质疑"喜"字:喜从何来

读了诗题,我们一下子就感受到了诗人的心情:喜!是的,《春夜喜雨》这首诗,杜甫描绘了春夜雨景,表达了心中的喜悦之情。

读完全诗,同学们有没有发现:诗题中的"喜"字,在诗句里始终没有露面!那么,问题来了:诗人"喜"从何来,"喜"在何处呢?

二、扣读"好"字:喜自好雨

我们读读整首诗,诗中虽然没有出现"喜""乐""悦"等表示喜悦之情的字眼,但诗中有一个字正与"喜"字遥相呼应。是哪个字呢?对了,好雨知时节的"好"字。正因为诗人觉得这是一场好雨,才分外喜悦!

这场春雨"好"在何处?诗句中哪几处道出了雨的"好"呢?你可以圈画圈画。

1. "好"在适时。

此时正是春天。我们知道,春天是万物萌芽生长的季节,正需要下雨,需要雨的滋润。你看,雨就下起来了。大自然的需要,我们懂得,春雨也懂得,它能"知时节"而下,这是多么可贵,多么令人欣喜!雨的第一"好",正是"知时节","好"在适时!

俗话说,春雨贵如油。春夜里,这一场及时的雨,懂事的雨,悄然而至,作者欣喜难抑,在全诗的一开始,便用"好"字来赞美它。其喜悦之情,喷涌而出,跃然纸上。

2. "好"在润物。

其第二"好"又好在何处呢? 对了,随风潜入夜,润物细无声。春天的雨,一般是伴随着和风细细密密而下,滋润万物。但也有例外。有时候,它会伴随冷风而来,随狂风而来,甚至由雨变成雪,春雪是最伤植物生长的。而这一场春雨,随风潜入夜,是随着和风,轻轻悄悄而来,它选择了一个不妨碍人们工作和劳动的时间,在人们酣睡的夜晚无声地细细地下,默默地滋润万物。诗句中的"潜入夜"与"细无声"相配合相呼应,用拟人化的手法,写出了春雨的"好",适时,润物,默默而至,密密而下。用今天的话说,做好事却很低调。

这第二"好",当然就是"好"在润物。

3. "好"在滋长。

在作者诗中,这场雨还有第三"好"吗? "野径云俱黑,江船火独明。"在这个春夜,外头漆黑一片,伴着船上的灯火,作者听雨,赞雨,想象的翅膀展开来,脑海里浮现出这样的景致:晓看红湿处,花重锦官城。这是作者想象的情景。

我们来看看,这情景与这场春雨有关吗? 对,一个"湿"字已经在告诉我们:如此好雨下了一夜,明早雨过天晴,春花带雨开放,红艳欲滴,整个锦官城(成都)便是花的海洋,美不胜收啊! 我们也想象一下,万物都得到了润泽,田里的禾苗呢,山上的树木呢,一切的一切呢,一定是生机勃发,欣欣向荣!

这雨的第三"好",便是滋长:春雨绵绵,花儿竞放,万物滋长。

三、回看"喜"字:如雨入心

面对这样一场"好雨",作者能不喜爱,心情能不喜悦吗? 诗中虽然不着一个"喜"字,但欢喜之情、喜悦之情,透过"好"字喷涌而出,如春雨一般飘飘洒洒,绵绵密密,入心入情,入景入梦,入得诗来!

诗经·采薇:"杨柳""雨雪"之情味

知识点目标:通过聚焦、比较与体会,了解诗歌借助"杨柳、雨雪"两个意象来表现人物情感的手法。

引子：

诗经·采薇

昔我往矣，杨柳依依。

今我来思，雨雪霏霏。

今天我们一起学习的，就是这首《诗经·采薇》。

一、诗作概览

《诗经》是我国第一部诗歌总集，距今已有两千多年的历史，最初称为"诗"或"诗三百"，到西汉时被尊为儒家经典，称为《诗经》。《诗经》按"风""雅""颂"三类编辑。

《采薇》，选自《诗经·小雅》，写的是西周时期一位饱尝服役思归之苦的戍边战士从出征到回家的历程，诗中主要叙述了他辗转边陲的艰苦生活。全诗一共有六章，今天学习的是第六章的上半首，也是《采薇》中情景交融的名句。

二、聚焦意象

为什么说它是"情景交融"呢？我们看——

"昔我往矣，杨柳依依。今我来思，雨雪霏霏。"意思是说，想当初，我出征之时，柳枝摇曳，婀娜多姿。看今朝，我归来之日，大雪纷飞，寒气袭人。

那么，诗中的战士在出征、归来时，分别是怎样的心情呢？是的，你一定发现了，诗歌并没有直接写"情"，而是重点描写了"景"。有几处景，请找一找……对，是依依的杨柳、霏霏的大雪。诗歌描写这两种景物，有何用意呢？

（一）"杨柳"

读到"杨柳依依"，你的脑海里会浮现怎样的画面？是啊，也许是，杨柳青青，婀娜多姿；花红柳绿，春意勃发；也许是"碧玉妆成一树高，万条垂下绿丝绦"的诗意与欣喜。战士的家乡，生机一派，如此美好！如今却要告别故土，作别亲人，去向萧瑟辽远的边塞与战场，战士心中会是怎样的复杂之情呢？对，依依不舍之情，哀愁无奈之感！

家乡是杨柳依依，边塞却是黄沙漫漫；家乡是亲情融融，边塞却是孤清寂寂。

诗歌为何写到"杨柳"呢？是啊，诗歌正是借"杨柳依依"的美好景象，反衬出战士出征时浓浓的不舍与留恋，浓浓的哀愁与伤悲！用清代诗评家王夫之的话说，就是"以乐景写哀"，更增添了"哀"的浓度与深度。

在《诗经》之后的诗词作品中，"杨柳"便成了"离别"的代名词，很多诗人都借助"杨柳"来表达离别之意。比如，唐代诗人王维的《送元二使安西》突出了"柳色"："渭城朝雨浥轻尘，客舍青青柳色新。劝君更尽一杯酒，西出阳关无故人。"白居易在

《青门柳》一诗中更是直接地道出了杨柳的象征意义:"青青一树伤心色,曾入几人离恨中。为近都门多送别,长条折尽减春风。"就这样,"杨柳"成了中国古代诗歌的经典意象之一。

(二)"雨雪"

"雨雪"就是下雪。"雨雪霏霏"又是怎样一番景象?是啊,冰天雪地,白雪茫茫。在我们现代小孩子看来,雪预示着赏雪景、打雪仗……是尽情玩耍的快乐啊!而在古诗里,岑参感叹道,"山回路转不见君,雪上空留马行处";韩愈说,"云横秦岭家何在,雪拥蓝关马不前"。可见,在古代征人的眼里,雪却是凄凉、萧瑟,以及无边无际的哀愁与悲苦。

那么,"今我来思",战士此时正在回乡的路上,心中会是怎样的心情?是啊,当然有归心似箭的急切,是期待相逢的欣喜……但,诗歌为何提到"雨雪霏霏"?这样的描写,似乎不太应景,不太符合人物心情啊?

读这样的诗句,需要我们关注时代背景:先秦时代,诸侯纷争,战火四起,人们征战戍边,辗转沙场;离别家乡,从此音讯全无,生死两茫茫。古来征战几人回!战士经历了太多磨难,心中早已千疮百孔,积聚了无尽的哀伤与悲愤;此时颠簸在回乡路上,无法预知家中亲人近况是否安好……

此时,你能读懂战士的心境吗?是啊,不再是单纯的急切与欣喜,而是有凄凉的哀愁、隐隐的悲愤、满怀的担忧、难耐的欣喜……万般复杂的情绪的纠结与交织啊,正如纷纷飘扬的雪花,漫天飞舞,凌乱又凄凉。对此,用清代诗评家王夫之的话说,即"以哀景写乐",这样表达更增添了"乐"之复杂与纠结。

现在我们读懂了,这首诗歌借"杨柳依依"与"雨雪霏霏"这两个场景来衬托、表达人物的情感,是典型的"借景抒情"。"以乐景写哀,以哀景写乐",情景交融;哀之深切,乐之复杂,耐人寻味。

三、拓读悟情

这首诗歌所表达的情感的基调,是"哀",还是"乐"?相信你的心中已经有了答案。若还不明晰,不妨读读这首诗歌的下半首:

行道迟迟,载渴载饥。

我心伤悲,莫知我哀!

问：我发现有些名师会在"课堂"一词前冠以修饰语，以提炼教学风格，如"简约课堂""有料课堂"等。对于我们普通教师来说，还没有形成独特的风格，我们需要追求并打造怎样的课堂呢？

答：很多名师已形成自己的教学风格，值得我们借鉴学习。教学是有规律可循的，课堂是有本质追求的。从学习的视角来看，课堂属于教师，更属于学生；课堂的阶段目标在于组织学习，终极目标在于提升学习力。因此我更赞成"学本课堂"的提法。课堂以"学"为本，这里的"学"包括学习者、学习任务以及学习力等维度。学本课堂有很大的研究空间，我们可以从某个角度出发进行研究，逐步丰实学本课堂的架构与实施，迈向理想的课堂样式。

8-1 **教学论文**

学本课堂：把学习任务评估权还给学生

课堂,是老师的,更是学生的。学本课堂,顾名思义,以学习为本的课堂,涉及三个重要因素——谁学习、学什么、怎样学? 因此,学本课堂是基于"学习者"素养提升的课堂,是基于"学习任务"科学完成的课堂,是基于"学习力"提升的课堂。

我们平日看到的课堂及实施的教学,大多数的状态是:教学目标由教师设定,学习任务由教师设定,评估方式由教师设定,学习建议或方式由教师设定……大多数情况下,学生只是"教师设定"的从属,是被动的,是建议或方式的执行者。显然,这不是良好的课堂生态。那么能否让学生参与到课堂实施的设计中来,设计学习任务,设计学习策略,设计评估方式,从聚焦学习者与学习任务、学习策略、学习评估的关联与尝试,构建良好的课堂生态,构建"学本课堂"的雏形呢?

为此,笔者申报了浙江省教育科研规划课题"'学生主导式'学习任务评估策略的研究"并展开研究,该课题成果获评浙江省优秀教育科研成果二等奖。课题中的"学生主导式"是指在课堂教学生态环境中,在教师的引领下,学生能充分发挥主体作用,能自主设计学习任务、设计学习策略、设计评估方式,并依据以上设计,主导并充分展开学习过程,评估学习成果,改进学习策略,培植"学会学习"之核心素养。

本文以小学语文教学为例,就如何推进学习任务评估权让还于学生做重点阐述。

一、从两个维度,探究学习任务评估的内容

(一)从学科特征的维度,确定学习任务评估的核心内容

为落实"学为中心"理念,尊重学科性质,以《义务教育语文课程标准(2011年版)》为指引,梳理出具有学科本质特征的、有助于培养学生核心素养的学习任务,明确语文学科特征的学习任务在课堂学习中的核心地位与价值追求。

《语文课程标准》指出:"语文课程应激发和培育学生热爱祖国语文的思想感情,引导学生丰富语言积累,培养语感,发展思维,初步掌握学习语文的基本方法,养成良好的学习习惯,具有适应实际生活需要的识字写字能力、阅读能力、写作能力、口语交际能力,正确运用祖国语言文字。"可见语文素养的核心是阅读理解能力和语言表达能力。

1.阅读理解。小学语文的"阅读理解"指的是学生能初步把握文章的主要内容,

体会文章表达的思想感情;能联系上下文和自己的积累,理解课文中重点词句的意思,体会其表达效果。例如,《幸福是什么》一课的"阅读理解"可以具体化为:学生围绕核心问题"文中的三个孩子是怎样寻找和认识幸福的"展开阅读,把握文章主要内容的能力,能联系上下文理解文中"幸福"的含义,建构概括、分析的能力。

2. 语言表达。小学语文的"语言表达"指的是学生运用在阅读理解中积累的表达方法,能清楚具体、文从字顺地表达自己的见闻、体验和想法。例如,《老人与海鸥》一课的"语言表达"可以具化为:学生在研读中发现文章把老人与海鸥各自的表现进行"穿插描写"的方法,并迁移练笔,表达人与动物的和谐相处的美好境界,锻炼语言表达能力。

(二)从课堂结构的维度,确定学习任务评估的环节内容

基于中国学生发展核心素养的架构,学生在课堂学习中应获得"学会学习"之素养的训练与养成。"学生主导式"学习任务评估策略,倡导学习者(学生)是意义的建构者、问题的解决者、研究的受益者,学生真正成为自己学习的"评估者",师生合作将"教学任务"开发为"学习任务"、将"教的评估"开发为"学的评估",让评估过程融化为学习过程。

因此,具有学科特点的学习任务,必须落实在每一次课堂学习中。从课堂结构的维度看,既须关注课堂整体实施,也须关注课堂板块教学,从课堂结构中的每一个环节进行尝试与探索,以确立学生主导式的学习任务评估的落脚点。

1. 基于整体推进,共同制定"课堂总任务"。课堂学习任务是一节课的核心与灵魂。在教师的帮助下,学生基于对自己学习状态、课堂学习内容特点的分析,可以自主确立课堂学习总任务。理想的状态便是,"课堂总任务"不再是由教师单方面设定的"教学目标",而是变革为学生自主发现学习的问题、自主确定学习的策略、自主确定评估的细则,经过师生商议后达成"课堂总任务"的共识。它是一堂课基于整体推进的"顶层设计"。在师生共同建构的"课堂总任务"引领下,整个课堂学习流程的实施与操作便有的放矢,有章可循。

例如,在《纪昌学射》的学习时,先引导学生回顾寓言故事的学习方法是怎样的?依据方法,这节课你想怎样学习? 这节课上你的学习任务是什么? 在学生交流的基础上梳理三项学习任务:①阅读并理解寓言的内容,纪昌向谁学射? 他怎样学? 他学射的结果怎样?②理解这则寓言的寓意。③能用自己的语言讲述寓言故事。整堂课围绕学生所提出的学习任务展开,有目标地进行学习、评估与反馈。

2. 基于重点跟进,商议制定"板块学习任务"。从表面上看,"学生主导式"是一种学习评价方法;但评价不是它真正的目的,借助评价促进更深度的学习,才是课堂教学评价的真正价值;它是评价功能进一步发展的一个实例。尤其在板块学习中,学习任务更小，更容易聚焦，更有利于学生主体作用的充分发挥。

因此，根据学情实际，缩小研究范围，聚焦课堂学习的某个板块，基于教学重点的跟进实施，基于学习能力的跟进训练，形成某个环节的推进任务——"板块学习任务"。一方面突出"学生主导式"评估策略的难度缓冲，一方面强化"学生主导式"评估策略的实施与推进，引领学生在板块学习中训练学习能力，获得学习积累，切实推进课堂教学中学教方式的局部改革与深化。

例如，学习《好的故事》一课在探究主问"这故事的美丽、幽雅、有趣体现在哪里"的环节，基于阅读理解之需，可引领学生自主讨论，形成研读任务：①默读课文第3至第9自然段，思考：这故事的美丽、幽雅、有趣体现在哪里呢？画出相关语句并做好旁注。②这个梦境的"美丽，幽雅，有趣"，这一组词语在文中为什么出现两次，作者有什么用意？自己读一读，体会体会。借助学习任务，学生通过自学、互学等方式，逐一推进学习任务的研究与交流，从相关语句中发现"好"、批注"好"、分享"好"、朗读"好"，直至回味"好"，一气呵成，使"好的故事"在学生心中留下美好而深刻的印象，从而深刻理解故事的"美丽、幽雅、有趣"，切实感受鲁迅作品的魅力。

二、以五种清单，探究学习任务评估的形式

在课堂教学过程中，师生一起把学习任务评估的形式，设计成符合学习内容、符合学情特点、适合课堂实施的简洁明了的"清单"形式，以促进课堂学习有序、有效地开展。依据学科教学实际，探索并实践等级描述式、检验判断式、自我提问式、现场转化式、自我改进式等五种"清单"形式。具体如下。

1. 等级描述式。或星级评定式。以"优秀、良好、合格"或"五星、四星、三星"等为标准进行描述；自评或互评，评估当前学习情况；较为准确地反映学生当前的学习任务完成水平。

例如，设计口语交际"聊聊热门话题"板块的学习任务时，师生根据语言表达能力的核心任务，共同制定口语交际的星级评估标准，学生根据评估标准展开学习与评价。评估单如下：

学习任务	星级评估
1. 分工合作，每人都有任务。	☆ ☆ ☆ ☆ ☆
2. 说清事情的起因、经过和结果。	☆ ☆ ☆ ☆ ☆
3. 谈谈自己对事件的真实看法。	☆ ☆ ☆ ☆ ☆
4. 小组合作组成一档节目，并取个名字。	☆ ☆ ☆ ☆ ☆

2. 检验判断式。以"对、错"或"是、否"等为评估结果的表现形式，依据清单要求判断学习情况的正误，自评或互评，简洁明确，促进学生向着"是"或"对"的唯一

标准开展学习检验与改正。

例如,《古诗词三首》教学时,学完《乡村四月》再学习《四时田园杂兴》,组织学生设计学习任务,根据前一首的学习,初步设定学诗的步骤和评价标准,让学生在练习中明确任务,展开学习。评估单如下:

学习任务	是	否
1. 会读出这首七言诗中（四／三）的停顿。		
2. 会根据注释说说诗句的意思。		
3. 会描述从诗句中想象到的画面。		
4. 能感悟诗人对乡村人们的情感。		

3. 自我提问式。以自我设问的方式描述学习的内容,调动自我反思与自主评价的积极性与主动性,展现学生自主学习的思维过程,促进学生向着自定的评估目标努力。

例如,学习课文《鸟的天堂》第11~14段时,根据"阅读理解"核心任务,学生以自我提问的方式,共同设计小组学习任务单,根据任务单展开阅读理解与任务评估。评估单如下:

学习任务	完成情况说明
1. 课文第11~14段,我们是否读得正确流利?	
2. 作者看见了怎样的景象?我们画出相关语句了吗?	
3. 从这些语句里感受到了什么?我们每个人都发表过自己的见解了吗?	
4. 关于这两个问题的学习汇报,我们定好人选了吗?	

4. 现场转化式。语文教学中的读写结合,是阅读与习作的完美联姻。在阅读教学中感悟到的文本内涵或表达方式,可以很自然很巧妙地转化为学生学以致用的方法与本领。在转化的过程中,应当发挥学生的主体意识,引导学生发现:阅读的习得正是自己需要模仿、实践的方法,让学生把阅读习得转化为下一步的任务清单。

例如,学习《卡罗纳》一课时,学生从课文描述中读出卡罗纳得到的关爱分别来自三个方面,"真切的语言、关心的神情、温暖的动作"。教师可巧妙引导学生从这些内容发现表达方法,将板书转化成"写"的提示与要求,建立"内容"与"形式"的联系,达成读写结合的自然融通。板书式清单如下:

读出课文中卡罗纳得到的关爱	板书 转化 →	写写卡罗纳今后可能得到的关爱
真切的语言 关心的神情 温暖的动作		可以写真切的语言， 可以写关心的神情， 也可以写温暖的动作……

5. 自我改进式。创造允许失误的学习空间，放大容错率，鼓励学生在学习中不断发现与明确，并自我改进学习目标与评估标准，在自己的最近发展区得到最大化的提升与发展。同时，在学习任务的自我改进过程中，促进学生对学习内容、学习任务的准确把握以及学习能力的不断提升。

例如，《介绍民居》一课，在明确本课习作任务这个板块中，学生根据"语言表达"的核心内容、预习了解的习作要点，初步设定习作任务。在课堂学习时一起讨论、进行改进修正，从而确定更为准确的学习任务。评估单如下：

预习准备时，我初定的任务	改进后 →	上课讨论后，我确定的任务
1. 从评价、特点、功能、建造等方面介绍"安徽民居"。 2. 用上比喻、拟人等修辞方法，进行描述。		1. 从评价、特点、功能、我的感受等方面介绍"安徽民居"。 2. 用语科学，数据准确，适当用上一些修辞方法。

以上呈现的"学生主导式"学习任务评估的五种形式，具有较强的操作性、可借鉴性。在具体的课堂教学中，五种形式可以从"书面表格"的形式变化为"口头陈述"的形式，也可以从"纸质文稿"的形式变化为"板书改进"的形式，有助于语文学科教学的灵活实施与探究，为"学生主导式"学习任务评估提供最基础、最切实、最具操作性的研究媒介。

三、基于不同任务，探究学习任务评估的流程

（一）创造评估的"安全环境"

所谓"安全环境"指的是学生的错误得到欢迎、宽容或关照的课堂学习环境。因为师生能够从错误反馈中获得更为正确的认知，能从错误的方向或暂时不够得心应手的正确方向中获得学习的积累与能力的提升。因此，在和学生一起创建"学生主导式"学习任务评估流程时，教师要创造"安全环境"，以帮助学生更好地参与学习、体验学习、学会学习。

（二）重视评估的"学情起点"

所谓"学情起点"指的是学生对所要进行的学习活动必须具备的预先认知、方法积累、能力储备等。依据学情起点，再来制定学习任务的评估标准，实施评估流程，便

是顺学而导,顺势而为,评估效果水到渠成。

(三)制定评估的"实施流程"

首先,依据学科特点,确定统领教学的理念性实施流程,使其具有规律性和指导性;在研究进程中,再根据语文学科不同任务的特点,改进细化实施流程,使其更具操作性与借鉴性。其中,理念性实施流程,如下图所示。

自由讨论 → 核心提取 → 操作实践 → 修正改进 → 继续实践

再者,操作性实施流程,按不同任务分别阐述。

1. 以"阅读理解"为学习任务的评估流程。适合在深入研读课文的重点语段、理解关键词句、感悟思想感情、体会表达效果等学习任务时实施。实施评估时,首先聚焦重点语段和词句的疑难点,再组织讨论生成阅读理解的学习任务及"评估清单",之后根据清单进行自主探究理解,然后依据清单进行集体评估,最后进行自我改进与修正。

聚焦阅读理解之疑 → 生成任务评估清单 → 依单自主探究理解 → 集体评估学习任务 → 自我改进与修正

例如,《临死前的严监生》一课,在重点语段的"阅读理解"学习任务评估时,可做如下表所示流程的实施。

流程	具体实施	设计意图
聚焦阅读理解之疑	1. 严监生临死前的病情相当严重,请从课文中画出写他病情的句子,感受他病情之重。 2. 引导质疑:已经气若游丝,一点儿力气也没有了的严监生,还用力举着两个手指,容易吗?这两个伸着的指头是要向诸亲六眷交代些什么呢?	通过学生聚焦到重点语段,产生共同之疑,将目标集中化。
生成任务评估清单	启发学生讨论并形成学习任务评估单。 表： 学习任务 / 完成情况 1. 默读相关语段。 2. 圈画相关语句并填写表格。 （诸亲六眷及猜测 / 严监生的反应） 3. 根据填写,感悟严监生的真正用意与人物特点。	学生自主研读,产生任务评估清单,培养学生主动提出学习任务的能力。

续 表

流程	具体实施	设计意图
依单自主探究理解	按照任务评估单的项目，学生在阅读中理解，完成学习任务。	在任务的驱动下自主学习，培养自主合作探究的能力。
集体评估学习任务	1. 依据学习任务单，逐项交流学习成果。 2. 集体讨论，达成理解的共识，感悟严监生的人物形象特点。	在集体评估中展示小组学习成果，进一步提升阅读理解能力。
自我改进与修正	根据集体的交流与评估，修正自己学习任务完成情况中的问题与错误。	在集体交流评估的过程中，发现不足及时修正，以评估促进学习。

2. 以"语言运用"为学习任务的评估流程。适合在发现文本语言表达方法、运用方法表达自己的见闻、体验和想法等任务时实施。实施评估时，首先品读范例语段和重点词句，再组织学生讨论生成语言运用的学习任务和"评估清单"；之后根据"清单"进行文本语言的表达方法讨论并进行练笔，然后依据"清单"进行展示评估，最后对自己的练笔进行改进与修正。

品读范例语段 → 自主生成清单 → 据单讨论写法 → 迁移运用写法 → 自我改进与修正

例如，《花钟》一课"读写结合"板块学习任务的评估流程，可做如下表所示流程的实施。

流程	具体实施	设计意图
品读范例语段	1. 默读课文第一段，思考：文中写到了哪些花？把花名圈出来。这些花在什么时候开放，把时间画出来。 2. 组织交流：圈出了哪些花儿？汇报交流，赏鲜花，识花名。	聚焦语段进行品读，对范例文本有品读和欣赏的过程。
自主生成清单	1. 交流鲜花开放时间和怎样开放的，学生自主形成任务评估清单： <table><tr><td>任务清单</td><td>用简单的语言回答</td></tr><tr><td>1. 这些时间词是按怎样的顺序排列的？看看这些时间词的位置，是不是都放在句子前面或中间呢？</td><td></td></tr><tr><td>2. 作者是怎么描写这些花开放的？</td><td></td></tr></table>	自主讨论生成任务清单，在学习中去发现语言表达的方法，培养学生对语言的敏锐性。
据单讨论写法	探究写法：①作者按照时间的先后顺序来写，非常有条理；有些时间词放在句子前，有些放在句中，很灵活，不单调。②作者运用比喻、拟人等方法，用不同的说法来表达鲜花的开放，写得非常具体、形象、有趣。	培养学生口语交际的能力和发现语言表达方法的能力。
迁移运用写法	1. 组织学生描写一种或两种花。 2. 交流展示分享。	运用方法进行练笔，提升语言运用的能力。
自我改进与修正	在集体交流分享之后，修正自己的作品。	发现不足及时修正，以评估促进学习。

综上所述,以上阐述的学习任务评估流程,虽然根据任务不同操作细节有异,但呈现出"评估流程"研究层面的最大优点:以师生讨论生成的"学习任务"为核心,以"任务评估清单"为线索,以"任务评估"为学习手段,以"评"促"学",整体推进课堂总任务或板块学习任务的实施与达成,提升学生准确把握学习任务、学习目标的能力,自主实施学习评估、学习策略的能力,从而助推学生"学会学习"核心素养的积淀与提升。

四、"学本课堂"雏形建构成果简析

以"学生主导式"学习任务评估策略为核心的研究,较好地落实了"学为中心"的课改理念,促进了课堂教学评价的改革,较好地转变了学教方式,打造出"学本课堂"的雏形。

(一)教师的"教"获得可喜转变

首先,教学理念得到了有效的更新,能充分尊重学生的"学习主体"地位,努力强化学生的主体作用,弱化教师的主导作用,凸显学生在学习中的主导功能,使课堂成为学生学习的主场。其次,教学方式得到颠覆式的转变,弱化教师的"教",强化学生的"学";弱化教师的"强势给予",强化学生的"自主探究"。课题组引领学校相应的学科教师团队进行研究,在多次市县学科教学研讨中执教课题研究公开课,得到一定的好评。

(二)学生的"学"获得有效发展

在研究中,聚焦学生的学习,突出学生的参与,尊重学生的生成,关注学习的整个过程,充分发挥学生在课堂教学中的主动性与创造力,使学生在学习任务评估中进行反思、修正、巩固和提高,真正"学会学习"。主要表现在以下两个层面。

首先,主动学习的意识充分增强。课题的研究,较好地改变了学生在课堂上的"依赖"思想(学习内容由教师决定、学习建议由教师呈现、评估标准由教师制定),自主意识与主体意识得到萌发,能积极参与到学习中来,有自我设计任务、设计评估细则、设计学习策略的初步意识。

其次,自主学习的能力得到锻炼。在课题研究中,学生展现出主动学习意识的支配力和进步卓然的学习能力。能根据教材文本与学习经验的积累,设定较为合理的学习任务、评估细则与学习策略,能较为充分地展开自主学习的过程,有的学生还锻炼了组织小组合作学习的能力。

(三)"学本课堂"获得雏形建构

改变了教师的"教",发展了学生的"学","学本课堂"的雏形便基本架构而成。形成"学本课堂"的两个基本要素:一是学习的状态,学生从"被动学习"走向"主动

学习"，从"要我学"走向"我要学""我会学"；二是评价的功能，评价贯穿于学习活动的始终，评价从惯常的一种课堂"管理手段"改变成为课堂的一种"学习工具"，从"教师评"走向"师生评""生生评"，把语文学习任务评估权真正让还于学生。

8-2 教学设计

统编义务教育教科书《语文》六年级上册第22课

月光曲

（共2课时）

一、教材分析

课文以浅近、明白、富有亲和力的语言，叙述了贝多芬创作《月光曲》的传说故事。课文采用"先概述大意，后具体叙事"的结构，先概述了故事的时间、人物、事件，向读者呈现一份简要的故事梗概，激发阅读欲望。第2自然段至最后，详细叙述事件经过：听到兄妹交谈——走进茅屋弹琴——借月再弹一曲——奔回记录乐曲，展现了艺术氛围氤氲下的音乐之美、情感之美，充分满足了读者的阅读期待。故事叙事线索清晰，以人物对白推进故事的发展、情感的升华。其中运用想象的手法，展现了贝多芬音乐创作的魅力，给整个故事增添了艺术气息与传奇色彩。

课文在语言表达上有三个特色。

一是联想丰富。如何把可听不可见的音乐呈现在读者面前？课文第9自然段乃范例之作。依托皮鞋匠聆听音乐的视角，采用联想与想象，把乐曲所表达的意象与意境，化身为具体而丰富的景物，大海、月亮、微云、大风、巨浪、浪花……随着乐曲的推进，这些景物不断发生着丰富的变化，一幕接着一幕，表现出乐曲的渐起，微弱，推进，高潮，反复……联想与想象，将无形之乐化为有形之景，充分展现了音乐艺术之美。课文后面习题中建议"反复朗读，想象画面，背诵语段"，可见，想象是很好的表达手法，也是有效的阅读方法。

二是想象视角。课文第9自然段采用两个镜头的视角，一是皮鞋匠聆听音乐的角度，从聆听到联想；二是皮鞋匠观察妹妹的角度，从写实到想象。双镜头站位的方式，既表现了音乐给予皮鞋匠的丰富感染，也表现了音乐给予盲姑娘的美妙感受，这样使得文本语言、故事场景的表现都更为丰富，也展现了贝多芬《月光曲》的艺术魅力。

三是对白到位。课文人物对白，不仅推进故事的发展，也表现出人物特点与品质。比如，"我只听别人弹过几遍，总是记不住该怎样弹，要是能听一听贝多芬自己是怎样弹的,那有多好哇","哥哥,你别难过,我不过是随便说说罢了","弹得多纯熟哇!感情多深哪!您,您就是贝多芬先生吧"。盲姑娘这几处语言,充分表现了她热爱音乐、懂事乖巧、富有音乐灵性的品质与特点。正是盲姑娘真挚、淳朴、灵气的语言,促使贝多芬走进茅屋为盲姑娘弹了一曲又一曲。再如,贝多芬的两处语言,"不,我是来弹一首曲子给这位姑娘听的","您爱听吗?我再给您弹一首吧",短短两句话,内容异常集中,贝多芬为音乐而来,为懂事乖巧、酷爱音乐的盲姑娘而来。人物品质,尽显其中。准确到位的人物语言描写,是推进故事发展的关键与灵魂。

二、教学目标

1.通过结构分析、形近字比较、字理学习等方式,会书写"谱、莱、茵、盲、纯、键、缕、陶"8个字。联系上下文,理解"断断续续、纯熟、清幽"等词语。

2.通过理解语词、感悟对话、想象画面等方式,有感情地朗读课文,感受音乐艺术之美。背诵第9自然段。

3.通过研读语言、体会特点等方式,理解并说说贝多芬为什么弹琴给盲姑娘听,弹完一曲又弹一曲。感悟贝多芬追求艺术平等、热爱劳动人民的人格魅力。

三、教学过程

第一课时
板块一 初读课文 感知两"曲"

1.自学课文。出示学习建议:

(1)读通课文。可以圈出容易读错的字词或语句。

(2)学习生字。可以提出需要特别注意的字形特点。

(3)梳理大意。课文写了哪几位人物,围绕人物与课题简要说说他们之间发生了怎样的故事。可以画画人物事件图。

2.分享所得。

(1)交流读音。容易读错之处,要点预设如下。

入场券(quàn,与"卷"区分);兄妹俩(liǎ,与"两"区分);霎时间(shà,与"刹那"区分)

三处"啊"的变音:那有多好哇;弹得多纯熟哇;感情多深哪。

(2)强调字形。要点预设如下。

盲:结合字理学习。上部的亡,丧失,消失,失去;下部的目,视力。盲,丧失视力,失明。

(3)梳理大意。师生共同梳理人物事件图;说一说课文大意。

月光曲
↑
再弹一曲 ————→ 盲姑娘
↗   ↗
贝多芬   皮鞋匠
↘   ↗
弹琴一曲

3. 明晰结构。

（1）段落梳理。我们已经梳理并知晓课文大意。课文哪几个自然段具体写故事的内容？（第2至第10自然段）默读第1自然段，思考：课文首段与下文是什么关系？

（2）组织交流。第1自然段概述了故事大意，与下文属于先概述后具体的结构方式。

（3）思考体会。从读者的角度出发，你认为这样的结构方式，对故事的呈现有什么作用？（先知梗概，再读详情，顺势而读，自然而然）

【设计意图】学会整体感知，是阅读的良好开端。六年级学生已经具备一定的自学能力，依据学习建议展开自学，一是有的放矢，任务集中，二是个性阅读，学情为先。在学习所得分享过程中，再次聚焦难点，有利于学习效率的实现与提升。知晓大意，辨析结构，也较好地落实了故事性文本整体阅读的基础目标。

板块二 依"曲"而问 读文释疑

1. 明辨身份。

（1）浏览思考。在这个故事中，这几位人物的身份地位分别如何？从哪些语句的描写中可以得知？

（2）学生交流。要点预设如下。

贝多芬：著名音乐家。"各地旅行演出"，"来到莱茵河边的一个小镇"，"您就是贝多芬先生吧"，"花了一夜工夫……记录了下来"。

盲姑娘、皮鞋匠：贫穷百姓。"一所茅屋"，"点着一支蜡烛"，"微弱的烛光"，"窗前有架旧钢琴"；故事里根本没有出现他们的名字。

根据交流，请学生补充板书：著名音乐家　贫穷百姓

2. 自学解疑。

（1）鼓励质疑。看看板书上的学习所得，你能提出有思考价值的问题吗？学生交流并整理疑问：著名音乐家贝多芬为什么会弹琴给贫穷平凡的盲姑娘听？为什么弹完一曲再弹一曲？

（2）讨论学法。根据这个问题，我们可以怎样来学习？根据学生讨论，梳理成学习单。

我的学习单

学习任务	默读课文第2至第8自然段，思考：著名音乐家贝多芬为什么会弹琴给贫穷平凡的盲姑娘听？为什么弹完一曲再弹一曲？	
	问题中的关键人物	
	盲姑娘	贝多芬
	朗读盲姑娘的三次"说"，试着发现盲姑娘的品质特点，写好旁注。 ①_____ ②_____ ③_____	围绕贝多芬的三次"听"，试着揣摩贝多芬的心理活动，写好旁注。 ①听到琴声：_____ ②听到对话：_____ ③听到赞叹：_____

（3）依单自学。可以选择一个人物，展开研读。

3. 交流所学。

组织学生交流研读所得，随机补充板书，并指导有感情朗读。要点预设如下。

（1）盲姑娘的三次"说"。

第一次：热爱音乐，渴求聆听。依托两个"！"，读出热爱与渴求。

第二次：乖巧懂事，善解人意。重点读好"随便说说"，体会她其实是真心流露，但为了安慰愧疚难过的哥哥而说。

第三次：富有灵性，懂得音乐。随机理解"纯熟"的意思（与上文的"断断续续"比较）。读好"激动"的赞叹与猜测。

（2）贝多芬的三次"听"。

一听到琴声：对茅屋里弹琴的人感兴趣。

二听到对话：姑娘贫穷，但热爱音乐，又善解人意，决定为她弹一弹刚才的曲子，满足她的渴望。

三听到赞叹：姑娘不仅酷爱音乐，而且猜到他是贝多芬，邂逅知音，决定为平民知音再弹一曲。

随机结合朗读贝多芬的两次话语，发现奥秘——

"不，我是来弹一首曲子给这位姑娘听的。"

"您爱听吗？我再给您弹一首吧。"

话语简短，内容集中，贝多芬为音乐而来，为懂事乖巧、酷爱音乐的盲姑娘而来。

4. 练习表达。

根据板书内容，用自己的话，连贯地说一说对这个问题的理解，将答案写在作业本上。建议用上"因为……又因为……"。

【设计意图】聚焦疑问而读,任务驱动归整而有效。整个板块,围绕质疑、解疑、答疑展开,问题导向,步步深入,充分锻炼学生依学质疑的能力,制订学习单研读的能力,以及交流并整合信息的能力。同时,读练结合的方式,也再次锻炼了学生有感情朗读课文的能力。

板块三 "曲"见人品 再议传说

1.感悟品质。

从刚刚的学习中,你读出了贝多芬先生有着怎样的品质?(学生交流并板书:热爱劳动人民,博爱平等)

2.再议传说。

这篇文章是一个传说,不一定确有其事。你认为,人们为什么要编撰这个故事呢?(人们用这个故事在歌颂贝多芬先生的高尚品质)

对,这就是传说的一个特点:"传说"不一定确有其事,但能反映人民群众的愿望与好恶。人们的好恶,要通过具体的故事来表达。人们敬仰贝多芬先生的高尚品质,所以便有了这样一个传说故事。

3.读写练习。

(1)朗读课文。重点朗读第2至第8自然段。

(2)抄写字词。重点抄写难记的生字词语。

【设计意图】感悟人物品质,并与感知文体特点结合起来。既让学生感悟故事中的人文精神,得到熏染与启迪,又让学生进一步感知了传说的写作特点,知其然并知其所以然,从而达到言意兼得之效。

第二课时
板块一 依文读"曲" 品味画面

1.感受画面。

在清幽的月光下,贝多芬按起了琴键,乐曲在月光里,在琴键上,流淌开来……《月光曲》究竟是怎样的一首乐曲,带给兄妹俩怎样的享受呢?

(1)朗读思考。自由朗读第9自然段,思考:这个语段写了哪两个情景?(学生反馈交流:先写皮鞋匠听音乐而想象的情景,再写皮鞋匠看到的妹妹陶醉于乐曲的情景。)

(2)圈画景物。朗读第一个情景,圈出语段中描写的景物。(学生交流并板书:大海,月亮,银光,微云,大风,巨浪,浪花……)

(3)同桌互学。一人朗读,一人想象:这些景物分别形成了哪些画面?之后同桌交流。

(4)集体共学。指名朗读语段。请学生上台,以摆放景物词卡的形式,说说语段所描绘的几个画面。比如：

（5）感情朗读。自由读，指名读，表现画面的美。

2.感受详略。

再读皮鞋匠观察妹妹的情景，思考：同样描写乐曲带给人的联想，内容写法上有什么不同？学生交流：此处描写较为简略。总体详略得当，相得益彰。

【设计意图】把握整体，关注细节。从整体情景到局部画面，再到整体描写，引领学生在语言文字里走了一个来回。既让学生借助圈画、想象、表达、朗读等方式感受语言文字中的画面感，又让学生感受文字表达的整体感、详略感。

板块二 依诗品"曲" 发现秘妙

1.比读诗句。

关于课文描绘的画面，老师想起了一些诗句。看——

当时明月在，曾照彩云归。

江天一色无纤尘，皎皎空中孤月轮。

滟滟随波千万里，何处春江无月明？

惊涛拍岸，卷起千堆雪。

（1）朗读理解。同桌一起读读这些诗句并理解大致意思。

（2）诗文连线。这些诗句，分别与课文第9自然段的哪些语句相匹配？

（3）分享体会。说说练习过程中的体会，感悟语言文字的美妙。

2.品味联想。

（1）思考交流。这些画面，如果请你用音乐的语言（比如，弱，强，渐进，高潮，反复）来表达，你认为这首乐曲的行进大致是怎样的？

学生交流。比如，弱起，渐进，高潮，反复。

（2）朗读品味。乐曲的这种变化，是什么带给你的？朗读这段文字并品味。

学生交流：语言文字中充满丰富的联想；联想中准确的文字表达，比如，升起来，洒满，越升越高，穿过，刮起，卷起，一个连一个，涌过来……

（3）学习小结。有声却无形的乐曲，我们可以借助联想，去想象画面，描绘出来，同样会给予读者美妙的体会。

3.朗读背诵。

（1）朗读语段。有感情地朗读第9自然段。

（2）背诵积累。根据板书，练习背诵，直至熟练。

（3）誊抄语段。

【设计意图】只有亲身体悟，才能感知写法奥秘。借助诗句配对、术语描述、回顾品读等方式，让学生感受到联想与想象的秘妙所在，它能化无形的声音变成有形的画面，展现给读者，给予读者美妙的阅读体验。

板块三 依趣听"曲" 试用联想

1. 聆听乐曲。

选择适合的乐曲播放，请学生聆听，想象画面。

2. 描绘画面。

建议用上"好像""仿佛""似乎"等表示联想的词语，再用上描绘画面变化的词汇，用几句话把想象到的画面描写下来。

3. 分享评议。

组织学生展示并分享描写的画面，并评议。评议要点：是否用上了表示联想的词语？是否写出了画面的变化？与你的联想比较，有什么不同？

【设计意图】感悟并运用方法，是阅读教学的目标。这个板块，课后习题设为"选做"，因此可依据学情，机动处理。从阅读中感受"联想"，在表达中运用"联想"，体现读写结合、知行合一的教学思想。

板块四 回读全文 讲述传说

1. 朗读课文。

（1）自由朗读。练习有感情地朗读课文。

（2）展示朗读。其中，人物对话部分，可以分角色朗读。乐曲联想部分，可以配乐朗读或背诵。

2. 讲述传说。

（1）集体讨论。组织讨论：讲述时哪些关键内容必须把握？学生交流整理：一要把握先概述后具体的故事结构；二要把握人民群众赞颂贝多芬的主要基调（包括贝多芬的品质与才华，突出贝多芬三"听"，盲姑娘三"说"；突出《月光曲》给予兄妹的美妙联想）。

（2）同桌互讲。

（3）指名讲述。借助评议促提升。

【设计意图】尊重文体特点，讲述传说故事。借助朗读、讲述等形式，回到传说故事的整体，呈现课堂的整体性、思维的整体性。传说故事适合讲述，但如何讲好，需要带学生借助之前的学习认知而达成共识，形成讲述的目标及评价标准。一方面讲好传说，一方面进一步感知传说故事的特征，可谓一举两得。

统编义务教育教科书《语文》六年级上册第七单元口语交际

聊聊书法

（共1课时）

一、教材分析

这是六年级上册第四次口语交际的内容。此次口语交际"书法"主题的安排,不仅是对单元主题"艺术之旅"内容的补充,让学生"聊聊书法",分享书法之旅的故事、体验与感受,更重要的是与前一课《京剧趣谈》相呼应,引领学生去亲近以书法艺术、京剧艺术为代表的中国优秀传统文化精髓,培养学生亲近传统文化、学习文化精髓、传播传统文化的兴趣与情感,使中国传统文化得到传承并发扬光大。

为降低难度,课文对话题做了较为细致的分解,以问题的形式,楷体、分行呈现,供学生选择之需。口语交际的要求,也写得明确,具有较强的操作性:事先搜集资料,做好准备;清楚地、有条理地表达,可以分点说明;结合图片、实物,可以更加生动;对感兴趣的话题深入交谈。

此次口语交际的语言表达呈现三个特点。

一是有备表达。一切精彩的表达都是有准备的。此次口语交际特地提示了"可以课前先搜集资料,做好准备"。学生可以搜集著名书法家的故事,了解书法作品并学习欣赏,回顾自己学习书法的体验,总结练习书法带来的益处,等等。学生可以根据自己的情况,进行搜集与整理,把搜集的资料变成自己的话语,为口语交际的清楚、精彩做好充分的准备。

二是清晰表达。表达必须清楚,这是口语交际的核心。此次口语交际如何做到"清楚",也有温馨的提示"有条理地表达,如分点说明"。分点说明,是最常用、最实用的方法。可以将主题内容分成几个方面来说明,也可以将事件按发展过程的几个阶段说明。分点说明之前,可以指导学生列个简要的发言提纲。

三是生动表达。六年级学生的口语交际,除了清楚,最好能生动,这是语言的增量。提示说"结合图片、实物,能让你的讲述更加生动",学生可以结合实际情况,搜集图片,带来实物(比如文房四宝,自己或他人的书法作品,也可以当场演示),然后进行讲述,更有现场感、亲历感、说服力、感召力。如此也更有利于制造想象空间,传递书法艺术的魅力。

另,课文插图是晋代书法家王羲之书写的《兰亭集序》(局部)。《兰亭集序》也称《兰亭序》《临河序》《禊帖》《三月三日兰亭诗序》,全文 28 行、324 字,通篇遒媚飘逸,字字精妙,点画犹如舞蹈,有如神人相助而成,被历代书界奉为极品。宋代书法家米芾称其为"中国行书第一帖"。书法珍品以插图的形式呈现于此,以其独特的光辉与魅力,引领学生了解书法、欣赏书法、学习书法,传承书法艺术与文化。

二、教学目标

1. 借助课文提示,根据实际情况选择内容进行资料的搜集与准备。

2. 通过讲述故事、介绍作品、叙述事例、阐述观点等形式,与同学交流自己所了解的"书法"。

3. 运用分点说明等方法,进行有条理的表达,做到清楚明白。

4. 结合图片、实物等,使讲述更为生动,传递书法艺术之美。

三、教学流程

板块一 预学准备 统观话题

1. 预学准备。

提前一周布置预习任务。

(1)了解准备。阅读口语交际《聊聊书法》,选择自己感兴趣的一两个方面,搜集相关资料,并填写下面思维导图的某个部分,依据准备情况在导图右侧继续补充。

（2）按法试讲。把自己准备好的内容,结合课文提示的方法,试着讲给家长听,请他们提提建议。

（3）标题词卡。把自己准备交流的内容,以小标题(12字以内)的形式写在词卡上,以便课堂交流。

2.反馈展示。

（1）明确话题。展示部分学生有代表性的预学思维导图,请他们简单讲述准备过程。

（2）展示词卡。请所有学生按照思维导图(把思维导图作为主板书)的排列方式,把自己准备的子话题(词卡)贴在相应的区域。

（3）数据统计。根据词卡统计话题内容喜好度的数据。

【设计意图】学生主体意识的尊重与激发,是上好口语交际课的关键。"书法"话题,内涵相对广阔,给予学生自主选择、自行准备的权利与空间,可以充分调动学习积极性、主动性。同时减少准备的量,有利于学生就一两个方面做精心、精致的准备,从而提高口语交际质量。以小标题词卡展示准备内容的方式,也有利于学生统观全局及他人准备情况,以便课堂展开充分的、深入的交流。

板块二 尝试交流 细观方法

1.讨论方法。

在预学过程中,大家认真搜集准备了子话题的内容,已尝试讲给家长听的同学也为数不少。那么,讲述准备中,你认为课文上所提示的哪些方法对你很有帮助?

（1）圈画整理。阅读课文第99页下半篇,画出相关方法,以及方法的作用。

（2）组织交流。请学生根据自己的看法,板书相关方法。比如:

"分点说明" → 有条理,表达清楚

"结合图片、实物" → 讲述更生动

2.自评讲述。

（1）评价反馈。可使用自评单进行自评。

预学回顾自评单

1.我为家长讲述的内容是——	《_____》
2.家长评价我的讲述	A.表达清楚 ☆☆☆☆☆
3.我学习并运用方法的情况	B.分点说明 ☆☆☆☆☆
	C.结合图片 ☆☆☆☆☆
	D.结合实物 ☆☆☆☆☆

（2）指名讲述。根据自评情况,选择ABCD四项自评某项或综合较为突出的学生上台为大家讲述。

3.明晰方法。

（1）方法评议。根据同学讲述与自评情况,对某一处方法的运用及效果进行评议。主要是肯定用得好并值得大家学习的部分。预设如下。

学习书法之旅。结合展示用过的毛笔、写好的作品(开始较为稚嫩的,后来相对成熟的)讲述,来说明冰冻三尺非一日之寒的感受,或半途而废的失败教训,等等。

练习书法之益。若分点说明,一有利于收心静心,二有利于练好字迹,三有利于磨炼意志。可随机学习列提纲。

（2）小结提升。分点说明,使表达有条理,更清楚;语段结构上可用总分式,让读者尽快把握重点信息。结合图片、实物,要适时适度,讲述为主,展示为辅。

【设计意图】尊重学情起点。此次口语交际也非"零起点",一是学生已有口语交际的经验,二是学生预学已做准备与尝试交流。充分尊重学生预习情况,借助回顾自评、选优展示、依法评议等方式,带动所有学生对本课提出的话题、提示的方法,有更直观、更真切的感受与认知,也便于推进之后的口语交际顺利而高效地展开。

板块三 组团聊天 大观书法

1.确定目标。

（1）聊天调查。大家喜欢聊天吗? 聊什么的时候,是趣聊? 什么情况下,是尬聊? （主要看有无共同的感兴趣的话题）

（2）按需组团。今天我们也是聊天,三五成群适合聊天。大家觉得我们怎么组团比较合适? （根据话题是否相同）

（3）话题取名。根据学生课始的板书,教师给予组团及话题命名的点拨。比如,聊我国古代书法家故事的,可以定为"书法名家故事会";聊书法艺术作品展览的,可以定为"书法作品大家谈""书法作品鉴赏会";聊学习书法过程与感受的,可以定为"学书辛酸史""学书五味馆";聊练习书法的各种益处的,可以定为"学书益处辩论会""学书三人谈"……

（4）讨论目标。根据课文提示及预学准备,师生共同商议聊天评议单;一边讨论,一边形成电子稿。

"组团聊天"评议单

A.我们（　　）人团确定的话题名是——	《　　　　　　　》
B.每人均要分享自己准备的内容	评星☆☆☆☆☆
C.表达清楚,至少2人用好"分点说明"	评星☆☆☆☆☆
D.讲述生动,至少1人用好图片或实物	评星☆☆☆☆☆
E.我们聊得最欢最深入的一个内容是——	"　　　　　　　"

2. 分组聊天。

（1）分组聊天。教师巡视了解。

（2）小组自评。并适当改进，准备汇报。

3. 展示评议。

（1）任务驱动。采用毛遂自荐或奖励点拨的形式，请学生展示小组聊天情况。展示之前，请他们展示评议单并汇报自评情况。教师组织学生注意聆听，采用"定项评价"的方式，即：评议单中的 ABCDE 五个方面，请听众自由选定一个项目并对展示者在这个项目上的表现进行细致观察，以做准确评价。

（2）展示评议。要点如下。

基于评议单的内容：表现较好之处，给予鼓励肯定并强化对方法的认知；表现较弱之处，及时组织商议、改进，以促当堂提升。

针对评议单之外：及时发现并肯定学生在口语交际中的突出良好表现，可以设计交际礼节、表达方法，或是内容新意，交际方式的新意（如现场表演或展示，情景小品演绎，评书讲故事）等。

4. 小结寄语。

（1）畅谈收获。在这次口语交际中，你有哪些新的收获？（可谈谈交流表达的方法，也可谈谈对书法艺术的新认知）

（2）教师寄语。书法是我们的国粹，是文化的珍宝。希望大家能学习书法、欣赏书法，浸润翰墨书香，书方方正正中国字，做堂堂正正中国人。

【设计意图】充分发挥学生主体作用，构建主动融洽的交际场。从按需组团、确定目标，到依单聊天、评议改进，都坚持"学为中心"，从学生交际需求出发，从表达方法的实践出发，从学生对学习目标的认知出发，让学生主动参与进来，全程投入组织、交流、评价等整个过程，经历学习并学会学习，真正提升口语交际能力。

问：从新学年开始，学校让我担任语文学科教研组长，我心中喜忧参半，喜的是专业能力得到了学校肯定，忧的是自己能否当好教研组长，引领大家获得新的发展。在学科团队建设上，重点需要做好哪些方面呢？

答：有人说，一个人可以走得快，而一群人可以走得远。我十分赞同。有两件事让我在学科团队建设方面有些心得：一是研究校本教研背景下的教研组建设；二是担任市县级名师工作室领衔人。在此与你分享。

9-1 课题研究

校本教研背景下的教研组建设的研究

一、课题的提出

为适应基础教育改革的需要,推进基础教育改革的进程,国家教育研究部门提出了推进新课改实验的一个重要策略——校本教研。

校本教研,是伴随着"教师即研究者"运动于20世纪60年代前后在英美国家兴起的。它是以学校为研究基地,以教师为研究主体,以解决发生在学校现场的教学问题为主的一种教研活动方式。

校本教研的工作目标是通过开展深入有效的教研活动,创造性地实施新课程,促进教师专业发展,提高学校的课程建设能力,全面提高基础教育教学质量。而教研组是学校实施校本教研的最基本的组织单位,是连接学校与教师个体的桥梁,是深入开展校本教研的实践者。因此,教研组建设的优劣直接关系到校本教研的效率与成败,直接影响到学校的教育教学质量。

几年来,逸夫小学在教研组建设的常规管理上不懈努力,已打下较好的工作基础。那么,在新课程背景下,在校本教研实施过程中,如何充分发挥基层教研组的能动性与创造性,使校本教研工作得到全面有效的落实,是学校工作的重中之重。开展此项研究,势在必行。

二、研究目的和理论依据

(一)研究目的

以"加强教研组建设,促进校本教研的有效开展"为研究主题,加强学科教研组的"四化"建设,即制度化建设、自主化建设、科研化建设和人文化建设,加强学校工作与教师发展的联结,充分发挥教师及教研组的主动性、创造性,搭建起校本教研扎实的基础平台,推进学校教学工作有序、有效地良性发展,全面推进学校新课改的进程,全面提高教育教学质量。

（二）理论依据

1. 新课改精神。新课程理论认为，学校工作应"重心下移"，学校教学研究工作更应注重教师个体，尤其是教师群体、教研组主动性和潜力的开发与提升，使之在教育教学实践中产生积极的作用。

2. 校本教研理论。校本教研研究认为教学研究不能只是少数专职研究人员的专利，还应是所有教师的权利和责任。只有当越来越多的一线教师以研究的态度和合作的精神来对待自己的教学实践，并且在这个过程中不断提高教研能力和业务水平，学校教学质量的普遍提高才有真正的可能。

三、概念界定

1. 校本教研。即"以校为本"的教学研究，它是以学校为研究基地，以学校领导、教师为研究主体，以发生在学校现场的教育教学问题为研究内容，以解决实际问题、探索规律为目标的一种教研活动方式。

2. 教研组建设。教研组是学校开展教学研究工作的基层组织，它的建设是学校实践教学新理念，创新教研新方法，培养教师教研能力，深化教学改革，提高教育教学质量的保障。

四、研究的原则与方法

（一）研究的原则

1. 理论联系实际的原则。组织各教研组围绕校本教研的内容学习有关理论及研究资讯，并在教学实践中不断探索、研究、落实。

2. 合作交流的原则。提倡合作交流，培养教师之间、教研组之间勤交流、多沟通的习惯。通过合作交流，个人的智慧、小群体的智慧就可以为整个集体所共享，使各个教研组共同完善和深化对本课题所涉及内容与意义的建构。

3. 实事求是的原则。在统一研究的前提下，各个教研组要根据学科、年段、成员等实际情况进行不同内容、不同起点的研究，形成一定的富有特色的建设策略。

（二）研究的方法

1. 调查研究法。对全校各学科教研组的建设现状进行调查研究，分析现状，提出对策。

2. 行动研究法。组织全体教研组长及成员开展各种形式的建设活动，在行动中研究，在研究中工作。

3. 经验总结法。用科学的方法总结教研组建设的成功经验，在不断的验证与完善中，形成一定的理性认识。

4.个案研究法。对课题研究中的典型个例(个别教研组建设的显著性)进行个案研究,以个案指导带动整体发展。

五、研究内容与措施

校本教研实施中,如何加强教研组的建设,使之在实践新课程理念、创新教研策略、促进教师专业成长、全面深化教学改革等校本教研工作中,发挥其他群体所无法替代的作用,本课题组以学校各个学科教研组的建设为研究的主要对象,努力探索校本教研实施中教研组建设的有效策略。主要做了以下四个方面的研究。

(一)重视教研组制度化建设,促进校本教研有序开展

1.组织制度化,体现教研组建设的重要性。

"教而不研则惘,研而不教则空;科研是探索发现规律,教研是遵循应用规律。"根据这一理念,课题组始终坚持"教研科研合二为一"的组织策略,将学科教研组、课题研究组合并为"教科研组",做到教研科研同步走,相互促进,共同提高。

为充分挖掘学校教师队伍中具有较强教研能力的骨干教师,提高教科研组长工作积极性,切实保障教研组建设有效开展,学校制定并实施《学科带头人、教科研组长竞聘上岗制度》《学科带头人、教科研组长岗位津贴发放制度》《优秀教科研组长晋升、评优、进修等优惠制度》等制度。

学年初,由教导处组织开展"学科教科研组长竞聘演讲会",由学校管理层代表、教师代表组成的评议团,结合竞聘者的演讲内容、学年业务实绩、工作能力等多方面进行评议,然后确定学科教科研组长。学期末,学校根据"基础工作奖+工作实绩奖"的方式,根据教科研组考评情况发放津贴。同时,在各级各类教师业务竞赛、评优、外出学习进修、职务晋升等事务中,被评为"优秀教研组长"的老师享有优先推荐选送的权利。这样的竞聘、奖励与优惠措施,大大调动了教科研组长的工作积极性,在组织层面保证了教科研组长队伍的优化与健康发展。

2.操作制度化,保障教研组建设的有效实施。

为有效保障教研组建设工作的开展,学校制定《教研活动开展及登记制度》《教师业务学习制度》《外出学习汇报制度》《师徒结对制度》等相关制度措施,以保障教研组建设的长效运行机制。

学校规定了教研组活动的时间:周三下午为语文教研组活动,周四为数学等其他教研组活动,并要求做到"五定":定时间、定地点、定主题、定内容、定中心发言人。在"集体备课""说课听课评课""理论学习"等常规的教研组活动之外,学校开展如下特色活动。

(1)布置一项必需的任务。在研究中,我们发现:教师每天要处理很多关于教

学、班级管理方面的事务，因为烦琐，教师倦于学习，倦于反思，倦于积累，往往要等到写论文交差时，才到处查找资料，然后东拼西凑，一交稿，杂志书籍就又抛到一旁，任其蒙尘。这样的状态让人担忧，不学习、不反思的教师，他所实施的课堂教学势必观念陈旧、方法老套。"没有压力就没有动力。"为此学校开展教研组业务学习"六个一"活动，即：每月至少读一篇教育教学文章；每月定主题写一篇教育教学随笔；每月做一份（至少4张）教育教学摘记；每学期至少读一本教育专著并写好读书笔记；每学期整理一篇全程性的教学案例及反思；每学期至少上好一节教研课。

为保证以上举措得以顺利开展，学校印制《教师随笔》《教海拾贝》两本小册子，每月末上交，由校长室、教导处、教科室相关负责人批阅，写上评语。认真的批阅，赢得了教师们的赞许，大家参与积极了，写教学反思的多了，写切身体会的多了。很多教师也愿意在"随笔"中提建设性的意见与建议，"随笔"成为一个无声却融洽的交流沟通平台。

（2）创设一个交流的机会。学校有一批对教育教学有思考、有见地的教师，他们在教学实践中积累了许多经验，但由于教研活动散漫、教研氛围淡化等诸多原因，使得这些教师疏于反思与交流，甚至觉得"教研活动是学校的事，与我无关"。这样势必造成学校教研氛围的淡薄，教师教研能力的弱化，教师专业成长更无从谈起。

为此，学校开设"教师论坛"，制订学期论坛计划，由各教研组选择推荐工作出色的教师在教师大会上谈工作经验、体会、思考，以及外出学习进修的收获。这项活动的开展，促进了教师对日常教育教学工作的反思、整理、记录与积累。可喜的是，参加论坛的教师十分认真，每次"开讲"前在教研组中进行"试讲"，教研组成员积极提出修改意见，不断完善演讲稿。因此，参加论坛的教师不仅能向大家交流自己的经验体会，而且能结合教育教学理论来评价自己的教学行为，同时也展现了教研组集体智慧的结晶。

（3）搭建一个成长的平台。为促进教研组中青年教师的快速成长，学校开展的"青年教师培训班""师徒结对"等活动已成为学校实施的成熟制度。

"青年教师培训班"。30周岁以下的青年教师都加入培训班的学习，每周三晚进行一小时的学习。学习内容主要有：新课程教学理念、课程标准的解读、日常教学心得交流、知名教师讲座、教学技能比赛、优秀青年教师经验交流等。在组织上，培训班成立了班委，由班委征询全体青年教师的意见和建议拟订学期培训计划；在实施中，每一次均有主持人、主讲人，有记录有总结。通过培训班的开设，我们深深感到：青年教师的业务水平提高了，教研组的主力军更成熟了，工作干劲更足了，彼此间的凝聚力更强了！

"师徒结对"。学年初，各教研组根据师资等实际情况，组织发动青年教师自主报名,选择组内骨干教师为"师傅",然后上报学校。学校审批后,举行"拜师会",组织结对双方签订"师徒结对协议"。在日常工作中逐步落实"协议"中的规定:每学期,师傅上示范课 3 节,徒弟上学艺课 6 节、全校汇报课 1 节。几年中,徒弟撰写论文、课堂教学、指导学生等方面都必须取得县级及以上的成绩,方能满师。表现突出者,可酌情提前满师。经过探索与努力,一大批优秀的青年教师成长起来,成为市县教学骨干,成为学校教学工作的主力军。

3. 评价制度化,科学评价教研组建设的成效。

为促进教研组建设的有效开展,鼓励先进,促进发展,学校根据多年实践经验制定了《先进教研组量化考评制度》及"先进教研组考核评估表",主要从"计划总结、教学常规、教研科研、工作实绩"等方面进行量化评估,然后确定学期"先进教研组"与"优秀教研组长",并在学校教师会议上进行表彰奖励。

《先进教研组量化考评制度》的实施,较好地调动了教研组全体成员参与的积极性,大家会为集体荣誉的创建出谋划策,施展自己的才华,发挥集体的力量。在整个创建过程中,教师的业务素质也得到了较快的提升,教研组的凝聚力增强了,教研组活动的效率提高了,充分保障了校本教研工作良性长效地开展。

(二)倡导教研组自主化建设,促进校本教研多元开展

在所有的工作中,人之主动性的发挥、工作热情的激发,是极其重要的。在校本教研实施中,各教研组积极能动性的发挥更是至关重要。因此,在课题研究中,积极倡导各教研组要根据组内实际情况,充分发挥教研组教师的特长,自主开展富有学科特色的活动,促进形成和谐创新高效的教研氛围,彰显教研组工作个性特色,促进校本教研多元开展。通过积极实践,学校各学科教研组已初步形成自己的教研特色,主要有以下几种模式。

1. "大专题"教研。

各教研组均结合学科、团体实际,确定教研专题开展系列活动,使教研组建设在一定时间内有专题性的研究与突破。其中,语文组以校本课程开发为切入口,做了深入的探索并收到了一定的成效。

语文组确定了以"古诗美文诵读"校本课程开发带动教研组建设的整体思路。在校本教材的编写过程中,发动全体语文教师、学生根据自己的阅读兴趣与视野,选择并提供大量的文本教材。在这个过程中,广大教师与学生阅读了大量的优秀诗文,在选择推荐的过程中,已经得到了优秀文学作品的熏陶与感染,更激发起对阅读的兴趣与热情。

为了吸取有的学校在校本课程实施上流于形式的教训,语文组在时间上做了具体的规定,每周一节的"地方与校本课"为"古诗美文诵读"时间。为营造学校诵读古诗美文的氛围,特设"周五学古诗"时间。利用每周五午读 15 分钟,由语文组教师通过学校广播系统带领全校师生学古诗,其他教师走进自己的教学联系班和学生一起诵读古诗。

校本课程的开发实施,充分发挥了语文教研组的特长,重视了教师学生全员参与的整个过程,促进了学校学习氛围的形成。在这种氛围的熏陶下,教师的学习意识也更明确更自觉。

其他各教研组开展了主题鲜明的大专题教研活动,如,美术组、音乐组联合开展的"艺术周"活动,英语组开展的"我爱英语"活动,体育组开展的"我的体育节"活动,均以鲜明的学科特色调动了师生的积极性,促进了教研组自主化建设,促进了教师专业成长,促进了学生素质发展。

2. "沙龙式"教研。

"沙龙式"教研是各教研组在研究过程中的又一个新尝试。所谓"沙龙式"教研,指的是在轻松、和谐的环境中,大家畅所欲言,集思广益,反复研讨和实践的教研活动,为的是让每一位教师都积极地参与到教研活动中来。通过共同研讨,发挥、挖掘每位教师的专长和内在潜力,进一步帮助青年骨干教师迅速成长。其基本流程如下。

征集选题。学期伊始,教研组向组内教师广泛征求选题,老师们可以根据自己的教学特长、研究兴趣等选择适当的研讨主题,以书面形式交给组长。然后,由教研组长组织部分骨干教师从中选出大家共同关注的热点问题和实践中亟待解决的问题,如课改后自己最大的转变、学科课题研究的收获、课堂评价的做法等。每次提前一周通知老师们研讨的主题,发动大家围绕主题搜集资料,寻找支撑,提炼观点,然后自觉自愿地汇集在一起,共同交流探讨。

反复研讨。沙龙活动带有一定的示范性,由教研组长主持,目的在于给老师们展示"沙龙"的形式、方法与过程,为全体参与打下基础。教研沙龙时,老师们或用纸质文本,或用 PPT,展示自己的观点,交流自己的做法,倾听的老师及时发表自己的见解,呈现出"百家争鸣、百花齐放"的教研氛围。

再度实践。在每一次教研沙龙结束时,主持人及时带领大家总结收获或提炼问题,引导大家在今后的教学中继续探索,解决新问题,记载新收获,以便在下一次交流与提高。因此,每一次"沙龙式"教研活动,都是一个研究主题的开始,老师们在实践与探讨中,循序渐进,不断收获。

这种"沙龙式"教研活动,充分借助了教研组的力量,不断地将教育理念与教学实践相结合,更好地加强了教师之间的合作互动,让大家的教学教研潜能得到释放,在交流与碰撞中聚焦观点,提升思想,实现共享共进。这对于推进、深化新课程改革,对于教师专业化成长,均有着积极的意义。

3."大课堂"教研。

在新课程改革的背景下,大教育观已开始渗透于学校各学科教学工作,也开始渗透于教研工作领域。学校教研组的工作环境,不只限于办公室,而是把视野放宽到课堂、校园,以及师生的生活,在实践与研究中树立起"处处皆课堂、处处皆教育、处处皆教研"的教研理念,形成"大课堂"教研模式。

学校英语教研组开展了"让英语走进生活"的活动,在活动中激发起师生学英语、用英语的热情。英语组老师把课堂扩展到整个校园,通过"教室标牌双语化""校园标语双语化""开设英语角""布置英语墙报"等方式,营造英语学习氛围;通过开展"节日英语主题活动""小型英语应用竞赛""地方特色文化活动"等,让师生参与体验实践,让学到的英语知识逐渐"沸腾"起来。英语组老师还想方设法把英语学习的课堂扩展到每一个学生的家庭,通过布置如"找一找""贴一贴""演一演""教一教"等趣味十足的英语实践作业,让学生把学到的英语带入家庭,让家长、学生自己都感受到学习英语的快乐、收获与进步。

这种"大课堂"教研模式,实践并检验了教研组"处处皆课堂、处处皆教育、处处皆教研"的教研理念,促进了教师大教育观的形成,让教师和学生都感受到新课程理念带来的新气息和无穷裨益。

4."习得式"教研。

在教学研究与实践中,教师们逐步感受到自身的专业素养、业务素质需要不断提升,才能做新课改的"弄潮儿",才不会被课改浪潮所淘汰。在课题研究中,各教研组根据教师业务提高的需要,开展了许多关于学科知识技能的学习训练活动,在学习训练中提高自身的专业素养,从而形成了"习得式"教研模式。教师们谦虚地称它为"补习课"。

在学校特设的教研活动时间里,各教研组开展了特色鲜明的教研活动,如语文组的"优秀诗文赏析"、数学组的"20分钟解题竞赛"、英语组的"英语演讲赛"、音乐组的"我们的钢琴课"、美术组的"同伴速写"、体育组的"最拿手的体育技巧"等活动,都开展得有声有色。活动中各教研组的老师们边学习边锻炼边收获,促进了专业素养的学习与巩固,提升了整个教师队伍的专业素质。

(三)推行教研组科研化建设,促进校本教研深入发展

校本教研理念提倡,教学研究的问题是从学校教学实践中归纳和汇集的,而不是预设和推演的,必须在学校真实的教学情境中发现问题、分析问题和解决问题。本着这样的教研理念,在教研组建设的研究中,引导每一个教研组发现在教学实践中存在的问题,剖析问题产生的原因,确定以课题研究的方式解决问题,从而明确各组教研的主题。

1.教研活动科研化。

学校要求每个教研组一定要有一个围绕学科教学的校级课题,做到教研活动有研究专题、有实施方案、有科研理论指导。同时,在进行校级课题研究的基础上,择优参加市级、省级以及国家级的课题申报、立项工作。目前,学校各学科教研组有以下几个县级以上课题:

语文组:《小学生阅读写作能力协调发展有效提高》(国家级)

《新课程小学语文课堂教学行为的实践与研究》(省级)

《小学语文课堂教学"人文化"的实践与研究》(市级)

数学组:《小学低段数学"体验式学习"的探索与研究》(市级)

《培养小学中高年级写数学笔记的实践与研究》(县级)

英语组:《构建 TASK-BASTEL 教学模式,提高学生综合运用语言能力》(县级)

音乐组:《小学音乐教学渗透多元文化音乐教育的实践与研究》(市级)

体育组:《以群体为主小学综合性体育竞赛模式》(县级)

美术组:《创意美术与学生观察力的培养》(县级)

在研究实践中逐步形成了以课题研究为载体的教研模式,即:以"问题探索"为起步—以"课题研究"作引领—以"反思推广"促提升。这样的"三部曲",实现了校本教研主题化,整合了系列教研活动,充分提升了校本教研的实效与价值。

2.教学过程科研化。

研究过程中,科研化的氛围自然而然地渗透到教学过程中去,各教研组以课题研究实验课为载体,展示课题研究过程与成效,加强了学科教研的氛围营造与价值提升。以下是课题实验课前的一个场景:多媒体教室里,401班的张老师正带领学生上一堂阅读课。听课席上坐着十几名教师,他们手里不仅有听课本,还有"课题研究实验课通知单"。

课题研究实验课通知单

上课教师 姓　名	（略）	课　题 课　时	《登山》 第二课时	上课时间	（略）
				上课地点	（略）
所承担的 课题名称	《小学语文阅读教学语感培养途径的探索与研究》（校级）				
课题研究 目　标	从"重视朗读感悟、加强形象感受、注重生活联系"等方面探索语感培养的途径,以全面培养学生良好的语感。				
本堂课研究 目标及措施	1.通过自读、交流、评价等方式加强朗读训练,感受文本语言的内涵与魅力。 2.通过表演等方法,加强形象感受,感悟列宁的可贵品质。				
听课教师 评　价					

　　通过这张通知单，我们可以清晰地感受到授课教师执教的目标与策略，这不仅让授课教师更加明确自己的实践目标，也让听课教师做到"心中有数"，为教师间的交流、沟通、评价做了良好的铺垫。一张小小的通知单成了教师之间业务交流的"桥梁"，成了教师研究实践的"检验单"，成了教研氛围的"催化剂"，它使平凡的教研课更富有了研究的价值。

　　在研究实践中，学校各教研组以课题研究为载体，以解决实际问题为目标，在研究中提升了教师的科研水平，锻炼了教研组的团队战斗力，使校本教研工作得到了纵深的发展，提升了校本教研的价值与品位。

（四）注重教研组人文化建设，推进校本教研可持续发展

　　人文化，是现代社会发展的需要与趋势。在教研组建设中，人文化理念的提出，有助于形成和谐民主的工作氛围，促进团队业务交流，促进教师专业成长，让教研组成为教师工作、成长的一方乐土，使校本教研工作得到可持续发展。

　　1. 教研氛围人文化。

　　学校不仅要有自己的文化内涵，教研组也要形成自己独特的学科文化特色。在教研组的建设中，各教研组认真总结以往教研组建设的经验，通过实践与反思，努力设计并构建以各种形式展示本学科的文化追求和育人特色。如，各教研组加强组容组貌的布置与良好环境的建设，提出本教研组的理念与教师的个性化学科文化建设要求。在教研经费上，学校也给予大力的支持，各教研组活动不仅在学校里开展，也在环境怡人的茶室里进行研讨。各教研组充分发挥每一位教师的专业特长，注重教师素质的全面提高与发展，形成和谐、民主、合作、愉悦的教研氛围，在愉悦的合作中研究，在高效的研究中成长，努力创建出和谐协作、勤于探究、充满活力的团队。

　　2. 教师成长人文化。

　　"只有学习精彩，生命才会精彩；只有学习成功，生命才会成功。"教研组创设了教师之间相互学习、相互帮助，共同研究、共同探讨的文化环境。在学习实践中，教师们也充分认识到，只有经常地进行科学研究，才能从平凡的、司空见惯的事物中看出新的方向、新的特征、新的细节，自身才会有新的发展、新的提高。为此，学校及时让各教研组组织教师拟定《教师专业发展三年规划》。在《规划》中每位教师给自己明确地制定专业发展的目标，提出需要学校提供的学习、进修、培养等方面的保障条件。之后，学校根据各教研组教师的发展目标，给教研组、给教师搭建学习、实践、成长的平台，为教研组建设、教师专业成长提供有力的保障。

　　六、课题研究的成果

　　通过近两年的课题研究，教研组建设日趋成熟，科研氛围越来越浓厚，教师专业成长的意识越来越强烈,校本教研成效越来越突出。

(一)学校教研气氛浓厚,校本教研特色鲜明

"每一位教师都有话想说,有话可说",已是现在学校学科教研组活动时的可喜场面。各教研组结合实际,开展"教研沙龙""外出学习汇报""教材审视""课例反思""读书会""师徒同上一堂课""课题每月例会""今天我主持""学科基本功比赛"等教研组活动,充分实践课题所提出的预期目标,充实课题研究内容,促进教研组建设的优化,促进教师专业成长和校本教研的有效发展。

(二)教师专业成长迅速,学校发展状况喜人

两年来,一大批青年骨干教师成长起来,羽翼渐丰。三位教师获评县名教师,四位教师获评县教坛新秀。在县教研室组织的青年教师课堂教学比赛中,两位教师分别获数学、音乐学科一等奖。近两年来,学校教师撰写的教学设计、教学反思、教学论文、案例研究等在国家级、省级、市级发表二十余篇,获国家级、省级、市级、县级各类奖项达百余篇,获奖情况在同类学校中名列前茅。

七、后续研究的展望

本课题虽已结题,但此课题研究将继续进行,特别是在教研组"自主化建设""人文化建设"等方面需要做更为深入且广泛的研究,进一步促进教研组建设的切实开展,促进校本教研工作的可持续发展,促进教师专业成长。

9-2 管理叙事

向上向善向美 共同追求卓越

德清县倪晓琴名师工作室成立至今已近三年。这期间有思考,有付出,也有很多收获。今天就从两个层面向大家汇报工作室的工作所得。

一个详说:工作室是怎么工作的? 一个略述:领衔人是怎么感悟的?

一、详说:工作室是怎么工作的

(一)有核心理念

工作室成立伊始,便提出八个字的理念:澄澈友善、修为共进。八字理念也可以称为是"室训"。这里包含了思想境界的要求、为人处世的要求、研修目标的要求,更多的是我个人的价值观、研训主张,当然也得到了工作室成员的认同。两年多走过来,成员之间不排挤、不计较、不嫉妒,乐帮助、乐合作、乐分享,工作室呈现出澄澈奉献、大气包容、友善共进的可喜氛围。

(二)有发展定位

学习是永远的生产力,成长是团队的核心点。工作室坚持"踏踏实实做事业、扎扎实实培养人"的工作态度,让每一个成员学起来、研起来、能起来、出色起来,从无名小卒成为学校的学科骨干,从学校骨干成为县级骨干,再成为职称晋级、教坛评优的实力战将,成为学校学科领域中不可或缺的名师! 这一点,工作室的成员一直很努力,事实上已达成这样的愿景。这两年里,邱丽芬、沈惠芳、张鑫雅,成为县级语文教师或新教师培训的理论导师与实践导师;许立芬、许志娟一起包揽县中年语文教师比武一等奖,许立芬还获得市语文教师课堂评优一等奖;冯敏华、沈美仙、徐莉剑、毛丽萍、倪芳莲、姚娟娅、毛海芬、沈银梅、金霞、沈霞琴等,均已成为各学校中响当当的骨干与精英。

(三)有培训策略

1. 有研训的模式,称为"全员卷入式"。

我们经常会参加很多培训,其中参与者是怎样的态度、怎样的状态、怎样的收效,自己是最清楚的。大多数的状况不容乐观。我也在思考,最佳的培训氛围,是全员参与,而且人人带有主人翁的态度与精神;在每一次活动中,每位成员均能深度卷入,而不独立于事外,能积极参与、思考与表达,便能发挥培训的最佳效果,达致培训的最佳境界。于是我们实施"一个不能少"的"全员卷入式"培训模式,收到了良好的效果。

培训参与一个都不能少。每次活动议程安排,坚持"人人参与、任务到人"的原则,每位成员都有相应的任务承担,或负责上课,或主持评课,或撰写信息报道,或在聆听专家讲座后发言谈感想,或专程摄影摄像,等等,在"任务驱动式"的培训机制中,成员参与积极性更高了,思考频率也得到训练提升,实现了培训体验从感觉"紧张与累"到"收获满满有进步"的质的飞跃。

简报反思一个都不能少。我主张,每一次研修活动,都要留痕,深深地留痕。研修活动中,现场的看、听、说,都是热闹的、激动的、令人愉悦的,但更需要在活动之后有自我的、静静的、富有深度的思考,有具体的、清晰的、文字的记录,这样才能达致研修活动由动到静、由表及里、由浅入深、由人至己的内化与吸收。在这样的理念引领下,工作室推行"活动简报制作"的策略,每次活动一期简报,制作有明确的分工:每期一人担任执行编辑,收集材料,排版制作;其他成员提供文字材料,包括活动报道、教学设计、课后反思、专题评课、专家讲座提纲、讲座听后感等等,人人梳理思考,动笔撰写,一个也不能少。两年多来,工作室活动简报已制作12期,页面精美,内容翔实,文字有热度,思考有深度,印下了全体成员的研修足迹,或深或浅,见证成长。

2. 有明确的主题,称为"主题研修式"。

工作室的活动,我们没有随随便便,随性而为。要么不活动,要活动就要扎扎实实,真真切切,要有研究,有深度,有发展。工作室的研修主题,从两个方面思考:一是小学语文研究的热点;二是语文教学显著的难点。从热点的层面,我们策划开展了部编版教材的研究、不同文体的教学(包括故事类课文的教学、诗歌的教学),不同课型的教学(包括略读课文的教学、选学课文的教学);从难点的层面,语文复习课的教学、口语交际课的教学、课外阅读指导的教学等。"主题研修式"的培训,有聚焦式的思考,有尝试性的研究,更有深刻性的启迪与认知;追求一次一得,利于之后教学的举一反三,帮助大家发现特点,找到方法,明晰规律,从而顺道而为入得佳境。

3. 有切近的空间,称为"星空大地式"。

工作室的活动,一方面仰望星空,我们带上研究的课、研究的观点,去拜访小语界的专家们,或邀请他们莅临指导。工作室的老师得到过众多专家的指点:省教育厅教研室副主任滕春友,浙江外国语学院汪潮教授,特级教师盛新凤、余琴,台州名师张春燕,市县语文教研员王焱媛、张卫其、沈美琴、沈莉、赵水囡、沈凤佳等。美妙的星空,带给我们更多的向往与追求。

另一方面,我们脚踏实地,把我们的研究、想法带到教学相对薄弱的学校去,一起公益送教,一起收获进步与情谊。县外,我们送教到过仙居县白塔中心小学、南浔菱湖三小、南浔浔溪小学、安吉递铺一小二小、吴兴塘甸小学;县内,我们送教到育才学校、东风小学、上柏小学、洛舍中心学校、新市中心小学等等。这样的送教活动,有成功顺意,也有落寞失意,锻炼了老师们课堂教学的实战能力,让老师们知道了真正成功的教学是:设计有学生,实施有学生,眼里有学生,心里有学生,笑里有学生。脚踏实地的送教活动,让我们工作室接了地气,增了底气,添了友情的喜气,练了胸怀的大气!

我们的工作室就是这样工作的,有理念,有定位,有策略,不仅带有研究的理性与深意,也包含语文的诗性与诗意;我们也有读书会、朗诵会,也有私下小聚的茶话会。活动多多,宣传多多,好评多多,进步多多,欣喜多多。

二、略述:领衔人是怎么感悟的

我最真切的感悟是一句话:赠人玫瑰,收获整个花园。

1. 承担一个工作室,是担当,是奉献,是全方位的心力付出。安排好一次活动的诸多事务,从设计活动,联系专家档期,联系学校,磨课指导,约车砍价,分工安排,活动进行,安全回程,财务报批,简报校对……一路做下来,俨然一个全能冠军。积极地想,就是锻炼全能力,蓄积大能量。

2. 承担一个工作室,是责任,是烧脑,是全程性的智慧考验。那么多的课堂教学要带出去,要呈现出来,不经过研究,不打磨怎能成玉? 我们的老师在磨课中,一方面是担心,怕我批评或推翻,一方面又是放心,有师傅在,课总会变美的。在让课删繁就简、变实变美的时间里,是快速的烧脑。智慧是烧出来了,估计黑发也烧白许多。课的成功,老师们很欣喜,很享受。我的积极心态是——教学智慧得到磨炼,得到分享,得到验证,得到成功。白发虽然多了,但语文教学的智慧永葆青春。

3. 承担一个工作室,是荣耀,是情谊,是教学生涯的独特芳华。这份看似"为人作嫁衣"的傻事,其实更是"良辰美景有佳人"的赏心乐事。两年多来,我真切地感受到,我们 16 个人的心贴得更近了,爱语文、爱工作的心也更相近了。让我最感动的是——2017 年冬日,我所在的学校承办县名师风采展示活动,我自己也要承担满满的展示任务。工作室的姑娘们,有的主动帮我做了工作汇报的 PPT,有好几位姑娘一早跑到我的学校一起帮着做会务,一直到会议散场整理。用她们的话说,就是——把师傅的事当作自己的事,把师傅的地盘当作自己的地盘。有徒弟如此,夫复何求。赠人玫瑰,我收获了整个花园。

这就是我们的工作室,一个有教育情怀、有教学追求、有美好情谊的团队。新的一年,我们还要一起努力,群雁齐飞,向上向善向美,共同追求卓越。

9-3 专题案例

基于问题导向的工作室主题项目研修

促进教师专业成长是名师工作室的核心目标。德清县倪晓琴名师工作室在遵循工作室成员现有专业水准的基础上,坚持以教学问题为导向,确定主题研修项目,以实例研究与理论建构为策略,开展周期化、全员化、实效化的主题研修活动。

一、研修背景

1. 观察与发现。基于对工作室成员教学疑难的问卷调查,以及日常对部分语文教师的课堂教学观察,倪晓琴老师发现一部分教师文体意识较为淡薄,或对阅读教学的文体意识很难把握,导致语文阅读教学文体不分、目标不清、策略缺乏针对性等现象产生,出现阅读教学"泛泛而谈"或"以不变应万变"的茫然状态,无法精准落实教学目标,从而影响学生阅读能力的锻炼以及语文素养的建构与丰实。

2. 梳理与确定。基于这样的教学问题存在,倪老师就阅读教学中的文体意识专门做了梳理与研究,从文体意识的历史沿革、《语文课程标准》的阐述、现行语文教材编写的特点等三个方面进行剖析,确立"文体意识观照下的阅读精准教学"主题,剖析教师文体意识薄弱的成因与症结,形成文体意识引领下的教学策略群,以工作室主题研究的方式,借助系列研修活动的开展,带领老师们真正树立文体意识,实施阅读教学的精准化。

二、研修历程

1. 细化内涵架构。小学语文教材中涉及的文体究竟有哪些?这些文体各有哪些不同的特点?依据不同的文体特点,可以确定哪些不同的教学策略……以上便是专题内涵架构的思维层面。依据现行的语文教材,倪老师梳理了记叙文(写事、写人、写景、写物)、说理文、说明文、散文、古诗文、童话、寓言、神话等八小类文体形式,清晰地阐述以上不同文体的不同特点,并依据不同的文体特点具体阐述不同的教学策略。整个内涵架构,以板块式呈现,以表格式梳理,特点与策略条条对应,严谨、清晰地展现在培训者的视野里,方便老师们阅读、对照、思索与理解。

2. 专题沙龙研讨。以上内涵的初步架构，是否符合一线教师需求，能否解开教学疑难，是否有更多更好的建议与意见？倪晓琴名师工作室组织了沙龙式研讨活动。一方面由倪晓琴老师做专题讲座"文体意识观照下的阅读精准教学"，供工作室成员学习、研讨与交流。另一方面工作室成员召开研讨会，改进或丰富内涵架构中存在的问题，同时也邀请工作室成员许立芬、沈惠芳、邱丽芬、许志娟四位老师分别就文言文、记叙文、古诗、散文四种文体，制作了《伯牙绝弦》《狼牙山五壮士》《乡村四月》《维也纳生活圆舞曲》等课文的说课微课，形成主题研究的课例群。

该专题分别在吴兴区小语培训、南浔区语文培训、德清县小语 90 学时培训等活动中作讲座，获得省特级教师盛新凤、南浔区小学语文教研员沈美琴等专家的好评。

3. 课例实证研究。文体意识的阅读教学，如何做到精准而可行？仅仅纸上谈兵是远远不够的。为此工作室组建"文体专题研究共同体"，开展"一阶段一文体"的课堂教学实例研究，从理论建构、教学实践两个层面进行发展与深化。

记叙文课例研究。记叙文在小学语文教材中占有相当大的比例，是阅读教学之重点。记叙文分类丰富，有写景、状物、写人、记事四类之分，教学策略也会因文而异，也成为一个难点。为此工作室开展多期研讨活动。金霞、沈银梅等老师分别执教《富饶的西沙群岛》《秋天的雨》等写景课文，毛海芬老师执教写景文章的特例，游记《颐和园》；冯敏华、沈惠芳等老师分别执教《青山处处埋忠骨》《狼牙山五壮士》等写人课文。通过课例研究，形成记叙文基本教学策略：整体把握记叙要素、细节品读记叙方法、迁移运用表达手法；也形成了不同记叙文的个性策略，比如，写景课文必须把握景物特点与表达手法，写人课文必须把握人物形象特点与表达手法，也细化了人物个体、人物群像的不同表达方法及相应的教学策略。

散文课例研究。散文在小学语文教材中占了一定的比例，在阅读教学中如何把握"形散而神聚"的文体特点是一个难点，为此工作室开展了散文课例研究。工作室倪晓琴、许立芬、许志娟、邱丽芬四位老师分别执教了《珍珠鸟》《天窗》《维也纳生活圆舞曲》《看戏》等课例。通过课例研究，初步形成对散文类课文的阅读教学三策略：明晰"神"旨，整体感知；梳理"散"形，确定重点；研读"形"法，回扣"神"旨。借助三策略教学，明确散文"形散"始终为"神聚"而服务的特征，明确略教"神聚"、重品"形散"的教学原则，悟得散文阅读教学促进学生阅读与表达素养的积极意义。

故事文体课例研究。工作室开展了"故事类"课文的教学研究，在吴兴区塘甸小学与省特级教师盛新凤名师工作室开展交流活动。工作室成员沈美仙、徐莉剑两位分别承担寓言故事《纪昌学射》、民间故事《渔夫的故事》的课堂教学研究。工作室邀请安吉名师涂卫国做民间故事文体的阅读课例展示。涂老师执教了《除三害》，并做专题讲座"基于讲述和想象的民间故事教学策略谈"。经过多次研讨与名师引领，初步形成切实可行的"故事类文本"阅读教学策略:整体把握故事大意,抓住关键讲述故事;感知写法特点,理解故事内涵;尝试语言实践,体验故事创作。故事类文体教学策略的形成,给予老师们真切的案例感知,以及举一反三式的运用与借鉴。

古诗文体课例研究。工作室开展了部编版教材"古诗"教学专题研讨活动。工作室成员许立芬、孙逊、沈惠芳、姚一斌四位老师分别执教了部编版三年级下册语文《元日》《九月九日忆山东兄弟》《三衢道中》《惠崇春江晚景》四首古诗。浙江外国语学院汪潮教授做专题讲座"古诗教学核心素养:境、意、情"。

在课例研讨与专家引领下,老师们对古诗教学兼备了实践与理论的清晰认知。一方面了解了古诗的文体学理,古诗具有四方面的价值:精美的抒情能力、精练的语言文字、精准的传统文化、精致的文学素养价值;古诗也具有五方面的特点:抒发情感、想象丰富、语言凝练、象征意义、韵律和谐。另一方面明晰了古诗教学策略,一是借助情境创设、音乐渲染、语言描绘等方式"读出诗境";二是借助句到词的解释、注释使用、整体形象价值等层面"读出诗意";三是借助据境想象、品味诗句、熟读成诵等方式"读出诗情"。形成古诗教学策略"六字诀":入境,会意,悟情。

三、研修感悟

在以"文体意识观照下的阅读精准教学"为主题的研修历程中,工作室成员立足大量的课堂教学实例的尝试与研讨,对文体意识、文体特点、教学策略等层面形成了较为深刻的认识,在相应主题的阅读教学中能较为准确地做好文本解读、目标定位与流程推进,锻炼了精准阅读教学的研究力、实践力与执行力。以下是工作室部分成员的研修感悟。

张鑫雅(逸夫小学):倪老师有方向地引领我们关注"文体意识",在课堂教学中如何体现"文体意识"。渐渐地,我们对不同的文体应侧重什么方面进行教学逐渐清晰起来。我也尝试进行了《古诗两首》的教学,引领学生读诗句、解诗意、想画面、悟诗情,体现古诗文体教学,收到较好的效果。有文体意识的老师教语文,能教得大气,不拘泥于零敲碎打;亦能教得轻松,提纲挈领,思路清晰,深刻有序。

许立芬(逸夫小学):在工作室研修中我尝试了不同文体的教学,深知不同文体的文本,教学策略是截然不同的。哪怕是"整体感知"这一环节,不同的文体,方法也各有千秋。如故事《狐狸分奶酪》,主要采用"说一说"的方式,让学生说说故事的起因、经过、结果,了解故事大意。而古诗《元日》的教学,我则是采用"圈一圈"的方式,让学生感受"燃爆竹、饮屠苏、换桃符"等过年习俗带来的喜庆。再如散文《天窗》,我设计了"问一问"的预习:"天窗是什么样的? 对于孩子们来说,天窗有什么特别的作用?"课堂反馈时,围绕这两个问题,学生就能清晰地梳理出课文的主要内容。

沈惠芳(实验学校):三年来,倪老师针对学员们教学最薄弱的方面,带着我们读书,带着我们研讨。在一次次磨课反思中,我们的文体意识增强了,教学目标清晰了,独立设计教学的能力也有了快速提高。慢慢地,我们对教学有了自己的思考,不再人云亦云了。这三年,是我专业成长最快的三年,县学科带头人、市教学能手、省优秀教师……还晋升了中小学高级职称。感谢团队与导师!

沈霞琴(实验学校):在执教《七月的天山》一课时,我关注了此文语言优美、连用比喻的文体特点,将此作为引导学生感悟作者表达方法的侧重点,通过朗读品味、共性品读,引导学生体悟花之美。散文是一种特殊的文体。教学散文,要立足其独特性,通过对言语的品析、情感的品味,走向作者独特的心境、特殊的心怀,走向作者个性化的表达。

许志娟(舞阳学校):散文诗情画意,但要引领学生体会"形之美""神之韵",需要教师取舍有度,选择有效的教学策略。在执教《维也纳生活圆舞曲》时,我紧扣"形散神聚"文体特点,结合单元要求,将目标定位在"以习作本位为基点的阅读"。同时也结合这篇散文语言优美、画面感强的文体特点,引导学生赏析语言、发现文章的表达方法,并用练笔加以巩固,真正使学生从"学课文"走向"学语文"。

邱丽芬(舞阳学校):有一段时间的听课讨论中,我暗暗思忖:阅读教学就是一个统一的模式吗? 教学的阅读情味、独特体验又在哪里呢? 在工作室的学习中,我渐渐认识到"文本的文体特征",它为我的迷茫拨云去雾。古人讲"定体然后可以言工拙",意思是要对文体有了确认之后才可以研讨文章的优劣,而在教学中,也是"定体然后可以言教",不同的文体,自然需要选择不同的核心内容,选择不同的教学策略,选择不同的语言运用实践方式。所以,循着文本的文体特征去教,把散文教成散文,把古诗教成古诗,语文教学才能准确深刻又本真自然。

冯敏华(上柏小学):在执教《青山处处埋忠骨》一课时,我注重从文本的文体特点中挖掘,重点组织学生感悟人物形象特点及相应的表达手法。引导学生学会抓住重点词语来体会主席的内心情感,并随机渗透写人的方法,抓住人物的语言、动作、心理活动写出主席的那一份撕心裂肺、肝肠寸断的痛。扣住了文体特点,就自然有效地突破了教学重难点。

沈美仙(上柏小学):工作室开展"故事类"课文的教学研究时,我执教了寓言故事《纪昌学射》。一开始的试教很不理想。在倪老师的指点下,我重新解读文本,调整了教学目标,由原来的多元转为一元,并根据寓言的文体特点,采取了相应的教学策略。在吴兴区塘甸小学展示时,得到了盛新凤老师的好评。只有静下心来,细细研读文本,从不同的文体出发,制定适切的目标,才能带来阅读品质的提高。

金霞(洛舍中心学校):在执教《富饶的西沙群岛》时,我从文本特点出发,设计了三个维度的教学目标:一是初读课文,了解课文的主要内容和结构特点;二是研读课文,表格梳理"海水""海底""海滩""海岛"分别写了哪些景物以及各自的特点;三是品读语言,学习描写特点的表达手法,并迁移运用。在教学中我深深感受到,把握文本特点,对目标的设定、教学的实施、重难点的落实等都有事半功倍的效果。

姚一斌(乾元中心小学):有幸参加了工作室"古诗教学"专题活动并得到了专家的引领,我对古诗的文体特性和教学方法有了更深的认知。品味古诗语言,首先应立足于读懂诗句,古诗语言有其自身特点,在教学过程中要指导古诗学法,讲中有导,导中有练,启发学生悟法用法。其次创设情境,意在引导学生感受诗句意境,或介绍背景,或联系生活,或运用媒介,帮助学生入情入境,加深感悟。第三,古诗积累离不开抑扬顿挫的朗读,指导学生掌握感情朗读的方法和技巧,确定感情基调,读出重音节奏,才能与诗人产生共鸣。

四、研修反思

1. 问题导向体现切实性。学贵有疑,研贵解疑。工作室研修项目的确定,坚持问题导向,从一线语文教师的教学疑难、教学需求出发,调查、梳理并确定问题核心,从而确定研修项目的主题,使得工作室活动的开展有的放矢,既切准教学研究之需要,又切准专业发展之需要,可谓一举多得。因此问题导向也将是工作室后续研修活动的原则。

2. 实证研究体现科学性。如何充分调动一线语文教师研究的积极性、主动性,消除对教学研究的畏难感、焦虑感?立足课堂教学的实证,研究最符合一线教师的工作特质。工作室所开展的一系列文体阅读教学的研究均立足课堂,以课例为研究入口,以文本解读、目标定位、策略设计、效果分析为实证研究观察点,依托听评课堂、专家讲座等形式发现规律、验证方法,从而形成具有系列化的、群组化的、普适性的阅读教学策略体系,体现了该项研究的可行性与科学性。

3. 研修历程体现发展性。该项目研修遵循工作室坚持的"一个也不能少"之原则,人人参与课堂教学的研究与实践,参与教学理论的分析与梳理,建构对文体阅读教学的深刻认知。同时工作室也注重专业成长的发展性与全程性。今后也将继续在这个项目上做更广泛、更深入的研究,不断丰实并架构起文体意识观照下的阅读教学策略体系,促进教师在这一领域形成坚实而饱满的认知并付诸日常课堂教学活动,促进教师专业素养循序渐进地提升与发展。

问：我喜欢听课，从同行的课中可以学到许多；我害怕评课，感觉听听是好却无从说起或鸡毛蒜皮说不清楚。尤其碰到即兴的评课或发言，更是手足无措。这样的难关，该怎样渡过？

答：可能初出茅庐的青年教师都会有这样的感受。听课是一桩好事，评课更是一件妙事。我们可以把听到的、看到的、想到的梳理成章，与同行分享，以思想点亮思想，以智慧启迪智慧，妙不可言！评课也好演讲也罢，都是功夫，都是智慧，需要我们不断学习与修炼。

10-1 教育杂论

漫谈评论与演讲的智慧

"嘿,台上讲话的人是谁?"

"嗯,不认识。听说是当老师的,语文老师。"

"哦,怪不得讲得这么好!"

"是啊,语文老师就是会讲话!"

我们是不是经常会听到这样的对话? 在大众心目中,老师就是那个会讲话的人,而语文老师更是应该会讲话。在我们所从事的教育工作中,给学生上课要讲话,教育学生要讲话,与家长沟通要讲话,这些都是工作中常规的语言表达。在愈来愈重视教学研究、教育分享的时代,更需要教师会评论、会演讲。这是时代赋予教师新的要求,是必备的基本功与专业素养。

一、评论

本文的评论属于狭义的,是指教师在教学生涯中要面对的专业评论,主要是评课,评论课堂教学的理念、目标、策略、效果等;有时也评人,主要是评论同行教师的教育思想、专业素养、教学风格等;有时也评论学生的品德言行,班主任老师还需要给学生写品行评语,等等。我认为好的评论是具有穿透力的,能穿透听众读者的心灵,穿透人们的认知,点亮人们思索的光,带给他们更多的思考与启发。而"思想"是让评论富有穿透力的火苗,是评论的灵魂与核心。

此处先说评课。如何完成一次有思想的评课,我认为主要做好四个方面的功课。

一是全方位了解,明确"评课标尺"。了解所执教的教材所在的学段及学段目标,教材所在的单元情况,了解单元目标、该教材所处位置、教材所担负的单元分解小目标,了解教材内容和课后思考题设置情况等。通过全方位的了解,听课者可以初步形成该教材大致的教学理念和思想,可以较好地把握教材承担的教学目标,可以在课堂教学观摩中时刻观察教师关于目标的落实情况。这便是"评课标尺"的形成。听课者若没有自己的理解与理念标尺,听课观察、评课交流便没有方向,没有原则,便不可能形成深刻而到位的富有思想的认知与评论。

有时,上课教师执教的可能是一篇"老课文"。所谓"老"是说课文很经典,不同版本的教材里一直有它的身影。有的老师也许会忽略再去阅读与了解它。这样的话，我们也许会被"老课文"上了一当！例如，巴金先生《鸟的天堂》一文，人教版实验教材中出现在四年级，而目前使用的统编版教材中出现在五年级。两个不同年级，处在不同的学段，学段目标肯定不同；同样的课文处在不同年级的不同单元，必定会有不同的教学任务。若不去了解，以老眼光来听课，势必把握不到重点。因此，听课前阅读教材，听课时带上课本，是对听课工作和执教者的最大尊重，也是有效听课与评课的基本保障。

二是聚焦式观察，形成"评课视角"。要评好课，需要有目的地展开课堂观察，需要形成一个得当的视角。这个视角，要根据需要而定。例如，此次课堂教学可能隶属于一场教学研究活动，活动主题也许是"学为中心的课堂教学"，也许是"单元整组教学"，也许是"语文要素的落实"，等等，活动的主题便是课堂观察的主要视角。听课者需要观察执教者落实活动主题的情况。这就是聚焦式观察。

当然，课堂观察聚焦的视角可以多元。有时只是单纯的一堂语文课需要评课与指导，就需要听课者总体把握语文教学理念，并且有重点地观察执教者关于文本解读是否准确、教学目标是否落实、语文要素是否渗透等。如果这堂课要参加重要的赛课活动，需要经过较长一段时间的磨课，那么每一次的课堂观察可以做逐步推进，比如首次聚焦文本解读与教学目标，第二次在课堂整体架构已较完善的基础上可聚焦观察教师课堂语言，第三次可聚焦观察教师评价与学生参与等。逐次递进的聚焦式观察，有利于每一次评课的精准性、有效性。

有时还会有评课研究活动，对课堂教学进行一次全方位的观察与诊断。一般由十几人组成评课团队，再分成若干个小组，每个小组确定一个教学观察点。这样，每个小组的观察点聚焦得更小，评课更精准，研究更具深度。例如，浙江外国语学院汪潮教授组织"浙派名师"小语二班开展过以"语文学理"为主题的评课研究活动。我所在小组确定以语文学理中的"学习策略"为课堂观察点。据此小组开展聚焦式课堂观察，之后由我执笔并评课。评课稿如下。

我们小组尝试从"学习策略"角度进行课堂观察。汪教授告诉我们，语文学习应该依特点而学，依需要而学，依发展而学。那么，我们在课堂上所组织实施的学习策略，也应该依特点而行，依需要而行，依发展而行。纵观杨老师的课堂，她所呈现的学习策略，在"依特点而行"的主旨下，主要有三大特色。

一是依文体特点而行。从文体意识的角度看，《爬山虎的脚》一文属于状物类的记叙文，作者通过仔细观察，从几个方面来描摹事物，把事物的特点介绍得清楚、生动、形象。杨老师组织孩子们通过独立默读、独立圈画、伙伴讨论、集体梳理等多种学习策略，理清文本的表达条理与内容，让学生真切地感受到：作者是如何从几个方面进行仔细的观察、有序的描写的。接着,学以致用,通过当堂练笔、集体评议等学习策略,顺势迁移,展开观察与描写的语言实践活动。

二是依语言特点而行。从语言表达的角度看,本文的语言,不仅是清楚,更有生动、形象、准确等特点。孩子们学语文,主要是经历一个学习并习得语言表达的过程。在这堂课中,杨老师又巧妙地组织孩子们通过重点体悟、比较阅读、表演体验、语段朗读等学习策略,真切感受到作者所用的一系列动词的准确、生动,尤其一个"巴"字给孩子们、给我们留下了极其深刻的印象。

三是依学生特点而行。我们从学生的年龄特征看,中段的孩子仍处于形象思维为主的阶段,那些直观形象的、体验式的、合作式的、富有趣味的学习策略,更能激发孩子们的学习内驱力。我们看,杨老师十分智慧地组织孩子们,通过画画图解、多媒体动画、同桌互查、表演体悟、看小魔术等学习策略,一起走进学习语言表达的美好境界。

提出一点思考和建议。我们追求以生为本、以学为本的课堂,但我们课堂里的学习策略,目前更多的只是教师的教学策略的附属品,是由教师确定的,我们能否尝试让学生自己选择学习策略,可以从某一个环节入手。比如,在描写爬山虎的脚的形状一段,可以启发学生:你想用什么方法来学懂这一段,来发现作者描写的方法? 此时,孩子们就会回顾自己积累的学习方法,进行梳理、取舍,然后选择适合的角度展开学习。我想,孩子最后选择的学习策略,也许与老师设计的相同,但由老师确定,还是学生选择,是两种完全不同的理念,让孩子真正学会学习、学会自己去学习,必将让他们受益一生。

像这样小视角的聚焦观察与评课,也非常适合我们一线教师学习并运用。日常评课,想面面俱到,结果往往很难讲深、讲透、讲出思想。不如确定一个小视角,一个观察研究点,细致观察执教者在这个点上的理念、设计、实施,以及学习者的参与和收益。这样有助于评课思想的集中体现,有利于评课者与执教者的深度交流,也有利于双方语文教学研究的深入,探寻到语文教学之规律。

三是磁铁式吸纳,收集"评课原材"。当我们明晰评课标尺,确定评课视角之后,便可以从这个视角出发进行课堂观察。听课时,始终以评课视角为核心,把课堂观察中得到的与之相关的环节设计、教学策略、学生表现或细节亮点等方面,及时记录下来并做好旁注,写上简要的即时评价。即时评价用语,有时用词语或短句,有时也可以用线条、五角星或问号等符号代替,以便及时跟上执教者的课堂节奏,也便于课后依据评价符号进行回顾和有针对性的思考。整个过程,评课视角仿佛是一块磁铁,在课堂教学不断地"吸纳"与之相关的内容,将评课时要用到的教学情况"原材料"集聚起来,便于评课者较为清晰地把握执教者的教学实施表现,有利于之后较为准确地剖析与诊断。

　　评课是一项考验教师专业思想与学科素养的工作。一般的评课,大多数是即时的、即兴的,在听课之后便需要评课交流。这就更需要评课者有清晰的思路与视角,有准确的观察与及时的思考,当然就更需要及时的记录与随时的梳理。因此把握这块"磁铁"并在课堂观察及时"吸纳",至关重要。课堂观察中,评课者的脑力是高速运转的,随时都在观察与思考,随时都在甄别与判断,随时都在分析与改进,以便在评课时给予执教者更为精准、恰当的评价与建议。

　　2019年秋,我带着工作室成员一起赴南浔区某小学送教联谊。该校校长委托我给一位青年教师评课。这是临时接到的任务。我迅速了解到这位青年教师要上的课文是统编版教材四年级上册的《牛和鹅》。我浏览了教材目录,阅读了课文所在单元的篇章页以及课文内容、课后习题等,明确了该单元及课文要落实的语文要素是"学习用批注的方式阅读课文"。语文要素的落实,确定此次的评课视角。在课堂教学观察中,我始终关注执教者落实语文要素的情况,比如教师是如何引出"批注",如何引导学生在阅读过程中感知批注、学习批注以及运用批注之法来阅读课文、习得方法。听课时一边记录课堂教学流程,一边就关注的情况做重点的记录与旁注。这样就为课后评课做好"原材"的积累与准备。

　　四是分点式表达,传递"评课内涵"。在课堂观察、"原材"积累的基础上,评课者要及时进行梳理,一般包含优点、建议等方面。例如上文提到的《牛和鹅》一课,关于语文要素的教学情况梳理出三个优点:节点切入符合文本,策略选择符合学情,阅读实践符合理念;两点改进建议是:策略推进,要改粗糙为细致;批注实践,要改单一为自主。以上的评课提纲,采用"分点式"呈现,优点三项建议两点,以便听者能听清评课的思路并迅速把握到评课的主旨。用更通俗的话语来讲,就是便于听者能清晰、准确、有条理地记录下来,便于思考、回顾、审视与借鉴。因此,我认为评课者要考虑听者的感受,站在听者的角度来整理评课提纲与内容,十分必要。而分点式的呈现比较符合一般听者即时接收信息的能力。

　　在分点式评课中,我比较钟情"总分结构"。每一点均以总分段式来表达,先阐明这段话的中心主旨,再细致陈述观点、罗列教学现象、分析成败得失、提出改进策略等等。例如在评议吴兴区东林二小陆老师群文阅读课《文言文里的智童》时,我做了如下评课。

　　这堂群文阅读课体现了语文课程开发的"五有"要素。

　　一是有明晰的主题。从课题《文言文里的智童》即可得知,本课选文文体聚焦"文言文",文本内涵聚焦"智童",两项聚焦使得本课主题极其清晰,也使执教者、学习者和听课者都在明确的主题下展开自己的任务。这是一堂好的群文阅读课的开端,也预示课的成功。

二是有有序的实施。本课实施以课内所学切入，回顾总结学习方法，再依次引入三篇文言文，通过自读自悟、小组合作等方式推进学习，让学生感悟文言文中的智童形象。由已学至新学，由自学至合作，层层深入，有条不紊。

三是有儿童的立场。儿童立场是要求我们尊重学情起点。本堂课在儿童立场方面体现了两个优点。首先，教师确定六年级学生来开展此次群文阅读，而非选择低中年级学生，是考虑高年级学生已有较好的自学能力，已有学习文言文的经历与基础，这是尊重了学段年龄特征。其次，教师并不着急引入新学篇目，而是以已学文言文切入，组织学生回顾学习方法，以旧知带新知，新篇导入与学习水到渠成，这是尊重了学生文言文学习的起点。

四是有学习的增量。从旧文到新篇的学习，从第一篇到第三篇的学习，学生的学习有哪些增量呢？主要体现在学习方法的实践与把握。从回顾旧文学习方法，到师生共同学习，再到自读自悟、小组合作，最后呈现汇报交流，可以清晰地看到学生在学习方法运用上逐渐熟练与自如。学习，不在于学什么，重要的是怎样学习。这堂课的学习增量正是在于学习方法的增量。

五是有语文的特质。语文课程开发与实施，必须体现语文的特质。如果认识出现偏差，这样的课很容易异化为思想品德课。这堂课陆老师较为准确地把握了语文特质，引导学生在学习中发现几篇文言文在表现智童形象的表达手法，感受课文如何通过人物的语言、动作或神态描写来塑造人物形象。

语言声音是在空气中传播，难见其形，而总分结构的表达，仿佛为听者画出了语言内容的点、线、面，较好地呈现了评课者清晰可见的思路框架，考虑了讲者、听者双方在传达信息与接收信息的共性期待需求，因为大家都需要清晰的思维与思路来支撑这一场纯语言的信息交流场。

很多时候，我们也追求语言表达的准确，思想理念的统一，以及语言形式的独特魅力，而努力以新颖独特的入点、个性张扬的词汇、对仗整齐的句式等来展现评课者的专业思想和语文修养，努力使分享的评课意见既有深刻的见解，又富有较高辨识度的语言"颜值"。

著名特级教师盛新凤曾以"阅读教学中的加减乘除"为题做精彩评课。加减乘除，本是数学学科的内容，却跑进语文教学研究，新颖的主题瞬间吸引听者的心。盛老师用"加"点评阅读教学中课程资源的有效使用，肯定文本阅读教学中资源整合 $1+1 > 2$ 的良好效果；用"减"肯定执教者在教学内容上做的科学而合理的取舍，达到"一课一得"之追求；用"乘"提出在语言表达方法的研读与把握上可以更为细致与深入，以取得成倍的教学效果；用"除"提出阅读教学还应清除过多的内容分析，尽可能以更多的精力来聚焦语言表达的探究与发现。以上，以"加减乘除"为核心词的评课,既展现了评课切入点与遣词的新颖性,一下子抓住了听众的心,同时也很好地整合了阅读教学中表现出来的优点与存在的问题。这样的评课,既有很高的语言"颜值",又有深刻的学术内涵,使得语文的人文性与工具性达至完美统一。

著名小学语文教学研究专家汪潮教授评课,常常是独树一帜,别出心裁。在我的名师工作室开展的"统编版教材古诗教学"主题研究活动中,他以"上""止""正"为主题词做了精彩评课。汪教授指出,中国的汉字文化给予我们很多启发,语文教学要遵循"上""止""正"三条原则。"上",高大上。课堂教学的顶层设计与实施方向要以语文教学为核心理念,突出人文性与工具性的完美统一。古诗教学既要符合课程标准的阅读目标,也要符合古诗本身的文体特点。这样的设计才是"上"乘之作。"止",适可而止,到此为止。在有限的课堂教学时间里,教师必须严格把握教学的量和度。要善于取舍,舍弃一些细枝末节,舍弃与主要目标无关的内容;要把教师讲的比重"降下来",古诗教学应以"读"为主,以"读"贯穿全课,以"读"突破难点,而不要以教师的"讲"来取代。"正",堂堂正正。古诗教学要符合语文教学的学理要求,内容要"正",方法要"正",策略要"正",一方面要尊重古诗本身的文化背景,教材编者的意图,一方面要尊重学生的年龄特征与学情特点,突出并发展学生的学。

以上两则"高颜值"的精妙评课,虽已过去好多时日,却依然让人记忆犹新,历历在耳。这样的评课,饱含着专家们深厚的语文思想、专业素养,也充盈着专家们对语文的深度热爱,对文字的执着追求,对表达的精益求精。严谨、向美的治学态度,值得我们追随、学习与效仿。

古人云,功夫在诗外。以己拙见,评课的"诗"在于分享交流那一刻,而"功夫"正是在于上述的四项功课,全方位了解、聚焦式观察、磁铁式吸纳、分点式表达,只有把握了评课标尺,形成了评课视角,收集好评课原材,最后才能全面而深刻地传递评课内涵,最终呈现一次有"思想"的评课,给予同行深刻的启迪、有力的指导。而这些功课,需要我们坚持思考、练习与研究,持之以恒。唐朝诗人刘禹锡有诗云,"千淘万漉虽辛苦,吹尽狂沙始到金"。功夫不断修炼,才能成文,成"诗",才能达至炉火纯青信手拈来行云流水之境界。

说完评课,再简单说说对于人的评论。

其实,所有的评论都需要思想的支撑。评课如此,有时工作需要我们评一评"人",也是如此。不论是评论学生的品行修养,还是评论同行的专业素养、教学风格等,都需要评论者独特的思考与见地。这里的思想,来自我们对对方的深度了解,需要一定的标尺,也需要一定的视角,因为不同的标尺与视角,会展现人们不同层面的特质。

首先,需要明确评论目的是什么。若是给予学生学期品行表现的评论,需要写入学生素质报告单,就要视同年段学生的整体要求以及学生个体的发展情况而定,做出客观而全面的表述与评价,以激励学生后续的发展与成长。若是以留言、赠言、书信或短文的方式,给予学生个性化的非正式的评论,便可以放开比较,只站在学生个体特点的角度,梳理他的优点、特长,以及需要改善或进步的方面。在担任班主任工作的多年里,我曾写下精辟扼要的品行评语给学生,激励他们发扬优点,含蓄指出改进方向。另外,也曾写过散文式的评论《说说咱班那些娃》,以亲切柔和的口吻来叙述,展现学生最独特、最精彩的表现与事例,给予他们最热忱、最贴心的评论,和他们一起铭记美好的小学时光。

其次,需要明确评论场合在哪里。在评论同行方面,有时我们是在面对面的私下场合,有时却是在公开的会议或学术活动。私下场合,氛围轻松,我们用口语化的语言亲切传递。而公开场合,需要严谨地梳理,层次清晰,呈现精练、精致的书面化的语言。例如在"浙派名师"小语二班的公开刊物上,我曾发表《丽佳老师,每次都不同》一文,以三次见面为线索,分三个小篇章,层层递进的叙述与评论,较好地展现了这位老师的成长、发展以及给人的启迪。

再次,需要坦诚真挚的情感投入。评课、评"人"都需要情感的投入,前者需要客观科学的学术情感,后者需要坦荡真挚的交往情感。对学生,对同行,都是如此。在"和美语文"浙派名师专场活动"圆桌论坛"上,我以《盛老师:一株有思想的百合》为题做了5分钟的发言,以我与盛老师的交往经历为切入口,主要从气质修养、学术思想两个层面来评论人物,话语间的真情打动了论坛主持人及在场同仁。以真情去观察,以真情去表达,评论之心才能得到理解,评论之言才能直达人心,评论之行才不会辜负深情。

二、演讲

再来说说演讲。此文谈及的演讲,主要指的是教师在其职业生涯中所承担的演讲活动。从演讲的受众来看,主要有面对教师演讲、学生演讲等两种情况。面对教师的演讲,一般有教师职业体悟、专业研修所得、教育理念解读、先进人物启迪等内容;面对学生的演讲,主要有品行教育演说、学习方法剖析、榜样事迹宣讲等内容。

演讲的受众与内容有所不同,但演讲的主旨大致是相似的,主要是来传递思想、表达看法,以争取更多受众的认同,激励共同的进步与发展。我们教师要做好演讲,需要注意哪些方面呢?

一是观点的共鸣力。一般情况下给予我们演讲的时间不会很长,五至十分钟。在略显短暂的时间内,演讲能否获得听众的高度关注与耐心倾听,演讲者表达的观点起了很大的决定作用。最好的观点,视角独特,认知独到,能得到大多数听众的共鸣,让听众感到演讲者道出了他的心声、思想以及看法,这种认同感瞬间让听众的心与演讲者站在了一起。怎样使演讲的观点具有共鸣力呢? 演讲者需要下一些功夫。

多多关注国家、社会及教育发展形势,多多了解教师学生所关注的热点、难点或痛点,从普通人的视角去发现热点、难点、痛点中存在的现象,在“小现象”与“大形势”之间建立起必然的联系,深度而全面剖析其透出的本质,提出更为完善的有利于发展的建议。多多传递正能量,以积极乐观的态度来分析问题、表达看法、提出建议,让听众在共鸣中得到鼓舞与激励,对现在与未来充满信心与斗志。而一味地吐槽、泄愤与责骂,只会获得听众的“差评”与唾弃。

例如,针对有些孩子学习怕吃苦、不肯努力的现象,在开学典礼上我做了演讲《打开传统文化的锦囊》,与孩子们分享传统文化中的文学之美、科学之美,也分享了传统文化中的“苦学之美”,讲述古人苦学故事,引领孩子们从他们喜爱的故事中悟得道理,告诉孩子们“这苦学之美,其实就是精神之美”,并给予鼓励:“身处美好新时代的我们,更应该热爱学习,坚持不懈,持之以恒,静得下心,沉得住气,吃得起学习的苦,才能享受到收获的甜!”

再如,有一场题为《这个时代,教师还幸福吗》的演讲。观点指出,在当今教师职业责任重、压力大、待遇低的现实情况下,大家要乐观看清形势,做幸福教师。一方面,分享其他行业人士面对相似的职业困境下创造业绩成就的故事,拓宽听众观察的视野,树立共情共理的概念,缓解职业焦虑心态;另一方面,分享几位普通教师在职业生涯中一步一步成长的轨迹,展现其面对困境的积极心态与可喜的职业成就感。此次演讲得到了众多好评,很多教师认为演讲的观点明确实在,事例很接地气,话语没有假大空,给人以满满的正能量的激励。

参加浙江中小学校长赴新加坡访学研修期间,我通过当地网络平台观看了新加坡现任总理李显龙在 2019 年 10 月群众大会上的华语演讲。李显龙回顾了新加坡的独立建国历史,充分肯定了华人在建国历史上的卓越付出与不可磨灭的功绩。这种正视历史、真诚感恩的观点与情怀,得到了与会人员的高度认可,台下听众频频点头并报以热烈而持久的掌声,有的听众甚至热泪盈眶。真诚切近的观点,让听众与演讲者产生认知上的共鸣,这是何等可贵!

二是思路的支撑力。好的观点,需要好的思路来阐述清楚;好的思路,可以有力支撑观点的精准传达。为了全面而清晰地阐述观点,获得听众认同与共鸣,必须认真构思观点论证过程,必须以恰当的方式提升思路的支撑力。有三点建议。一是从不同层面来论证观点。可以采用并列式的阐述,通过不同层面、相似深度的阐述,确保观点论证的全面性;也可以采用递进式的阐述,通过不同层面、不同深度的阐述,层层递进与深入,确保观点论证的深度性。二是以夹叙夹议式展开论证。一味地阐述理论,演讲会显枯燥与乏味;一味地罗列事实,演讲会缺深度与嚼劲。夹叙夹议,正是大多数论述文章采用的方式,以事实增加理论的说服力,以议论增加事实的剖析力。三是巧妙设计导入与结语。好的演讲,与好的文章一样,凤头豹尾。凤头,精彩开张,吸引读者与听众;豹尾,有力收尾,启迪读者与听众。怎样的导入吸引人?从小视角、小事件入手,抛出事件或现象中的热点、奇点、趣点、难点或痛点,而这个点正是人们关心与关注的,是人们亟需探讨与明确的,这样必定能吸引听众。而结语,可以深情悠长,也可以戛然而止,努力体现三有原则:有深度,有力量,有启发。

在浙派名师小语二期研修总结会上,我的演讲以《潜下心来,美好启程》为题,以"美"字为核心词,从四个层面架构思路:"仰望星空,享受开阔之美","锤炼课堂,享受超越之美","反思沉淀,享受蓄积之美","感恩师友,享受澄怀之美",依次阐述在专家引领、课堂实践、理论研究、师友助力等方面的体验与收获,全面而清晰,深度与广度巧妙结合,得到了导师与同行好评。

在新学年开学典礼的校长致辞环节,我为全校学生做了演讲《做一个闪闪发光的人》。以传递"秘诀"为线索,分别是"第一个秘诀:让梦想发光","第二个秘诀:让行动发光","第三个秘诀:让心灵发光",与孩子们分享如何树立梦想、付诸行动、修养心灵的感悟,号召大家做自带光环、富有正能量的人并为之努力。三个秘诀,数量正好,呈现清晰,内容切近,让孩子们印象深刻。

三是语言的内涵力。怎样的语言最具内涵力,最为打动人?仁者见仁,智者见智。每个人都有自己的喜好与判断。语言的表达,不同的方式,表达不同的内涵。口语化的语言,给人以亲切;书面化的语言,给人以严谨。细节描述性的语言,给演讲以生动;严正论述性的语言,给演讲以深度。比拟式的语言,给人以想象情境;排比式的语言,给人以气势冲击。引用经典诗文,传递儒雅气质;引用故事案例,传递共情思维。煽情鼓动的语言,充满激情;深情文艺的语言,饱含温情;诙谐幽默的语言,营造笑力磁场……最适合自己表达的语言,就是最好的。最关键的是,选择适合自己语言习惯的表达方式,最有利于表达自己的观点、理由与情感,且淋漓尽致,酣畅自如。说好自己的话语,表达演讲的内涵,便是最大的成功。

南京师范大学刘晶波教授在题为《寻找深度学习与浅层学习的平衡》的演讲中,阐述了人们在深度学习中的深度体验与感悟:"如果说在深度学习当中,一个人在不断地建构自己和外界知识,那他就是一个开疆拓土的国王,在建构他自己的认知王国和他对于这个世界的理解。在他的世界当中,没有其他人比他更清楚要怎样去建构这个部分。他可能要走万里路,走过很多个村庄,才能去看他能够得到什么。到了一定的程度,他可以很开心地说——这就是我的天下。"像这样比拟式的语言,有利于将深刻的思想说得通俗易懂,易于被听众理解与接受。

四是细节的感染力。整体决定成败,细节决定精彩。的确,任何作品中的细节处理,往往是点睛之笔,能赋予作品以独特的光芒去感染阅读者、欣赏者,使其产生观点的共振、认知的共通,以及情感的共鸣。那么,哪些内容可以成为演讲中富有感染力的细节呢?

亲身小体悟。古人说,一花一世界,一叶一菩提。在这广袤无垠的世界里,我们每一个人只是其中一花一叶,但正是这一花一叶折射出人世间的道理。在演讲中说说个人的亲身体悟,便是以小见大,现身说法,也许最能赢得听众的共鸣。我曾在全县庆祝教师节大会上做过题为《做一名幸福的老师》的演讲。会后陆续收到一些夸赞,说演讲很感人。我回顾了整篇演讲稿,似乎并没有激情澎湃的情感表达,而始终是以讲述故事的方式娓娓道来。其中一处是这样的,"初为人师,幸福对我来说有点难,曾为课堂上管不住调皮孩子而烦忧,曾为无法应对上级的随堂听课而尴尬,也曾为无法独立备好一节教研课而神伤⋯⋯"这是我的亲身体验,这也许是很多同行初为人师的感受,此时恰恰从台上的演讲仿佛看到了一路艰辛走来的自己,至此便是"感人"的缘由所在,演讲者与听众形成体悟与情感的共鸣。亲身小体悟,最是动人心。

凡人小事例。演讲中若无亲身经历事例,也可以用他人事例来阐述,尤其是小人物的小事,无名凡人的故事,常常也会获得触动人心的效果。一位亲子关系研究专家在题为《感恩,你会吗》的演讲中,引用了一则凡人小故事。故事大意是这样的:一名初中女生因不满母亲做的饭菜而与母亲吵架并赌气走出家门。正值深秋黄昏,女生在街头小巷晃悠,又冷又饿。街头小摊的老奶奶见状,问明原因并煮了一碗馄饨给她吃,女生感谢道:"这是我吃到的最美味的一餐。谢谢!"老奶奶却说:"我猜啊,你妈妈给你煮了无数次饭了,都是热乎乎美滋滋的,你有没有谢谢她呢?"女生听完,顿感汗颜,急忙向家里走去。这个小事例,深刻点明了人们在家庭中安然享受却不懂感恩的现状,巧妙地触动了听众们的内心反思,以凡人感染凡人,以小事改进小事,便是向善向美的演讲宗旨。

名人小举动。由教育部与中央电视台联合推出的大型公益节目《开学第一课》,邀请了著名翻译家许渊冲先生莅临现场。许渊冲老先生96岁高龄,当时坐在中式木椅上,著名主持人董卿在短短的三分钟里三次跪着采访许老先生。董卿的"跪",引起了网友的广泛评论。人们认为,为了让年迈的许老先生听得清楚,董卿"跪"着采访,充分体现了她优秀的职业素养,体现了她对许老先生由衷的尊敬,更是以实际行动为现场的孩子们上了一课;这一幕是对"尊师敬长"这一中华传统美德最生动鲜活的言传身教。这样的小举动,足以成为我们演讲的细节案例,以公众人物充满正能量的言行举止来引领与感染大众,无疑是最好的教材。

五是情感的吸引力。如果说,思想带给评论以穿透力,那么,真情带给演讲以吸引力。人们常说，最好的教育方式是"晓之以理，动之以情"。以情动人，是演讲是否可以打动人心的关键所在。那么如何在演讲中传递真情，吸引并打动听众呢?

观点存真心。在教育工作中，有的演讲是自发自觉的，比如班主任老师发现问题而要对学生进行批评和教育，此时的演讲老师有自己的观察与判断、分析与剖析。而有的演讲是任务驱动的，接受演讲比赛的任务又恰恰有规定的主题或观点。这样的情况下，演讲者必须认真钻研主题，结合自己的思想与认知，确定与之匹配的发自内心的主要观点，再以主要观点为核心，梳理并架构形成分论点与相关论据。发自真心的认知，出自真心的观点，演讲时才能更好地阐述与表达，更好地交流与传递，才能真正以情动人。

话语寄真情。每一位演讲者均有不同的个性特点，不同的话语形式，表达的情感张力也会有所不同。有的内秀沉稳，有的热情豪迈，不同的个性特点丝毫不影响演讲的"真情"表达。真情实感，往往渗透于字里行间，渗透于言行举止，渗透于眼神与面容，演讲的内容，有的适合娓娓道来，有的适合激情宣泄，有的适合严肃深刻，有的适合亲和切近，每一处内容，每一句话语，只要是演讲者以真心写就，以真情讲述，自然而然会打动听众，正所谓情到深处如故交。

以上我粗略谈了教师工作中的评论与演讲，仅属于个人经验与体会，自有不当不全之处。敬请读者指正。无论是评论还是演讲，从言语表达的视角来看，都需要讲述者思想的支撑、观点的确立、语言的组织，以及情感的寄予;无论是评论还是演讲，从听众接纳的视角来看，都需要讲述者独立思想的树立、语言表达的锤炼，以及个人魅力的修炼。这些都是智慧，需要我们修行与积淀。共勉。

10-2 专题评课

一次直奔语用的解密行动

　　喜欢"玩课"的严丽萍老师,这一次带领孩子们玩了一次解密行动。《四季的脚步》"明"着解密,《扁鹊治病》"暗"着行动,目标明晰,循序渐进,渐入佳境。

　　解密,解读语言文字的秘密。其实,我们的文本解读、学情分析、目标定位、教学设计等等,无一不是围绕一个主题——"解密"展开:解得文本与学情的秘密,悟得语言内容与形式的秘密,求得语言发展与增量的秘密。从本质上看,这次行动十分准确地扣准了语用理念,关注了阅读教学的共性与文体教学的特性,实施了目标十分清晰的语用教学。

一、解密行动的共性解读

　　正如严老师的观点报告《玩课:在正与变之间》阐述的那样:守"正",坚守语文课的常识、规律和规范。这两课虽是不同文体,但严老师充分把握了语文阅读教学的共性,即:解读文本语言表达的秘密。

　　(一)启动问题,指向形式

　　《四季的脚步》:这首诗里有很多的秘密,让我们进行一次解密行动,好不好? ……除了朗读的秘密,这首诗还有很多秘密等着我们呢,继续吧!

　　《扁鹊治病》:故事的讲述是有几个明显的特点的,比如,什么词语最多? 按什么顺序写的……

　　第二课虽未明说是"解密",但无疑是又一场解密行动的开始。这两个问题,是引领孩子投入解密行动的主问题。我们可以发现,问题是指向语言表达形式的。精准的问题设计,是教学成功的关键一笔。

　　(二)指向语用,悟得特点

　　《四季的脚步》主要瞄准了三个语用点——词语、标点、修辞。

　　解密词语,从整体感知到局部探微。"悄悄""笑着走来"以及拟声词等,让诗的情趣在解密中怦然涌出。解密标点,从文辞解读到符号研讨。比如,破折号对低年级孩子来说是个大难点,但他们也解出自己的答案,可爱,趣味横生。解密修辞,从内容斟酌到写法窥豹。比拟,是这首诗最大的写法特色。对这一点,在以往的课文的学习里,孩子们是有一定的阅读积累的,因此,他们也较为容易地发现了本文的比拟。那么,如何感受这首诗歌比拟的新与趣,或初步学习富含新、趣的比拟形式,也许还有待研究与尝试。

《扁鹊治病》主要扣住了三个语用点——顺序、线索、人物语言心理。

以略读的形式,发现时间顺序、病情线索。组织学生自学圈画板书等形式,概览了故事主要内容。

以精读的形式,研读人物对话与心理。组织学生通过朗读、猜测、想象、拓展等形式,读懂人物心理,从而深化对故事的感知与感悟。

在解密中,语言形式更凸显,阅读教学的共性也更明朗。引领学生理解并学习运用语言文字,是一个理念,更是一项使命。在千变万化的文本中,只有像严老师这样准确抓住阅读教学的共性,找准内容与形式的平衡点,把握目标与手段的契合点,才可能打造灵动、大气又扎实的语用课堂。

二、文体教学的个性解密

这两篇课文,是两种不同的文体。严老师是否很好地把握了文体特点,彰显出文体教学的个性特色了呢? 我们来看——

(一)儿童诗,重视朗读

《四季的脚步》是一首儿童诗。儿童诗的学习,最好是朗读。读出趣,读出情,读出味。如何引领学生带着兴趣朗读,如何发现儿童诗朗读的秘密,严老师有智慧的策略。

首先,“纯”朗读。严老师先组织学生大声自由朗读,再组织小声自由朗读,似乎没有目的,只是朗读。

接着,“选”朗读。严老师自然地抛出一个选择题:如果请你选择,你会选择哪一种读法? 学生们纷纷表达,在老师引导下,说出了自己选择的理由。在自由讨论中,大家的想法达成一定的共识:该大声时大声,需小声时小声,一首诗的朗读要有轻重缓急的融合。

其次,“试”朗读。严老师又来智慧一问:什么地方大声,什么地方小声,什么地方轻、重、缓、急呢? 能试着读给大家听吗? 孩子们的兴致来了,纷纷要“示范”给老师、伙伴听。在老师的巧妙引领下,孩子们能初步把握儿童诗朗读时的“轻重缓急”了。

最后,“精”朗读。这首诗歌里,拟声词的运用是一大亮点,读好拟声词,朗读必将增色! 显然,严老师没有忽略,精心地指导孩子们读好“唰唰”“哗哗”“叮咚叮咚”等词语,孩子们的朗读一下子生动起来,儿童诗的朗读,活了!

如果,这种有声有色的朗读方法,严老师能引领孩子们迁移到自己创作时,学以致用,那就会更生动,也促使孩子们真正掌握儿童诗的朗读方法。

(二)寓言故事,重视讲述

《扁鹊治病》是一则寓言故事。孩子们学会讲这个故事,教学就成功大半了。同样,严老师有她的"秘密"策略。

首先,重"讲"的情境。在读懂寓意后,严老师问:这个故事,你会在什么时候讲给谁听呢? 寓言,为了讲道理;讲道理,须有恰当的时候恰当的对象。孩子们联系了生活,找到了恰当的时间与人选,心中自然明白:讲故事,也要讲在刀刃上。

接着,重"讲"的方法。在孩子们练习讲故事前,老师提示:可以按照时间、病情线索来复述。可贵的是,这个方法不是凭空降临,而是精心渗透,在研读课文的时候,老师已引领孩子发现故事叙述的语言秘密:时间为序,病情发展为线索。这,就是故事表达的方法。同时,为丰富故事复述的语言,老师也已在研读环节渗透了人物心理活动的想象。万事俱备,东风徐来。这些方法的渗透与铺垫,均为孩子们讲好故事打下了基石。

其次,重"讲"的形式。虽然讲故事环节的时间不太充分,但也充分体现了老师的用心。严老师采用了"师生合作"的方式,自己负责"扁鹊"及故事推进,指名学生负责"蔡桓公"。在这个过程里,老师绘声绘色的讲述、人物心理的补充,均巧妙地为学生做了示范,让孩子们渐渐明白如何才能把故事讲生动。

可见,在这两篇课文的教学实施中,严老师较好地把握了文体教学的一些特性,结合文体的特点,引领学生通过朗读、讲述这样不同的方式,深入地走进文本、再现文本,实现语言文字的内化与运用。

用思想构建"有料"课堂

汪潮教授说,小学语文课堂整体决定成败,细节体现精彩。这次在嘉兴秀洲举办的浙派名师专场,有思想、有智慧、有策略的陆霞老师,就用她的语用观构建了充满整体感的"有料"的魅力课堂。回眸陆霞老师的课堂,我品读到了"语用观"思想引领下的三个"贯穿"。

一、妙问的贯穿

为什么称其为"妙问"呢? 因为陆老师所设计的课堂提问,具有强烈的整体意识,具有启发思辨的深度,具有贴近学情的适切度,也具有基于文本特点的针对性。我们看,《渔夫的故事》一课的中心问题是:这个故事,王后讲到哪儿正好天亮了?《威尼斯的小艇》一课则问:课题中哪个词该读重音? 这两个问题,分别贯穿两堂课的始终。在围绕主问的研读中,学生悟得了故事最精彩的写法是"设置悬念",懂得了状物的文章要写出特点,要写出地域独特的文化特色来。

语文课堂最忌讳的是繁杂琐碎的问题,那些缺乏思维深度与研读价值的问题,导致语文教学浮于文本内容的表层,无法深入内容与语言形式的内在,无法发现语言形式的奥秘,语言习得无从谈起,语文教学呈现让人瞌睡的可怕的低效状态。陆老师的课堂提问,站在了文本特点、学生语言发展的视角,引领了课堂教学的整体把握,真正做到"牵一发而动全身",为构建整体课堂做好了极妙的顶层设计。

二、学法的贯穿

歌德说,内容人人都看得见,含义有心人能得之,而形式对大多数人来说是个秘密。如何引领学生用合适有效的学习方法去理解课文内容、悟得语言形式呢? 陆老师为我们做了很好的示范。在这两堂课中,不仅有学法的渗透与导练,更值得称道的是陆老师做到了学法的贯穿,一课一法,一课一得,打实了整体课堂"学"的基础,画出了"学"的轨迹。

1.联系上下文。在《渔夫的故事》一课中,陆老师引导学生多次运用"联系上下文"来读懂文本、发现秘妙、习得语言。根据该课教学,我梳理并制作了"联系上下文"学法运用的图示:

我们可以发现,陆老师在这一课的教学中始终贯穿"联系上下文"这种学法的渗透与导练,一次次地运用,强化了学生"学法运用"的意识;一次次地实践,推进了教学的深入实施,引导学生逐步走进了语言习得的更深处。我们也可以想象,在今后的学习中学生就有可能自觉或不自觉地运用这种方法来学习语文。这是我们最想实现的梦想,也是最想看到的愿景。

2.比较。汪潮教授说,"比较"是一种比较好的方法。陆老师在观点报告中也把"比较"作为课堂实施的新策略之一,用"比较"来体会语意的变化。在《渔夫的故事》一课中,学生通过"比较"来辨析故事两个译本的优与劣,从而知道故事主题、风格的进展要一以贯之,而不能另起一"旨"。

《威尼斯的小艇》一课,陆老师组织学生进行了两次"比较":一是比较作者对小艇的介绍与学生自己介绍小艇的不同之处,去发现作者用上"联想、比喻"等手法描摹出小艇清晰的形象;二是通过"比较"两个关于小艇写法的语段,从而感受课文文字"整齐中蕴含变化"的节奏美。这样的比较,是有深度的,一方面能让学生发现语言文字的美,另一方面是在培养学生敢于审视教材、质疑教材的意识,这种意识在语文学习中尤为珍贵。

三、语境的贯穿

语境,是语文学习的前提,更是语文学习的原则。王崧舟老师认为,语境,包括文字语境、文体语境、文化语境等三个层面。而能让课堂彰显深度的,往往是很多老师难以发现、难以把握的文化语境。可敬的是,陆霞老师在这两堂课的教学中充分关注了文本的文化语境。如《渔夫的故事》一课,陆老师联系了《一千零一夜》故事最初的由来与传说,并结合这个传说设计了课堂主问题"王后讲到哪儿天亮了"。再如,《威尼斯的小艇》在质疑"课题中哪个词该读重音"的研读中,引导学生关注威尼斯城市的地理特点、文化背景,从而知道:写一个事物必须写出与众不同之处,写出它相关背景下的特质来。

陆老师认为,所有的"写"最后一定是"读"的结果。"读"得不深入,"写"必定浮于表面;"读"得不深刻,"写"必定缺乏内涵。对文化语境的把握与渗透,就使得语文学习有了一定的深度,在语文学习中学会思考,学会联系,学会比较,必将引领学生走向更广阔更深远的语文时空。

此次活动,我们是在嘉兴,我很应景地想起自己喜欢的嘉兴粽子,因为它"有料";而这次陆霞老师的课堂教学专场,也让我想到了这个词——"有料"! 汪潮教授说,思想,决定课的深度;思考,决定课的厚度;策略,决定课的效度。怎样才能让自己的课堂变得"有料"——有深度、有厚度、有效度,就需要我们从陆霞老师这里去品味,去发现,去思考,去实践。

10-3 教育演讲

潜下心来 美好启程

无疑,这是一段特别忙碌又充实的时光。

自2013年11月起,至今的两年里,在浙江省中小学教师培训中心的精心组织下,在尊敬的汪潮教授的专业引领下,浙派名师小语二期研修活动的开展紧锣密鼓,有条不紊,有声有色。在2015年岁末,静静梳理两年来走过的研修历程。那里除了繁忙、奔波、奋进的身影与足迹之外,我真切感受到的是——蕴含其中的许许多多美好的感怀。在这里,我愿和大家一起来分享。

一、仰望星空,享受开阔之美

这两年里,我参加了"浙派名师"小学语文二班组织的培训活动,同时还荣幸地选入了湖州市第一层次名师培养班、德清县骨干教师高级研修班。在"三班共管"的历程里,便有了更多的机会、更多的时间,来仰望璀璨无比的教育星空。

其间,我有幸聆听了各级专家的讲座、展示课等近40节次,幸会的专家有,全国小语会副理事长、华中师范大学教授杨再隋,国家级教育专家顾明远,全国小语会理事长人教社小语室主任陈先云,省教育厅教研室缪水娟、张丰、滕春友,浙江外国语学院教授汪潮,省特级教师沈大安、张化万、王崧舟、虞大明、闫学、盛新凤、余琴等。专家的讲学风格迥异,或严谨广博,或谦和儒雅,或幽默灵动,或尖锐深度,但无一不彰显出虔诚的教育情怀、深刻的教育哲思,以及鲜活明睿的教育智慧。

这样的仰望,这样的学习,是对自己的教育视野、教育理念一次又一次的洗礼,一次又一次的刷新,一次又一次的开阔。在小学教育、小学语文教学的新理念上,我有了更为深刻的理解与感悟。这些感悟也促使我一而再、再而三地反思我们的教育教学,努力增强语文课程意识,强化"生本"意识,不断改进教学策略,不断优化课堂教学,不断地采撷星空之美,融入课堂,融入教学。

二、锤炼课堂,享受超越之美

仰望星空是美好的,脚踏实地是必须的。课堂,是理念的实验室,是实践的主战场,更是我们师生协同发展的大本营。作为一线教师,只有立足课堂研究,才有可能获取更多的教育智慧与自信。两年里,在组织的安排下,在导师的引领下,我进行了近 20 次的课堂打磨与说课练习。

2014 年 3 月,在湖州市小学语文名师展示活动中,执教四年级口语交际课《小小新闻发布会》。

2014 年 5 月至 7 月,在申报省特级教师评审期间,进行《最后一分钟》《金钱的魔力》《拉萨古城》《可爱的草塘》《除三害》《槐乡的孩子》等课文的说课练习,得到导师指点。

2014 年 8 月,在浙派名师培训活动中,进行文体意识观照下的现场说课《为人民服务》,获得汪潮教授的好评。

2014 年 12 月,在德清县小学语文骨干教师送教活动中,执教二年级语文《回声》一课,得到县教研员及与会教师好评。

2015 年 4 月,在美丽的千岛湖畔——淳安实验小学举办"浙派名师小语二期学员个人专场",执教四年级《渔歌子》《全神贯注》两课并做观点报告《实施比较策略,探寻表达秘妙》。磨课期间,得到汪潮教授的倾力指导。

2015 年 4 月,受特级教师盛新凤老师邀请,在湖州市吴兴区小学语文培训活动中执教二年级《数星星的孩子》一课,得到盛老师的好评与指点。

2015 年 5 月,经汪潮教授推荐,参加浙江省教育厅组织的"百人千场"名师送教活动,赴浦江县前吴福和希望小学执教《渔歌子》一课并进行说课,得到衢州市教研室施燕红老师及浦江同仁的好评。

2015 年 6 月,录制"一师一优课"课例——四年级口语交际课《小小新闻发布会》并送市级省级参评,9 月至 12 月喜讯传来,此课例分别获湖州市优课评比一等奖、省级优课、部级优课。

每一次练习或展示,均得到了导师的悉心指导。如,汪潮教授指出,小学语文教学"整体决定成败、细节体现精彩",希望我的教学能在文体意识的观照下,有更多的学理来支撑,多做有深度的思考,形成自己的教学思想,努力用思想来上课,构建富有深度、厚度和效度的课堂。再如,导师余琴老师既肯定了我展示课的优点,也提出了一些问题,使我明白课堂上应充分体现学生的主体地位,更好地实践语用目标,力争把多个教学目标进行有机整合,努力达到课堂教学的最优化。

导师、专家的每一次指点,都激起我再度反思、再度改进以及超越自我的热情,同时,我也深深感受到:要成为一名优秀的教师,必须专心学习深刻反思,形成自己的教学思想,锻炼出过硬的课堂教学能力,必须深刻反思每一个教学环节,用心关注每一个教学细节,严格锤炼每一句教学语言……

我这样想,也努力这样做,勇敢地接受每一次的锻炼与挑战,在不断的锤炼中,思考、改进、完善并努力超越。超越自我，超越积淀，山重水复，执着前行，才能遇见峰回路转柳暗花明的新风光。

三、反思沉淀，享受蓄积之美

问渠那得清如许，为有源头活水来。讲台虽三尺，努力却一日不可懈怠，只有奋进耕耘，才能永葆职业青春。在这两年里，我不断提醒自己要潜心研究，坚持耕耘，督促自己在专业上有新发展，新积累，新提升。

理性反思，感性分享。两年里，我一直担任县小学语文教师专业发展 90 学时培训的理论讲座与实践导师。虽然"文本解读"这个专题早在四年前已基本定稿，但我依然逐年修改，不断充实新的课例、改进论述方式，使自己的讲座做到与时俱进，贴近一线教师的理解与体验。也许，正是因为这种接地气的感觉，所以每一次讲课都得到老师们的欢迎与认可。在这个过程中，我感受到：这不仅仅是我辛勤的付出，从中受益的更是自己，修正讲稿，与老师的互动交流，都是一次反思一次学习，甚至从老师听课的眼神中，我能感受到老师们在教学中的关注与困惑、共鸣与喜悦。这样的经历，是非常美好的。

记录心得，沉淀成文。我一直坚持参与省级、市级、县级的每一次学科论文评比。不是还想要追求什么，只是心中有一种朴素的情怀：一年的教学工作，我得留下一些思考的痕迹。这样的初心，促使我养成日积月累的习惯，不仅记下自己的课后感受，更要记下与同事磨课过程中的点滴体会，然后进行梳理与整合，便自然成文。这两年，在"识字教学""文本解读""古诗新教""教学策略""校本研修"等方面，形成了一些文字，获得市县级论文评比一等奖 6 篇，省级发表获奖 3 篇，市级课题获奖 1 个。这点成绩，在特级教师评审中是微不足道的，但我很享受源于初心的积累与收获，这样的享受很美好。

回眸历程，记录成长。在浙派名师班里，和学友们分享《那些印在心上的小课》《口语交际教学之困惑》《议论文教学策略谈》等；在湖州市名师班里，和大家分享"年度研修小结"；在德清县高级研修班，和大家分享自己的"专业发展规划""拜师结对总结"等。每一次的分享，是基于认真撰写才获得机会的，所以我备感荣幸。在回顾、展望、梳理、记叙以及分享的过程中，我发现：那些碎片般的成长印迹，需要我们自己去好好梳理；梳理之后，会获得更多启示，也会发现那些被遗落的珍珠，需要我们重拾精彩，并细心串连成美丽的项链。就如《那些印在心上的小课》，已经在我的 QQ 空间成了"回忆录"似的篇章，共回忆了 1993 年、2000 年、2003 年、2004 年、2007 年执教的五节公开课的经历，对我的成长来说，它们意义深远。记下来，空闲时再读，读成长中的自己，读思考着的自己，读感恩的自己，是一种美好的享受，更是一种奋进的激励:那么艰难都走过来了,如今没有什么不可逾越的了。

那些反思与积淀的文字,虽没有获得更多的盖有印章的红色证书,但它们在我心中有着沉甸甸的分量。正是怀着这样一颗热爱教学的初心,正是怀着这样一份坚守课堂的耐心,我可以从容地面对过去和现在,这样走着,未来也一定是美好的。

四、感恩师友,享受澄怀之美

"澄怀致远"是逸夫小学的学校精神,是希望每个人都能拥有澄澈宽广的胸怀,实现更高远的目标。我很喜欢"澄怀"这个词,因为它贴近我的人生观。

在这两年的研修中,在"三班共管"的奇妙境遇里,我遇到了很多良师益友。这是一笔财富,值得我珍藏与品读。

在此,特别鸣谢的是尊敬的汪潮教授给予我的关注与指导。汪教授所做的"语文学理""语文意识""基于学理的阅读教学""教学内容的确定""不同文体的教学特点""略读课文教学"等多场学术报告,使我的语文学习视野得到开阔、语文教学观察角度得到深化,也促使我以更深度的思维去思考。汪教授的睿智引领,使我在"比较阅读策略""文体意识观照下的阅读教学""字源法识字策略"以及"文体意识下的古诗词教学""略读课文教学"等方面做了深度的思考与研究,撰写论文多篇,获得省市级奖项,有两篇发表。

在这两年里,汪教授一直关心我的"名师工作室"成立的动态,多次亲赴德清指导,为我们工作室成员及全县小学语文老师做学术报告,指导课堂教学,并对名师工作室今后的研究方向、培训策略等做了细致的指导。至今,倪晓琴名师工作室已吸收15名县内优秀青年教师,培训工作进入良好的运作轨道。这离不开汪教授的倾力指导与引领,在此,谨表衷心谢意。

在浙派名师班、市级名师班里,我还认识了很多善于学习、善于思考、勇于实践、勇于突破的学友:杭州缪华良老师的深刻、陆霞老师的灵动、嘉兴徐如松老师的严谨、丽水鲍宗武老师的博学、嵊州茹茉莉老师的专注、金华叶小平老师的奋发、衢州严丽萍老师的投入,以及长兴沈莉老师的坚持、安吉张卫其老师的睿智,都值得我好好学习。正是这些可贵的品质,推动他们走到了更高的平台,引领更多的人走入语文教学的新天地。沈莉老师说,虽然很难,知道很难,但我们要努力走到队伍的前面去,如此才能看见更广阔的风景,学科教学如此,工作与人生亦如此。

在2014年省特级教师申报过程中,我很荣幸地被推荐参加省级评审。虽未成功,但这个历程足以催人奋进、催人成长。其间,我得到领导、专家的指点与帮助;教育局领导、县研训中心领导打来电话、发来短信,表示祝贺并鼓舞斗志;汪潮、滕春友、沈大安、王崧媛、余琴、盛新凤、王自文、赵水囡、沈凤佳等专家给予了说课练习的悉心指导。这次失败，是我意料之中的，只因自己的成绩不够丰厚，实力不够强大。坦然面对失利的同时，我更感恩来自众多师友的美好情谊与倾情帮助，更敬佩那些一路奔跑、奋勇追求的同行者，也欣喜地看到追求教育新境界的光明与美好。

感恩于心，怀着美好，从容前行。

2015 年冬月，既是结业，更是启程。路曼曼其修远兮！教育之路，依然需要我潜下心来，全心全意投入小学语文教学，继续学习、努力、探索、奋进，扎扎实实走好每一步，和更多的有志于小学语文教学研究的同仁，在智慧中碰撞交融，在赤诚中携手启程，映照出一片更美好的灿烂星空。